Quiz   11/19   mon   -CHPT 4,5
        12/1   TUES

tues 11/17

30 E 10 ST
APT 3S
982-1064
UNIV + BWAY

LOEB
310

El arte de la conversación
El arte de la composición

El arte de la conversación

El arte de la composición

Third Edition

José Luis S. Ponce de León
University of California, Hayward

HARPER & ROW, PUBLISHERS, New York
Cambridge, Hagerstown, Philadelphia, San Francisco,
London, Mexico City, São Paulo, Sydney

1817

PHOTO CREDITS

Page 1: © 1980 Peter Menzel/pages 17, 35: Peter Menzel/page 51: © Edinger, Kay Reese & Assoc./page 71: © Peter Menzel/page 91: author/page 111: Sapieha, Stock, Boston/page 131: author/page 155: Menzel, Stock, Boston/page 173: author/page 191: Peter Menzel/page 209: author.

Project Editor: Brigitte Pelner
Designer: T.R. Funderburk
Production Manager: Marion A. Palen
Photo Researcher: Myra Schachne
Compositor: Maryland Linotype Composition, Inc.
Printer and binder: The Murray Printing Company

El arte de la conversación, El arte de la composición, Third Edition
Copyright © 1981 by José Luis S. Ponce de León

Library of Congress Cataloging in Publication Data

Ponce de León, José Luis S.
   El arte de la conversación, el arte de la composición.

   Published in 1967 under title: El arte de la conversación.
   Introd. in English.
   Includes index.
   1. Spanish language—Conversation and phrase books.   2. Spanish language—Composition and exercises.
I. Title.
PC4121.P644   1981   468.3'421   81-527
ISBN 0-06-045272-2   AACR2

A mis estudiantes

Tabla de materias

Preface

The story of this book began in 1967, when *El arte de la conversación* was first published. That book was gratifyingly successful, and a second edition was prepared. This present edition, the third, presents material, vastly expanded in response to many suggestions received from those who used the second edition in their courses.

This book can be used in conversation courses, in composition courses, and in those that combine both conversation and composition. It includes twelve lessons, which can be presented in the same order as in the book, or in a different order. The points of grammar presented in each lesson are not graded from easy to difficult, and perhaps some professors will prefer to start with a review of *ser* and *estar*, in Lessons 8 and 9, rather than with a review of the subjunctive in Lessons 1 to 5. This can be done without difficulty, because the vocabulary used in each lesson is centered around a specific theme, fairly independent of that of other lessons. Each lesson is divided into several parts:

El arte de la conversación is for oral practice. Since class time is precious, students can read the dialogues at home, and devote the time spent in class to conversation.

The characters introduced in the dialogues are: an American couple (Sheila and Craig, two names that cannot be translated into Spanish) who speak Spanish as a second language; an Hispanic couple (Manuel and Pilar, two typical names in Hispanic countries); and two young people: María Luisa (daughter of the Spaniard Manuel and his Mexican wife Pilar), born in Argentina and educated in Hispanoamérica and in Spain; and Howard, the son of the American couple.

These characters are the product of their own environments. They are middle-class, well-educated, cosmopolitan and full of curiosity for other cultures and for different ways of life. They are not perfect; they have virtues and shortcomings, but they are all united by a sincere affection for one another which permits them to be even sarcastic in their conversations, without hurting anybody's feelings.

Manuel uses the *vosotros* form, common in most parts of Spain; his wife and daughter, however, prefer the use of the *ustedes* form, favored in some parts of the South of Spain, in the Canary Islands, and in all of Hispanoamérica. Their American friends always use the *ustedes* form.

The Spanish used in this book tries to reflect, as much as possible, the great linguistic variety of the Hispanic world. There is a common lan-

guage that permits over two hundred million Spanish speakers to understand one another, even though enormous distances separate them. There
are Spanish speakers in Europe (not only in Spain: Let's not forget the
Spanish Sephardic Jews of the Mediterranean countries), Hispanoamérica,
the United States (where Spanish really is not a foreign language) and in
the Philippine Islands. Of course there are some differences in the language of this extensive Hispanic world, but the linguistic and cultural
heritage has a common base that unites Spanish speakers all over the
world. If the linguistic creativity of the inhabitants of each area has introduced innovations in the language, the common heritage is not damaged
but, on the contrary, enriched by the contributions of each group, and
what they all have in common permits them to communicate and understand one another.

The instructor should explain in class those parts of the dialogue that
she or he considers most difficult, and answer questions students might
have on that part of the lesson. The whole class should then proceed to
the next sections.

Práctica individual is a section for controlled conversation. Students are
divided into different groups. In each group one student conducts a poll,
asking the others the questions listed in the book. These questions include
the more interesting or new expressions in the dialogue, thus forcing the
students to use them in their responses. Once the poll has been conducted,
the whole class becomes one single group again, and the instructor leads
the *Comentarios sobre los resultados de la encuesta*, asking questions that
the poll takers, or all students, for that matter, may answer and discuss.

Práctica general includes questions of a more general character which
lead to a free discussion of each subject, be it the media, crime, or
women's liberation.

Ampliación de vocabulario introduces additional material and questions on each subject. New words are always presented within a context
which makes them self-explanatory and which connects them to actual
situations in everyday life. Students can read the paragraphs of this section at home and then practice the newly acquired vocabulary in class
conversations. Another possibility is for the instructor to present each
paragraph in class, writing new words and expressions on the blackboard,
and then providing practice through questions and answers. Later a
general practice of the whole section can be done, with or without the
new vocabulary still written on the blackboard. All instructors know that
vocabulary cannot be acquired too quickly, and that students should be
given adequate time to absorb the new material.

Dificultades y ejercicios presents several examples of each linguistic
problem. These exercises are not at all difficult. Their purpose is not to
torture the students but rather to help them absorb new expressions
through repetition. The answers to the first few sentences of each exercise

are provided as examples. The remaining sentences have blank spaces to be filled in.

Practicando al contestar has the same purpose. Each question includes one of the linguistic problems the students have just practiced. Each response should contain the same structure. The questions included are models for others that the students themselves should formulate and pose to their classmates.

The *Pequeño teatro* is the high point of each lesson. The ideas presented in this section are suggestions, and both students and instructors can create other skits that will force them to use the new vocabulary. *Sea usted mi intérprete, por favor* will help the students realize how much they have learned. When creating their own questions, in English, they should limit themselves to the new words and expressions they have learned in each lesson. A student asks a question, and another student, playing the part of an interpreter, translates the question into Spanish. A third student will answer in Spanish and finally, the interpreter will translate that answer into English. In this way the members of the class will be working in teams of three. This type of practice can be used as a mini-exam at the end of each lesson.

Cuestiones gramaticales is suitable for both conversation and composition courses. This section can be used in the former, even though the course does not involve written work, and must be used in the latter. *Cuestiones gramaticales* explains some of the more difficult structural points of the Spanish language. The text does not present a complete grammar and, of course, each individual may agree or not with the choice made by the author. The exercises help the students to see each idea expressed in two different ways. Each linguistic problem may be solved with alternative possibilities offered by the Spanish language: One solution permits avoidance of the problem, while the other faces the problem directly.

El arte de la composición tries to provide a balance between the students' creativity and their need to practice a specific vocabulary and set of grammatical structures listed at the head of this section. This list is given without English equivalents. Using it as a source of material for their composition, students should include in their work as many of these new items as they can. (An example of what can be done is given in Lesson 1.) The purpose of each composition is not to write a piece of first-class literature but, in all modesty, to practice what has been learned, accepting certain limitations to the creative ability of each student.

Within this section on *El arte de la composición* each lesson presents some basic aspects of the art of writing: how to use punctuation, how to separate words into syllables, how to use accents, and so on. In other lessons there is more advanced material: how to present characters, the theory of the point of view, how to use language in a bilingual narration, and other problems in the art of writing. This part of the book does go from the easy to the complex, and instructors should be aware of the graded approach if they decide to alter the order of presentation of each individual lesson. This section of *El arte de la composición* should be approached in sequence, and it can be combined with any lesson in the book.

Many friends and colleagues of the author have used *El arte de la conversación, El arte de la composición*. Their comments and criticisms were gratefully accepted when this third edition was prepared. Some dialogues in the two previous editions have disappeared in the third, to make room for expanded material in *El arte de la composición*. Sacrifices had to be made in order to keep the book manageable.

I would like to express my appreciation to all those who reviewed the former editions of this book. My gratitude also goes to the reviewers who kindly read the manuscript for the present edition, and whose suggestions were highly valued by the author; to my former student Douglas Carver, whose help in the preparation of the *Indice de dificultades* is truly appreciated; to my friend and colleague Richard Woehr, whose suggestions helped me to improve many pages in this book; to my former professor of Spanish Language and Literature, and now dear friend Isabel Magaña de Schevill, whose teachings have helped me so much in the study of my own language; and, of course, to my students who, with their questions, year after year, made me see what is difficult and what is not for American students of the Spanish language.

José Luis S. Ponce de León

El arte de la conversación
El arte de la composición

Lección 1 | Los medios de información

La televisión es uno de los medios de información más importantes de la vida moderna.

MANUEL. Verdaderamente, es muy interesante para un **extranjero**[1] comparar los medios de **información**[2] de varios países.

CRAIG. ¿Encuentras muchas diferencias entre los medios de información de los Estados Unidos y los de otras naciones?

MANUEL. Pues mira, sí y no. En televisión y en radio, por ejemplo, veo que hay muchas **emisoras**[3] privadas, muchos canales privados, pero no hay una emisora nacional, como la British Broadcasting Corporation (BBC), o la Radio Nacional de España.

SHEILA. Una emisora nacional, de radio o de televisión, controlada por el gobierno, no puede ser objetiva.

PILAR. Depende de cómo esté organizada. La BBC es muy independiente.

CRAIG. Pero hay otras que no lo son, y en sus programas siempre presentan **el punto de vista**[4] del gobierno.

PILAR. Es cierto, pero **al menos**[5] tienen la ventaja de que en sus programas no hay tantos **anuncios**[6].

SHEILA. Es decir, que **en vez de**[7] publicidad comercial hay publicidad política.

MANUEL. Algo así. Aquí, **en cambio**[8], hay unas emisoras educativas muy interesantes.

CRAIG. Sí, **la pantalla**[9] de nuestros aparatos de televisión (de nuestros televisores) nos ofrecen programas muy buenos y programas muy malos.

PILAR. Mira, Craig, eso **ocurre**[10] en todas partes. Lo mismo sucede con **los periódicos**[11]: los hay muy buenos y los hay **pésimos**[12].

CRAIG. Es muy difícil hacer un buen periódico, y la prueba está en que, en realidad, hay muy pocos periódicos buenos en el mundo. O pocos buenos periodistas (reporteros). Por ejemplo, escribir unos buenos **titulares**[13], breves e informativos, es un arte.

SHEILA. ¿Qué entiendes tú por un buen periódico?

CRAIG. Pues uno que esté bien informado, que sea imparcial, que tenga buenos **corresponsales**[14], y que esté hecho con imaginación.

SHEILA. Todo eso que has dicho es muy general.

MANUEL. Te olvidaste de una característica muy importante: que escriba con libertad.

CRAIG. ¡Hombre! ¡Eso **se da por descontado**[15]!

PILAR. ¡Qué optimista eres! En muchos países, la

[1]nacido en otro país; ciudadano de otra nación
[2]difusión

[3]estaciones

[4]la opinión

[5]por lo menos
[6]publicidad comercial
[7]en lugar de

[8]por el contrario

[9]parte del aparto de televisión donde aparece la imagen
[10]pasa, sucede, acontece
[11]los diarios
[12]muy malos

[13]títulos de cada noticia

[14]periodistas que envían sus crónicas desde otras ciudades o desde otros países
[15]se supone que es cierto, que existe

prensa está censurada, y **sólo**[16] publica lo que el gobierno quiere que diga.

CRAIG. Ya lo sé, Pilar. **Por eso**[17], en esos países no hay
ní un solo periódico[18] que pueda llamarse bueno. La
censura y los buenos periódicos, o las buenas **revistas**[19],
son incompatibles.

MANUEL. La prensa norteamericana tiene fama de ser
muy independiente. Varias veces ha publicado informaciones que crearon serios problemas al gobierno,
y nadie se lo impidió.

PILAR. ¡Ojalá sucediera así en todas partes! No hay
cosa más triste que la monotonía de una prensa censurada.

[16]solamente

[17]por esa razón
[18]no hay ni un
solo periódico
= no hay ni
uno
[19]publicaciones
generalmente
ilustradas,
semanales o
mensuales

PRACTICA INDIVIDUAL

Cuestionario para una encuesta (*poll*). Los estudiantes se dividen en
grupos pequeños y se hacen preguntas unos a otros. Cada estudiante toma
nota de las respuestas de otro u otra estudiante. Luego, el profesor o
la profesora pregunta los resultados de la encuesta y, si quiere, los va
escribiendo en el encerado (*blackboard*). Después, toda la clase hace
comentarios sobre esos resultados.

Las preguntas que siguen obligan a practicar las dificultades o palabras nuevas incluidas en el diálogo y explicadas, en forma numerada,
en el margen derecho. Estas palabras aparecen *en bastardilla*, y deben
ser incluidas en las respuestas. El número en paréntesis al final de cada
pregunta indica en qué parte del diálogo está la dificultad en cuestión,
y el número de la glosa que la explica al margen del diálogo.

Encuesta.
1. ¿Has viajado alguna vez por un país *extranjero*? (1)
2. ¿Cuántas *emisoras* de televisión puedes ver en tu casa? (3)
3. ¿Cuál es tu *punto de vista* sobre la violencia en la TV? (4)
4. De los *anuncios* que ves en la TV, ¿cuáles crees que están bien
   hechos? (6)
5. ¿Qué te gusta hacer *en vez de* ver la TV? (7)
6. ¿Cuántas horas pasas cada día delante de *la pantalla* de TV? (9)
7. ¿Te interesa saber qué *ocurre* en el mundo? ¿Por qué? (10)
8. ¿Lees *el periódico* todos los días? ¿Por qué lo lees? (11)
9. ¿Qué programa de TV consideras *pésimo*? ¿Por qué? (12)
10. Cuando lees un periódico, ¿lees *sólo los titulares*? ¿Por qué? (13 y 16)
11. ¿Te gustaría ser *corresponsal* en una capital *extranjera*? ¿Por qué?
    (14 y 1)

12. ¿*Das por descontado* que vas a tener una buena nota en este curso? ¿Por qué? (15)
13. ¿Lees alguna *revista*? ¿Cuál? (19)

Comentarios sobre los resultados de la encuesta. La profesora o el profesor pregunta a los estudiantes qué respuestas han anotado. Estas preguntas pueden ser de carácter general: ¿Cuántos estudiantes han viajado por un país extranjero?, o de carácter más particular: Rosa, ¿cuál es el punto de vista de Roberto sobre la violencia en la TV? Después de reunir varias respuestas, puede hacer una pregunta general: ¿Cuántos puntos de vista hay? ¿Cuáles son? También puede escribir los resultados en el encerado, para luego hacer el comentario general en el que interviene toda la clase.

Posibles preguntas:
1. ¿Cuántas emisoras de TV se pueden ver en esta ciudad? ¿Cuáles son?
2. ¿Hay algún anuncio bien hecho en la TV? ¿Cuál es? ¿Por qué dicen que está bien hecho?
3. ¿Qué les gusta hacer en vez de ver la TV? Ester, ¿qué hace Emilio en vez de ver la TV?
4. ¿Quién pasa más horas delante de la pantalla de TV, Rosa o Roberto?

Con otras preguntas por el estilo, los estudiantes deben practicar las expresiones aprendidas en esta lección.

PRACTICA GENERAL

Preguntas dirigidas a toda la clase, para que todos participen en la conversación.

1. ¿Creen ustedes que los niños norteamericanos ven demasiada televisión?
2. ¿Creen que debe haber censura en la televisión? ¿Censura de qué? ¿De las escenas violentas? ¿De las escenas eróticas? ¿De las frases que pueden resultar insultantes para alguien?
3. ¿Qué influencia tiene la publicidad de la TV o de la prensa?
4. ¿Qué es un buen periódico?

AMPLIACION DE VOCABULARIO

La televisión **en color** (o: **a colores**) todavía no ha llegado a muchos países. En ellos, todos los programas de televisión son en **blanco y negro.** En muchos países hay uno o dos **canales (cadenas)** de televisión. Hoy en día las **antenas de televisión** cubren los tejados del mundo.

¿Cuántos canales de televisión puedes ver en tu casa? ¿Crees que la televisión puede ser un buen instrumento educativo? ¿Te gustaría trabajar para la televisión? ¿Qué clase de trabajo te gustaría hacer? ¿ser entrevistador? ¿o, quizá, cameraman? (¡anglicismo!)

Los periódicos tienen muchas secciones. Veamos algunas:

A La sección deportiva de los diarios es leída, generalmente, por hombres gordos que nunca hacen deporte.

¿Estás de acuerdo con esta afirmación? ¿Por qué «hombres gordos» y no «hombres y mujeres gordos»? ¿Asocias la idea de los deportes con la masculinidad?

B La sección financiera da las noticias de la marcha de los negocios, y de las alzas (subidas) y bajas de las acciones y valores (documentos que prueban participación económica en una empresa) de la Bolsa (lugar donde se compran y venden esos valores).

¿Te interesa la sección financiera del diario? ¿Crees que nada de lo que sucede en la Bolsa te puede afectar a ti? ¿Crees que las depresiones económicas y los períodos de prosperidad influyen en tu vida?

C La crónica de sociedad nos da informaciones muy interesantes: la puesta de largo (la presentación en sociedad) de la bella señorita Tal y Cual; la boda (ceremonia en la que un hombre y una mujer se casan) de la señorita A con el señor B; la fiesta dada por los señores de Tal y Cual en su magnífica residencia para celebrar los quince años de su hija... la bella quinceañera...

¿Te interesa este tipo de noticias? ¿Crees que sólo los *snobs* se interesan por estas informaciones? ¿Crees que la crónica de sociedad es una sección frívola del periódico? ¿O crees, por el contrario, que es una muestra inocente de la vanidad humana?

D El consultorio sentimental es, a veces, la sección más divertida del diario.

¿Has leído, últimamente, alguna carta particularmente interesante aparecida en esta sección? ¿Qué piensas de la gente que escribe cartas a estos consultorios? Piensa en un problema personal cualquiera, verdadero o inventado, y escribe una carta a un consultorio sentimental. Léela en voz alta. Cada estudiante debe pensar en una respuesta a tu consulta.

E La sección de espectáculos anuncia las películas (los filmes) que se presentan en los cines, y las obras de teatro que se representan en los teatros; también anuncia las salas de fiestas (los cabarets), las revistas musicales y la ópera. En esta sección también se publican las críticas de cine y de teatro, escritas por los críticos.

¿Cuándo vas al cine o al teatro, lees antes las críticas de la película o de la obra que vas a ver? ¿Crees en los críticos, o prefieres juzgar personalmente? ¿Qué película has visto últimamente? Haz una crítica de esa película.

F La página literaria contiene **críticas de libros**, y **la sección de arte** incluye las críticas de las **exposiciones** de pintura, escultura, fotografía, etc.

¿Has visitado alguna exposición recientemente? Haz una crítica de las obras de arte expuestas en ella. ¿Te gustaría ser pintor o escultor? ¿Crees que la vida de los que se dedican a la pintura, o a cualquier otra forma de arte, es más interesante que la de cualquier otra persona?

G **Los anuncios por palabras** (anuncios breves, clasificados) nos indican quién quiere vender o comprar coches, o casas, o quién ha perdido un perro, o quiere **alquilar** (en los Estados Unidos también se dice: rentar, que es un anglicismo), un **piso** o apartamento, quién busca trabajo, u ofrece empleo . . .

¿Qué otras secciones hay en los anuncios breves? Si quisieras vender tu coche, ¿cómo **redactarías** el anuncio? Imagínate que buscas un **puesto** (un trabajo, un empleo, una **chamba**) ¿cómo ofrecerías tus servicios? ¿Se te ocurre alguna sección del periódico que no haya sido mencionada? ¿Te gusta leer **la prensa escandalosa** (amarilla)? En los Estados Unidos es ahora muy popular la llamada «*underground press*». ¿En qué se diferencia de la otra prensa? En español diríamos «la **prensa clandestina**», pero en el mundo hispánico este tipo de prensa se vendería en secreto y con gran peligro. Algunos partidos políticos prohibidos publican sus periódicos clandestinos, que luego circulan **a espaldas** de la policía. ¿Cómo explicas que en los Estados Unidos se llame «*underground*» a unos periódicos que se pueden comprar en cualquier esquina? Para un habitante de un país hispánico, esta prensa no podría llamarse nunca «clandestina».

DIFICULTADES Y EJERCICIOS

USO DE: extranjero, forastero, desconocido

extranjero, -a	*foreigner* / *foreign countries*
forastero, -a	*stranger, out of towner*
desconocido, -a	*stranger, unknown person*
extraño, raro	*strange*

Durante las vacaciones de verano, la ciudad se llena *full* de **extranjeros** y **forasteros**. A mucha gente le gusta viajar por **el extranjero** donde hablan con **desconocidos** que, muchas veces, se convierten luego en buenos amigos. En la ciudad, durante el verano, se oyen muchas lenguas conocidas, y otras lenguas **extrañas**, lenguas **raras** que nadie comprende y que dan a la ciudad una atmósfera exótica y cosmopolita.

PRACTICA

En la columna de la izquierda eliminar las palabras *en bastardilla* y usar, en su lugar, otras palabras que no cambien el sentido de la frase. Las cuatro primeras frases sirven de modelo. Cúbralas al hacer el ejercicio.

Ayer conocí a una familia *de otro país*.	Ayer conocí a una familia **extranjera**.
En las fiestas de verano hay *mucha gente de otras ciudades*.	En las fiestas de verano hay muchos **forasteros**.
Me recomendaron que no hablara con *gente que no conozco*.	Me recomendaron que no hablara con **desconocidos**.
Tiene un acento muy *extraño*.	Tiene un acento muy **raro**.
Me gusta viajar por *otros países*.	Me gusta viajar por _____
¿No vive usted aquí? No, señor, soy *de otra ciudad*.	¿No vive usted aquí? No, señor, soy _____
Cuando viajo hablo con *muchas personas que no conozco*.	Cuando viajo hablo con muchos _____
¡Qué acento tan *extraño* tiene ese extranjero! ¿De dónde será?	¡Qué acento tan _____ tiene ese extranjero! ¿De dónde será?

PRACTICANDO AL CONTESTAR

¿Cuál es la diferencia entre un forastero y un extranjero? ¿Has estado alguna vez en el extranjero? ¿Crees que es una buena idea hablar con desconocidos? ¿Te parece extraño que los niños europeos beban vino?

USO DE: **ocurrir, ocurrírsele** (algo a alguien)

ocurrir (= pasar
suceder
acontecer) } ——————— *to happen*

ocurrírsele (algo a alguien) ——— | *to have an idea (something occurs to somebody)*

Aquí hay muchos malos programas de televisión, pero eso **ocurre** en todas partes. Ahora se me ocurre una pregunta: ¿qué se entiende por un programa bueno, o por un programa malo? Todo es muy relativo.

PRACTICA

Las tres primeras frases sirven de modelo.

¿Por qué hay tanta gente delante del Banco? *¿Pasó* algo?

¿Por qué hay tanta gente delante del Banco? **¿Ocurrió** algo?

Me imagino lo que *sucedió:* robaron el Banco.

Me imagino lo que **ocurrió**: robaron el Banco.

¡Qué ideas *tienes!* ¡Siempre piensas lo peor!

¡Qué ideas **se te ocurren!** ¡Siempre piensas lo peor!

¡Hay tanta violencia! *Pasó* lo que tenía que *pasar!*

¡Hay tanta violencia! —————— lo que tenía que ——————

¡*Tengo* una idea! ¿Por qué no vamos a preguntar qué *pasó?*

¡—————— una idea! ¿Por qué no vamos a preguntar qué ——————

¡Oiga, señor! *¿Pasó* algo?

¡Oiga, señor! ¿—————— algo?

Están haciendo una película para la tele. Esto no *pasa* todos los días en este barrio.

Están haciendo una película para la tele. Esto no —————— todos los días en este barrio.

¿Ves cómo siempre *piensas* lo peor?

¿Ves cómo siempre —————— lo peor?

Bueno, hombre, es natural. ¡En esta ciudad *suceden* cosas tan raras!

Bueno, hombre, es natural. ¡En esta ciudad —————— cosas tan raras!

PRACTICANDO AL CONTESTAR

¿A alguien se le ocurre algún tema que podamos comentar en clase? ¿Se te ocurre algún comentario sobre la televisión?

USO DE: **el editorial, la editorial, el editor, el editorialista, el director; resumir, corregir; editar, publicar**

el editorial	*editorial*
la editorial	*publishing house*
el editor	*publisher*
el editorialista el redactor de editoriales el autor del editorial	*editorial writer*
el director	*editor in chief*
resumir corregir	*to edit*
editar publicar	*to publish*

La **directora** del periódico me dijo que tenía que escribir un **editorial** sobre **las editoriales** que se dedican a **editar** libros pornográficos. «Es intolerable», me dijo, «que se **publiquen** esos libros». El editorial que escribí salió demasiado largo, y parecía escrito con precipitación. Tuve que pasar varias horas **resumiéndolo** y **corrigiéndolo**.

PRACTICA

Trabajo en una *casa que publica libros.*	Trabajo en **una editorial.**
A veces recibimos manuscritos demasiado largos, y hay que *hacerlos más breves.*	A veces recibimos manuscritos demasiado largos y hay que **resumirlos** (abreviarlos).
Otros están mal escritos, y hay que *mejorar* la prosa.	Otros están mal escritos, y hay que **corregir** la prosa.
La opinión del periódico está expresada en un *artículo sin firma.*	La opinión del periódico está expresada en **un editorial.**
Voy a abrir *un negocio de publicación de libros.*	Voy a abrir _____
Me gustaría ser *la persona que escribe el editorial del periódico.*	Me gustaría ser _____
Esta compañía sólo *publica* diccionarios.	Esta compañía sólo _____ diccionarios.
El *que dirige este periódico* es un hombre muy conservador.	El _____ es un hombre muy conservador.

PRACTICANDO AL CONTESTAR

¿Te gustaría trabajar en una casa editorial? Si te dedicaras al negocio
de editar libros, ¿qué libros editarías? ¿Cómo se llama el artículo diario
que aparece sin firma, y que refleja la opinión del periódico sobre
algún problema de actualidad? Cuando un artículo es demasiado largo,
¿qué podemos hacer para publicarlo? Si un artículo está muy bien,
pero tiene muchas faltas de ortografía, ¿qué necesita?

PEQUEÑO TEATRO

1. La clase se convierte en un equipo de redactores de un periódico.
   Se distribuyen los papeles: director, redactores, correctores de pruebas, fotógrafos, corresponsales en el extranjero, críticos de cine, de
   teatro, de arte, de libros. Hay también articulistas (personas que envían artículos), cronistas deportivos y de sociedad, encargados de
   publicidad, etc. Si hay muchos estudiantes en la clase, los papeles
   pueden duplicarse, creando así una rivalidad profesional que puede
   animar el diálogo.
2. Los estudiantes traerán a la clase el mismo ejemplar del periódico
   local, o del periódico de la universidad. Puede ser el del día en que
   se celebre la clase, o de cualquier otro día. Se supone que van a utilizar
   este periódico como modelo de un diario que van a comenzar a publicar. Los estudiantes comentarán cada una de las secciones del periódico, criticando lo que en ellas encuentren de malo e indicando lo que
   les parece bien, para tomarlo como modelo de su futuro diario. Mejor
   todavía, si es posible, pueden traer un periódico español o hispanoamericano.
3. Un periódico local cualquiera sirve de fuentes de noticias, como si
   fuera un teletipo o una agencia de prensa, para un diario que los estudiantes van a publicar. Tendrán que criticar cada noticia y cada artículo y decidir en qué sección de su periódico serán publicados.

SEA USTED MI INTERPRETE, POR FAVOR

Se supone que en la clase hay angloparlantes e hispanoparlantes, que
tienen que conversar por medio de intérpretes. Cada estudiante preparará
varias preguntas en inglés que incluyan problemas y dificultades estudiados en esta lección. Cada uno hará sus preguntas en voz alta, otro estudiante (su intérprete) las traducirá al español; cuando otro estudiante
conteste cada pregunta en español, el intérprete traducirá esta respuesta
al inglés.

Los estudiantes pueden preparar preguntas parecidas a éstas:

1. Do you like to read foreign newspapers? They give a different point of view. Don't you think so?
2. This TV program was good, but don't you think there were too many commercials?
3. Do you have color TV in your country, or only black and white?
4. If you don't read the newspaper every day, do you read a weekly magazine? If not, how do you know what is happening in the world?
5. Do you like talking to foreigners? They have different ideas, some interesting, some strange.
6. I didn't find one single interesting piece of news in the paper today. Is it that nothing new happened in the world?
7. I read your MS (manuscript) and I think it is very interesting. Why don't you find a publisher and publish it?
8. Are there many good publishing houses in your country?
9. Do you find news more interesting on the TV screen than in newspapers?
10. Do you think that watching more TV is good for children?

● CUESTIONES GRAMATICALES

USO DEL
- **subjuntivo** en la expresión de
  - algo que no existe
  - algo que no se sabe si existe
  - una negación total.
- **indicativo** en la expresión de la realidad

A Craig ha dicho que, en su opinión, un buen periódico es uno «que esté bien informado, que sea imparcial, que tenga buenos corresponsales, y que esté hecho con imaginación», y luego añade que en los países sin *add* libertad «no hay un solo periódico que pueda llamarse bueno».

En el primer caso, Craig habla de un periódico ideal, sin indicar si existe o no, y usa el subjuntivo en todos los verbos. En el segundo caso, Craig niega la posibilidad de la existencia de un cierto tipo de periódico, bajo ciertas circunstancias. Si expresara una realidad conocida, habría usado el indicativo. Vamos a comparar tres situaciones diferentes:

1. Busco un periódico
2. Aquí no hay un periódico

- que esté bien informado.
- que sea imparcial.
- que tenga buenos corresponsales.
- que esté hecho con imaginación.
- que escriba con libertad.
- que pueda llamarse bueno.

subjuntivo

3. En esta ciudad hay ⎧ que está bien informado.
    un periódico | que es imparcial.
                      ⎨ que tiene buenos corresponsales.   ⎫
                      | que está hecho con imaginación.   ⎬ **indicativo**
                      | que escribe con libertad.   ⎭
                      ⎩ que puede llamarse bueno.

Todas estas frases tienen una estructura semejante:

a. Tienen, por lo menos, dos verbos, o una expresión impersonal (como:
hay) y un verbo.

b. La palabra **que,** y todas las que le siguen, funcionan como un adjetivo
referido al nombre que las precede:

Busco un periódico   ⎰ que sea imparcial.
                         ⎱ imparcial.

c. El segundo verbo está en subjuntivo o en indicativo:

Busco No hay	un periódico que	esté	bien informado.
Hay		está	

¿Qué nos enseñan estos ejemplos?
Usamos el **indicativo** si hablamos de una **realidad conocida.**

Tengo un amigo que **habla** cinco idiomas.
Hay un periódico que **está** escrito en inglés y en español.

Usamos el **subjuntivo** si hablamos de **algo que quizá exista** en alguna
parte, **quizá no,** o cuando **negamos rotundamente que algo exista.**

Busco un intérprete que **hable** cinco idiomas. (¿Existe? Si existe, ¿lo encontraré?)
Aquí no hay periódico que **sea** bilingüe. (Negación rotunda)

B Sutiles diferencias:

Si yo digo: Busco a un intérprete que **habla** cinco idiomas, usando el
indicativo e intercalando el a personal delante de **un intérprete,** estoy
diciendo que sé que ese intérprete existe, y que yo lo estoy buscando. En
este caso, sería más frecuente decir: Busco **al** intérprete que **habla** cinco
idiomas.

PRACTICA

Vamos a usar el indicativo o el subjuntivo, según la idea que se quiera expresar en la frase.

MODELO
¿Sabes si hay algún programa de TV que (tener pocos anuncios)?
¿Sabes si hay algún programa de TV que tenga pocos anuncios?

1. Busco un periódico que (ser bilingüe), pero no sé si lo hay.
2. Siempre leo un diario que (tener buenos editoriales).
3. ¿Hay algún semanario que (tener crítica de teatro)?
4. En este periódico hay muchas páginas que (estar llenas de anuncios).
5. No sé si hay algún diario de la tarde que (tener una buena sección financiera).
6. En esta revista no hay una sola página que (no tener anuncios).
7. Nunca veré programas que (ser violentos).

● EL ARTE DE LA COMPOSICION

Al escribir una composición sobre alguno de los aspectos de los medios de información vas a practicar el vocabulario, las frases idiomáticas y las cuestiones gramaticales utilizadas en esta lección.

En el diálogo hay dieciocho notas explicativas de algunas pequeñas dificultades idiomáticas; son dificultades que un extranjero puede encontrar en la conversación de nuestros personajes. Incluye algunas de estas expresiones en tu composición, escogiendo las que sean nuevas para ti, o las que te parezcan más difíciles, o más útiles. Recuerda que el propósito de las composiciones que vas a escribir durante el curso es aprender algo nuevo, y no simplemente practicar lo que ya sabes. Procura incluir también el mayor número posible de las palabras que aparecen en la sección **Ampliación de vocabulario,** y de las de la sección **Dificultades y ejercicios.** Utiliza por lo menos una vez cada una de las estructuras gramaticales estudiadas en la sección de **Cuestiones gramaticales.**

Estas instrucciones, ciertamente, imponen algunas limitaciones en lo que vas a escribir. No pierdas nunca de vista, sin embargo, el propósito de estas composiciones: utilizar lo aprendido y practicar el arte de escribir en español. Encuentra, por lo tanto, el punto de equilibrio entre la práctica de lo aprendido y la expresión personal de tus propias ideas, en un estilo que refleje tu personalidad y tus puntos de vista sobre la cuestión de la cual estás escribiendo. La lengua es un maravilloso instrumento de comunicación humana, y al escribir en un idioma que no es tu lengua nativa estás adquiriendo la posibilidad de expresar tu visión del mundo usando un nuevo instrumento de comunicación. Esto te da una alternativa más en la expresión de tus ideas, y te abre nuevas puertas para entrar en contacto con todos los que hablan la lengua hispánica.

La lista que sigue incluye las palabras, expresiones idiomáticas y estructuras gramaticales explicadas en cada lección. Si todavía no entiendes alguna de ellas, busca en las páginas de la lección hasta que la encuentres en el texto, formando parte de una frase, y no la consideres como una palabra aislada que hay que buscar en el diccionario. Cada palabra forma parte de la expresión de una idea, y es dentro de esa idea donde hay que aprenderla. Esta lista se da para que tú puedas comprobar lo que has aprendido, no para que la aprendas de memoria, como si fuera una lista de cosas que tienes que comprar en el supermercado. Usa tu propio criterio para escoger en esta lista las palabras y expresiones que vas a usar en tu composición. No te engañes a ti mismo, o a ti misma, escogiendo las más fáciles o las que ya sabías antes de estudiar esta lección. Una vez más, recuerda tu objetivo: practicar algo nuevo, no practicar lo ya sabido.

PARA USAR EN LA COMPOSICION

1. La prensa
el periódico
el diario
el titular
el editorial
el editorialista, la editoriolista
el director, la directora
el corresponsal, la corresponsal

la sección
- financiera
  - la Bolsa
  - el alza
  - la baja
  - los valores
  - las acciones
- deportiva
- de arte
- de espectáculos

la crónica
la revista
la prensa { escandalosa, amarilla, clandestina
la página literaria
el crítico, la crítico
la crítica

la exposición de { pintura / escultura
el punto de vista
el anuncio

los anuncios { breves / clasificados / por palabras

el consultorio sentimental
la crónica de sociedad
la puesta de largo
la presentación en sociedad
la boda
el, la corresponsal
la revista musical

2. Los espectáculos
el cine
la película, el filmo
la pantalla
la televisión { en color / a colores / en blanco y negro
el canal, la cadena
la antena
el entrevistador

el cameraman
la emisora
la obra de teatro
representar
la sala de fiestas

3. *Otras expresiones*
el extranjero, la extranjera
el forastero, la forastera
desconocido, -a
extraño, -a; raro, -a
al menos
en cambio
por eso

ni un solo + *nombre* + que + *subjuntivo*
ocurrir
ocurrírsele (algo a alguien)
resumir
corregir
publicar
editar
dar(se) por descontado

$$\text{frase principal} \begin{cases} + \text{ que } + \textit{indicativo} \\ + \text{ que } + \textit{subjuntivo} \end{cases}$$

LA ESTRUCTURA INTERNA DE UNA COMPOSICION

No es muy difícil introducir en una composición parte del material estudiado. En el párrafo siguiente están en bastardilla las palabras, expresiones o estructuras gramaticales estudiadas en esta lección.

Antes de comenzar a escribir, considera que una composición debe tener una estructura interna. En este breve texto sobre «La televisión y los niños» se puede ver que el autor empezó con: 1) una sencilla presentación del tema, escasamente dos líneas que van desde *Hay muchas críticas . . .* hasta *los canales de televisión;* 2) un resumen de las opiniones de otras personas que escribieron sobre el tema: desde *Algunos críticos* hasta *ni su imaginación;* 3) unas preguntas que el autor se hace a sí mismo: *¿Qué hacer . . . interesantes?* y *¿A quién . . . para niños?;* 4) unas posibles soluciones que el autor presenta a sus lectores, que pueden servir de base para más comentarios sobre el tema.

Todo esto no quiere decir que todos los ensayos deben de tener una estructura similar. Lo importante, sin embargo, es recordar siempre que una estructura interna es necesaria para evitar que la composición se convierta en una colección de pensamientos desorganizados que no conducen de una premisa a una conclusión.

La televisión y los niños

Hay muchas *críticas* sobre los programas para niños en la mayor parte de *los canales de televisión.*

Presentación del tema

Algunos *críticos* dicen que *no hay ni un solo programa que enseñe* algo útil, y que *las películas* que ven los niños no estimulan su inteligencia ni su imaginación.

Resumen de las opiniones de otras personas

¿Qué hacer para que las películas *que vean sean* educativas y, al mismo tiempo, interesantes? ¿A quién *se le ocurre* una solución que no *signifique* establecer una *censura* de los programas para niños?

La solución depende del *punto de vista* de cada uno, y de la imaginación y capacidad artística de los que hacen los programas. *Por eso,* es importante que *la prensa* hable de este tema en *artículos* y *editoriales,* para que todos sepan que el problema existe y que es posible mejorar esos programas. Lo malo es cuando todos *dan por descontado* que no es necesario *corregir* nada, y que los programas *que hay* ahora y los *que pueda haber* en el futuro no tienen efecto ninguno sobre la personalidad de los niños.

Preguntas que el autor se hace a sí mismo, y a las cuales va a contestar
Posibles soluciones

POSIBLES TEMAS PARA UNA COMPOSICION

Cualquiera de las preguntas en las secciones *Comentarios* y *Ampliación de vocabulario* puede servir de tema para una composición. Cuando pones estas preguntas en una forma más breve y abstracta, puedes encontrar títulos de este tipo:

1. El nivel intelectual de los programas de televisión.
2. La influencia de la televisión en la personalidad de los espectadores.
3. La televisión y los niños.
4. La publicidad en la televisión (o en la prensa).
5. La televisión en competencia con la prensa.
6. El periodismo como carrera.
7. La censura, ¿justificada en algunos casos?
8. El sensacionalismo en la prensa diaria.
9. La sicología de los corazones solitarios.
10. El arte en la sociedad actual.
11. El cine como reflejo de la sociedad.
12. La violencia en los espectáculos y en la sociedad.
13. El poder de la prensa, ¿es excesivo?
14. Función de los periódicos universitarios.

Lección 2 La universidad

Las ciudades universitarias están llenas de vida durante el curso académico.

Personajes: los dos matrimonios

teach

PILAR. ¡Qué grande es la universidad donde enseña tu marido! ¿Cuántos estudiantes tiene?

SHEILA. Francamente, no lo sé. Se lo preguntaremos a Craig cuando vuelva del *campus.* No tardará en llegar[1]. Oye, por cierto[2], ¿cómo se dice *campus* en español?

PILAR. Pues mira, las universidades antiguas no tienen un *campus.* Los edificios de las diferentes facultades[3] están desperdigados[4] por toda la ciudad. En las universidades modernas sí hay un *campus,* y en él están concentrados todos los edificios: facultades, gimnasio, biblioteca, residencias . . . A este lugar le llamamos una Ciudad Universitaria.

SHEILA. Empiezo a estar despistada[5]. *finish* Acabas de mencionar las residencias. ¿Son lo que nosotros llamamos *dormitories?* Entonces, ¿qué es un dormitorio?

PILAR. Es una habitación, en una casa o en una residencia, donde hay camas para dormir. En México la llamamos recámara.

SHEILA. ¡Ah! Bueno, otra cosa. Me parece que también tengo dificultades con la palabra facultad.

PILAR. Las universidades están divididas en facultades: la Facultad de Medicina, la Facultad de Ciencias Políticas, etc. Cada facultad tiene un profesorado, con el pomposo nombre de claustro de profesores[6], o simplemente el profesorado.

SHEILA. Hablando de profesores, ahí vienen nuestros maridos.

(Entran Manuel y Craig).

MANUEL. ¡Esta universidad es magnífica! ¡Qué biblioteca! ¡Qué laboratorios! ¡Es fabulosa!

CRAIG. No exageres, Manuel. Es bastante buena, pero no es de las mejores.

PILAR. No ccnoces bien a Manuel. **Cuando le da por entusiasmarse, lo hace a conciencia[7].**

MANUEL. Bueno, un poco de entusiasmo en la vida no viene mal. ¿No crees? Bien, ¿qué habéis hecho mientras nosotros fuimos a la universidad?

SHEILA. Hablamos un poco de todo, y Pilar estuvo explicándome algunos problemas del español.

CRAIG. Calla[8], Sheila, que hoy Manuel me volvió loco con problemas de vocabulario académico. Ahora ya sé que los estudiantes escuchan al profesor y toman

[1] llegará pronto
[2] a propósito

[3] *schools, departments*
[4] separados unos de otros

[5] a no comprender, a sentirme perdida

[6] *faculty*

[7] cuando quiere entusiasmarse, se entusiasma mucho

[8] *don't mention it;* also: *be quiet,* but not in this case

apuntes, o notas, y que si escriben buenos exámenes reciben buenas notas. Estas son dos palabras que se prestan a confusiones[9]. Es un lío[10].

MANUEL. Lío . . . ¿para quién? El lío también funciona al revés[11]. Vuestra *high school* es nuestro instituto, vuestra *private school* es nuestro colegio, y vuestro *college* es quién sabe qué, porque no tenemos una institución semejante[12].

PILAR. Pues me parece que aún se nos olvidaron[13] algunas cosillas. A su *diploma* nosotros le llamamos también diploma, pero más frecuentemente le llamamos título: El Título de Bachiller al terminar el bachillerato en el instituto o en el colegio, y Título de Licenciado en Ciencias Políticas, o en lo que sea[14], al licenciarse[15] en la universidad. Por cierto, en algunos países dicen: egresar de la universidad, en lugar de licenciarse.

CRAIG. Bueno, vamos a dejarlo por hoy. Tengo que preparar una . . . vaya, otra vez la misma historia . . . una *lecture*.

MANUEL. Una conferencia.

CRAIG. Y entonces, ¿qué es una *conference*?

PILAR. Lo mismo, una conferencia. Un profesor de historia, por ejemplo, puede dar una conferencia sobre la Conferencia de Yalta. Además, una conferencia es también una llamada telefónica de una ciudad a otra. Pero también se dice una llamada a larga distancia.

SHEILA. ¡Basta, por favor! La cabeza me da vueltas. Vamos a tomar un aperitivo, o una copa de algo. Ya ves qué buena alumna soy, Pilar. Ya aprendí a distinguir entre copa y bebida.

CRAIG. ¿En qué se distinguen?

SHEILA. Ahora te daré yo una conferencia. Una copa de . . . de lo que sea, es lo que llamamos *a drink*, así, en términos generales. *Let's have a drink*: Vamos a tomar una copa. La bebida es lo que nosotros llamamos *liquor*: Me gustan las buenas bebidas. Y, para terminar, el licor es *liqueur*. Después de cenar me gusta tomar una copita de licor. ¿Comprendes?

CRAIG. Gracias por la conferencia, profesora.

SHEILA. Y a uno a quien le gusta demasiado la bebida se le llama borracho, borrachín, borrachito o . . .

MANUEL. ¡Pilar! ¿Qué clase[16] de español le enseñas?

PILAR. El que usas tú, maridito. El que usas tú.

[9] que se confunden fácilmente
[10] una complicación
[11] en sentido contrario
[12] igual
[13] olvidamos
[14] cualquier otra (carrera)
[15] to graduate
[16] what kind of . . . ?

PRACTICA INDIVIDUAL

Cuestionario para una encuesta. (Ver las sugerencias sobre el uso de esta Práctica Individual en la Lección 1, página 3.) En esta lección todas las preguntas de los ejercicios están en la forma **usted,** que los estudiantes deben practicar en sus respuestas.

1. ¿Espera usted encontrar a la mujer ideal (al hombre ideal)? ¿Cree que no *tardará en encontrarla (lo)?* (1)
2. ¿Cuántas *facultades* cree usted que hay en esta universidad? (3)
3. En esta universidad, ¿los edificios están concentrados en una Ciudad Universitaria o *estan desperdigados* por la ciudad? (4)
4. El primer día que usted vino a esta universidad, ¿se sintió muy *despistado(-a)?* (5)
5. ¿Dónde vive usted, en una *residencia,* en un apartamento o en la casa de sus padres?
6. En su opinión, ¿*el profesorado* de esta universidad es muy bueno, bastante bueno, regular, malo . . . ? (6)
7. ¿Cree usted que hay muchas palabras que *se prestan a confusiones?* ¿Puede indicar alguna? (9)
8. ¿Ha tenido usted algún *lío* terrible? ¿Cuál fue? (10)
9. ¿Explica usted bien sus ideas? ¿Sus amigos lo (la) comprenden, o comprenden todo *al revés?* (11)
10. ¿Cree usted que en los Estados Unidos hay una emisora nacional de televisión o algo *semejante?* (12)
11. ¿Tiene usted buen apetito? ¿Come de todo? ¿Come *lo que sea?* (14)
12. En su opinión, ¿qué es peor, *la bebida* o el tabaco? (No tiene número: explicado en el texto)
13. En su opinión, ¿qué es peor, ser un *borracho* o ser una persona violenta? (No tiene número: explicado en el texto)

Comentarios sobre los resultados de la encuesta. (Ver las sugerencias sobre el uso de esta Práctica Individual en la Lección 1, página 4.)

Posibles preguntas:
1. ¿Cuántos (quiénes) creen que no tardarán en encontrar a la mujer (al hombre) ideal?
2. ¿Cuántos (quiénes) saben el número exacto de facultades que hay en esta universidad?
3. Los edificios de esta universidad, ¿están desperdigados por la ciudad? ¿Todos dicen que sí? ¿Hay unanimidad?
4. ¿Cuántos (quiénes) se sintieron despistados el primer día que vinieron a esta universidad? Rosa, ¿por qué te sentiste despistada? Y tú, Daniel, ¿por qué te sentiste despistado?

Con otras preguntas por el estilo, los estudiantes deben practicar el resto de las expresiones nuevas.

PRACTICA GENERAL

Preguntas dirigidas a toda la clase, para que todos participen en la conversación:

1. ¿Creen ustedes que una educación universitaria es absolutamente necesaria en el mundo actual?
2. ¿Creen ustedes que las universidades preparan para enfrentarse con el mundo?
3. ¿Creen ustedes que saber hablar más de una lengua hará su vida más interesante o más creativa?
4. ¿Para qué estudian otro idioma, si el inglés que ustedes hablan es casi una lengua universal? ¿Es cierto esto?

AMPLIACION DE VOCABULARIO

A Los niños pequeños van al **jardín de infancia**. Los jóvenes van al **instituto** (o: **liceo**) y, al terminar, van a **la universidad** o a **una escuela de formación profesional**, donde aprenden **un oficio** (un trabajo manual).

¿Cree que un jardín de infancia plurilingüe y pluricultural enriquece la vida de los niños? En nuestra sociedad tecnológica, ¿cree que es indispensable que todos los jóvenes terminen sus estudios en el liceo (obtengan el Título de Bachiller)?

B Para entrar en la universidad hay que **solicitar la admisión** enviando **una solicitud**; una vez aceptada, hay que **matricularse** y pagar **los derechos de matrícula**.

En los Estados Unidos hay universidades privadas y universidades **estatales** (del estado). ¿A qué grupo pertenece el lugar dónde está estudiando? ¿Es difícil ser aceptado? ¿Son caros los derechos de matrícula? ¿Cree que todas las instituciones de enseñanza deben ser **gratuitas** (no deben costar nada)?

C Cada **curso** (año) tiene varios cursos (**asignaturas, materias**). Esto es un poco confuso, porque la palabra curso se usa en dos sentidos. Un ejemplo lo aclarará: «Soy estudiante de primer curso (año) y estoy tomando cuatro cursos (asignaturas). Estos cuatro cursos son: historia, economía, sociología y español». En el sistema norteamericano, cada curso (asignatura) vale varias unidades. Para terminar **la carrera** (para poder recibir el **Título**) hay que haber completado *x* número de unidades.

¿Cuántos cursos está tomando ahora? ¿Cuántas unidades valen esos cursos? ¿Cuántas unidades necesita para conseguir el Título (para terminar sus estudios, para terminar la carrera)? ¿No cree que el sistema norteamericano es muy complicado?

D En el sistema educativo norteamericano hay cursos obligatorios, y cursos **electivos**. En casi todos los países hispánicos el sistema es más rígido, y no hay cursos electivos. Muchos países están reformando sus sistemas educativos, e imitan el sistema norteamericano. También están introduciendo el sistema del *college,* como institución de enseñanza entre el liceo y la universidad.

> ¿Cómo explicaría Vd. a unos amigos extranjeros el sistema norte-americano de «colleges» de dos años y de cuatro años? ¿Y cómo explicaría el sistema universitario? ¿Hay oficios en los que se gana tanto o más dinero que en una profesión?

E En cada **curso** (**asignatura**) los estudiantes tienen que examinarse, tienen que hacer exámenes. Estos pueden ser **orales** o **escritos, parciales** (o **de mediados de** curso) o **finales**. Al final del curso los estudiantes **sacan** (reciben) **una nota**. En el mundo hispánico los nombres de las notas varían de un país a otro. En España, por ejemplo, las notas son (de mejor a peor): Matrícula de Honor, Sobresaliente, Notable, Apro-bado y Suspenso. Los estudiantes **aprueban** (infinitivo: aprobar, pasar el examen) o **suspenden** (suspender, ser reprobado); es decir, el profesor los aprueba o los suspende (los reprueba).

> ¿Cree Vd. que el sistema de exámenes debe desaparecer? Defienda su punto de vista. ¿Y las notas? ¿Cómo es el sistema norteamericano de notas? ¿Cree Vd. que los estudiantes norteamericanos están obsesio-nados con las notas? ¿Por qué será?

F Cuando un profesor da buenas clases, los hispanos dicen: **Enseña bien**, o: Es buen profesor. Cuando dicen de alguien que es un buen con-ferenciante, están hablando de algún intelectual que da conferencias durante **un ciclo de conferencias** (una serie de conferencias), o durante una visita a una universidad o a algún centro cultural. Cuando **un cate-drático** (un profesor) hace trabajar mucho dicen de él que es **exigente.** También dicen: Es **un hueso**.

> ¿Tiene Vd. algún catedrático exigente? Qué cualidades cree que debe tener un buen profesor? ¿Le gusta asistir a conferencias sobre materias que no conoce? Si Vd. se dedicara a la enseñanza, ¿cree que sería un buen profesor o una buena profesora? ¿Por qué cree que sería bueno (-a) o malo (-a)?

G Cuando los estudiantes no tienen dinero para continuar sus estudios pueden **solicitar una beca** (dinero que da la universidad, una fundación, el gobierno o alguna institución cultural). Si van a estudiar al extranjero pueden **pedir** (solicitar) una beca o **una bolsa de viaje** (dinero para poder viajar).

Para dar una beca, ¿qué criterio se debe seguir: los méritos de los estudiantes o su necesidad económica? ¿Cree Vd. que está bien que los estudiantes inteligentes, trabajadores y muy ricos reciban una beca?

H Los nombres, en español, de algunas facultades: **Derecho**, o: **Leyes** (*Law*); **Medicina; Ciencias Económicas; Ciencias Políticas; Ciencias Exactas** (Matemáticas); **Ciencias Químicas** (*Chemistry*); **Farmacia; Biología; Gestión** (o: **Administración**) **de Negocios** (*Business Administration*); **Periodismo; Filosofía y Letras,** que incluye: **Lenguas Clásicas, Lenguas Modernas, Lingüística, Filología, Historia, Geografía, Arte**); **Antropología; Sociología.**

¿Qué cursos está tomando Vd.? ¿Cuál es su curso favorito? ¿Toma Vd. algún curso de Historia del Arte? En el mundo actual, ¿qué es más práctico, estudiar lenguas clásicas o administración de negocios?

I Una característica del sistema educativo norteamericano es el tener un *major* y un *minor*. No hay nada semejante en el sistema hispánico. Es posible, sin embargo, decir: Me licencié con **una especialización en** . . . ; o: Mi **especialidad** es . . . En cuanto al *minor*, ¿qué podríamos decir? ¿Una mini-especialización? No. Quizá: Mi especialidad es . . . , y también me especialicé en . . .

¿En qué piensa especializarse usted? ¿Cuál es su especialidad (su especialización)?

DIFICULTADES Y EJERCICIOS

USO DE: **darle a alguien por** + verbo . . . **hacerlo a conciencia**

Esta expresión se usa siempre con un cierto sentido humorístico. Expresa la idea de: Cuando alguien quiere hacer algo, cuando se decide a hacer algo . . . lo hace muy bien. Esta expresión generalmente empieza con **cuando** o **si,** que corresponden al inglés *whenever.*

En la segunda parte de la frase: . . . **a conciencia,** se puede repetir el verbo usado antes, o se puede utilizar el verbo **hacer** precedido por el pronombre neutro **lo.** Compare estos dos ejemplos:

PRACTICA

Cuando Manuel *quiere* trabajar, trabaja *mucho.*

Cuando a Manuel **le da por** trabajar, trabajar **a conciencia.**

Cuando Manuel *quiere* entusiasmarse, *se entusiasma mucho.*

Cuando a Manuel **le da por** entusiasmarse, **lo hace a conciencia.**

Cuando *queremos exagerar,* exageramos **mucho.**	Cuando nos **da por** _____.
Si *tú causas* líos, *causas muchos* líos.	Cuando te **da por** _____.
Cuando ella **decide** divertirse, se divierte **mucho.**	Cuando le **da por** _____.
Si **deciden** beber, **beben mucho.**	Si les **da por** _____.

Una variante de esta expresión tiene siempre el verbo **ser** y un adjetivo.

Cuando *tú quieres* ser amable, eres *muy amable.*	Cuando **te da por** ser amable, **lo** eres a conciencia.
Si *ella quiere* ser exigente, es *muy exigente.*	Si le **da por** ser exigente, lo es a conciencia.
Cuando *queremos* ser simpáticos, somos *muy simpáticos.*	Cuando nos **da por** _____.
Si ellos deciden ser buenos estudiantes, son muy buenos estudiantes.	Si les **da por** _____.
Cuando *yo quiero* ser generoso, soy *muy generoso.*	Cuando me **da por** _____.
Si *tú quieres* ser estricto, eres *muy estricto.*	Si te **da por** _____.

PRACTICANDO AL CONTESTAR

Me han dicho que cuando te da por trabajar, trabajas a conciencia. ¿Es cierto? ¿Y cuando te da por divertirte? Oí que cuando te da por comer, lo haces a conciencia. ¿Es cierto? ¿Y cuando te da por beber?

USO DE: **escapársele**
　　　　 olvidársele
　　　　 acabársele ⎬ (algo a alguien)
　　　　 caérsele
　　　　 etc.

Estas formas establecen una relación más personal, a veces afectiva, entre la acción del verbo y la persona que sufre las consecuencias de esa acción. Al mismo tiempo estas formas indican un deseo de disminuir la responsabilidad del sujeto. Por ejemplo:

Olvidé las llaves del coche. = Tengo mala memoria; no tengo excusa. Yo las olvidé.

Se me olvidaron las llaves del coche. = Aquí el sujeto del verbo es las llaves. Inconscientemente se busca evitar la responsabilidad del olvido.

El perro se murió. = Es un hecho expresado sin comentarios.

Se me murió el perro. = Mi perro se murió, y yo siento su muerte profundamente.

Observe el cambio de estructura de la frase:

	Sheila	olvidó	las botellas.
A	Sheila	se le olvidaron	las botellas.

¿Comprendido? Pues pasemos ahora a la

PRACTICA

La excursión fué un desastre. El perro *se escapó de nosotros.*

La excursión fue un desastre. **Se nos escapó** el perro.

Olvidé el vino.

Se me olvidó el vino.

Los niños *acabaron* la comida y todavía tenían hambre.

A los niños **se les acabó** la comida y todavía tenían hambre.

El coche *quedó* sin gasolina.

Al coche **se le terminó** la gasolina.

El reloj de mi mujer *cayó* en el agua. ¡Qué día de campo!

A mi mujer **se le cayó** el reloj en el agua. ¡Qué día de campo!

Saqué a pasear el perro, y *se escapó (se alejó de mí).*

Saqué a pasear el perro y _____ _____

Olvidaste llamarme por teléfono.

Se _____

Acabamos todo el dinero y tuvimos que volver a casa.

Se _____

Terminamos todos los dólares y tuvimos que volver a casa.

Se _____

Su sombrero *cayó* al agua.

El sombrero se _____

PRACTICANDO AL CONTESTAR

Alguna vez, durante un viaje, ¿se le terminó el dinero? ¿Qué hizo?
¿Tiene buena memoria ¿Se le olvidan alguna vez las llaves de su casa?
¿Se le perdieron alguna vez las llaves del coche? ¿Tiene perro? ¿Se le
escapó alguna vez? Si tuviera un perro y se le perdiera, ¿pondría un
anuncio en el periódico?

PEQUEÑO TEATRO

Una parte de la clase se supondrá formada por consejeros de estudiantes
extranjeros. Otra parte de la clase hará el papel de estudiantes de otros
países. Estos estudiantes extranjeros tienen que matricularse en una institución de enseñanza de este país, pero no comprenden bien el sistema
y hacen preguntas sobre él. Los consejeros contestan a sus preguntas,
preparan programas de estudios, etc.

Sugerencias:

1. Explicar el sistema de matrícula, por cursos independientes; cada
   curso representa x número de horas de trabajo (unidades).
2. Indicar cuáles son las asignaturas más importantes, cuáles son obliga-
   torias y cuáles son electivas.
3. Explicar la división del año académico en trimestres o semestres.
4. Describir el sistema de exámenes y notas.

También se puede suponer que la clase es un comité para la organiza-
ción de una nueva universidad. En este comité se habla sobre el plan de
estudios de esa nueva institución de enseñanza; qué cursos se ofrecerán,
cómo será el sistema de exámenes y notas (¿quizá se suprimirán?), qué
criterios se utilizarán para admitir a estudiantes nuevos, etc., es decir,
hacer un plan para la universidad ideal.

SEA USTED MI INTERPRETE, POR FAVOR

1. Do you live in a dormitory?
2. Are there many foreign professors on this faculty?
3. If you go to his lecture and take some notes, will you let me read them?
4. When are you going to receive your diploma?
5. Are registration fees very high (expensive)?
6. Where do I have to send my application for admission?
7. Why don't you work more? I know that when you feel like working,
   you can do it.
8. Did you forget your notes?

CUESTIONES GRAMATICALES

USO DE: cuando (y otras expresiones de tiempo) —— + subjuntivo = acción sin realizar / + indicativo = acción realizada

A Hablando con su amiga Pilar, Sheila le dice: «se lo preguntaremos a Craig cuando vuelva del *campus*». Esta idea también puede expresarse con un orden diferente de palabras: «cuando Craig vuelva del *campus*, se lo preguntaremos».

En los dos casos tenemos la palabra **cuando,** un verbo en presente de subjuntivo y otro en futuro de indicativo. Si nos concentramos en el estudio del segundo ejemplo, vemos que su estructura es:

Cuando + **presente de** + ... + **futuro de indicativo**
              subjuntivo   **cativo**

Cuando   vuelva   del *campus*, se lo   preguntaremos.

Las frases que tienen esta estructura pueden tener el verbo que sigue a la palabra **cuando** en subjuntivo o en indicativo. En cada caso, el significado de la frase cambiará, y también cambiará el tiempo del indicativo del segundo verbo:

Comparación:

Subjuntivo: Cuando **vuelva,** tomará una copa. = Acción sin realizar: no ha vuelto todavía, ni ha tomado la copa.

Indicativo: Cuando **vuelve,** toma una copa. = Rutina. Acción realizada regularmente. Es una costumbre practicada en el pasado, en el presente y, podemos suponer, en el futuro.

Vemos, por lo tanto, que cuando queremos decir que las acciones indicadas por los dos verbos no se han realizado todavía, usamos la estructura:

Cuando + **presente de subjuntivo** + **futuro de indicativo**

Cuando   termine la carrera,   trabajaré en Nueva York.

---

y si queremos decir que las dos acciones son realizadas frecuentemente, usamos la estructura:

> **Cuando** + **presente de indicativo** + **presente de indicativo**
>
> Cuando   hago un buen examen,   espero una buena nota.

PRACTICA

Cambiar el sentido de las frases siguientes: si indican acción realizada, expresaremos acción sin realizar, y a la inversa.

MODELO
Cuando mi amigo viene a casa, estudiamos juntos.
Cuando mi amigo venga a casa, estudiaremos juntos.

1. Cuando traiga sus apuntes, me los dejará copiar.
2. Cuando sale de clase, va a la biblioteca.
3. Cuando compre los libros, pagaré con un cheque.
4. Cuando suspendemos un curso, tenemos que repetirlo.
5. Cuando terminen los exámenes, irán de vacaciones.
6. Cuando se acaban las vacaciones, vuelven a la universidad.
7. Cuando no tengo dinero, trabajo en una estación de servicio.

B Variaciones sobre el mismo tema
Encontramos la misma estructura en las frases que se refieren al tiempo pasado. Podemos hablar del pasado y, al mismo tiempo, hablar de una acción sin realizar, cuando desde el punto de vista de ese pasado nos referimos al futuro:

Hoy es domingo, y él dijo el viernes que cuando **viniera** el sábado traería los libros.
En estos casos la estructura de la frase es:

> **Verbo en** + **que** + **cuando** + **imperfecto de** + **condicional**
>   **pasado**   **subjuntivo**
>
> Prometió   que   cuando   llegara   escribiría.

Puede suceder que la última acción sea a la vez futuro del pasado y futuro del presente. En este caso tenemos dos opciones:

Dijo que cuando { viniera } hoy traería los apuntes.
                { venga   } mañana traerá los apuntes.

PRACTICA

Vamos a concentrarnos en el primer ejemplo, pues en el segundo cualquiera de las dos formas está bien. En las frases siguientes, al introducir la idea del futuro del pasado, tendremos que cambiar los tiempos de los verbos.

MODELO
Cuando termine el trimestre de primavera, se matriculará en el trimestre de verano.

Estamos en octubre, y él dijo en abril que cuando . . .
Estamos en octubre, y él dijo en abril que cuando terminara el trimestre de primavera, se matricularía en el trimestre de verano.

1. Cuando dé su conferencia, la dará en inglés. Anteayer dijo que cuando ayer . . .
2. Cuando vayamos a la biblioteca, buscaremos los libros. Prometimos que cuando . . .
3. Cuando tengan un profesor exigente, tendrán que estudiar más. Se dieron cuenta que cuando . . .
4. Cuando reciba la beca, irá a Colombia. Decidió que . . .
5. Cuando empiece el curso, compraré los libros. Dije que . . .

C Si las dos acciones ya están realizadas desde el punto de vista del presente, usaremos esta estructura, con sus variantes:

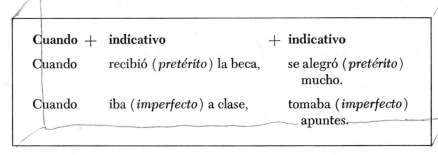

Cuando + indicativo		+ indicativo
Cuando	recibió (*pretérito*) la beca,	se alegró (*pretérito*) mucho.
Cuando	iba (*imperfecto*) a clase,	tomaba (*imperfecto*) apuntes.

Resumen:

En frases de este tipo, el uso del indicativo o del subjuntivo cambia su sentido, y exige cambios en los tiempos de los verbos que indican la segunda acción:

Cuando viene, toma una copa. (rutina)
Cuando venía, tomaba una copa. (rutina en el pasado)
Cuando vino, tomó una copa. (dos acciones realizadas)

Cuando venga, tomará una copa. (dos acciones sin realizar)

Dijo que cuando viniera, tomaría una copa. = una acción realizada: dijo que, y dos acciones futuras desde el punto de vista del pasado (viniera, tomaría)

D Otras expresiones que indican tiempo

En frases con la misma estructura, hacemos los mismos cambios de modos y tiempos verbales si usamos otras expresiones que indican tiempo:

Hasta que { recibió el título, no pudo trabajar.
{ reciba el título, no podrá trabajar.

Le dijeron que hasta que recibiera el título, no podría trabajar.

Después de que
En cuanto   } { se licenció, abrió una clínica.
Tan pronto como
Así que   } { se licencie, abrirá una clínica.

Me dijo que { después de que
              en cuanto
              tan pronto como } se licenciara, abriría una clinica.
              así que

~~Pero siempre en subjuntivo~~:

No abrirá la clínica **antes de que** se licencie.

Dijo que no abriría la clínica **antes de que** se licenciara.

PRACTICA

Hacer frases con las expresiones de tiempo dadas, y con las dos acciones indicadas entre paréntesis. Cada frase debe expresar uno de los aspectos temporales estudiados.

MODELO

En cuanto ella + (llegar a casa, ponerse a estudiar).

Rutina: *En cuanto llega a casa, se pone a estudiar.*

Rutina en el pasado: *En cuanto llegaba a casa, se ponía a estudiar.*

Acción realizada: *En cuanto llegó a casa, se puso a estudiar.*

Acción sin realizar: *En cuanto llegue a casa, se pondrá a estudiar.*

Futuro del pasado: *Dijo que en cuanto llegara a casa, se pondría a estudiar.*

1. Mientras nosotros + (ser estudiantes, tener que ir a clase).
2. Tan pronto como ellos + (terminar la carrera, buscar un trabajo).
3. Cuando tú (tener hijos, mandarlos al jardín de infancia).

EL ARTE DE LA COMPOSICION

PARA USAR EN LA COMPOSICION

1. La enseñanza
el jardín de infancia
el instituto, el liceo

la universidad { estatal, del Estado / privada

solicitar
  la solicitud
matricularse
  los derechos de matrícula
  la matrícula
  gratuita
la cátedra

el curso { obligatorio / electivo

la asignatura

el examen { escrito / oral / final / de mediados de curso / parcial

aprobar
suspender, ser reprobado

sacar } { buenas } notas
recibir } { malas }

los apuntes
la conferencia

ser un { buen } conferen- / mal } ciante

enseñar { bien / mal

ser un hueso, ser exigente
la beca, la bolsa de viaje

la carrera
el Título de . . .
la Licenciatura en . . .
licenciarse en
graduarse en

2. Expresiones verbales
no tardar en + *infinitivo*
estar desperigado por .. *Separated by*
estar despistado, -a *to feel lost, not understand*
serlo a conciencia
darle (a alguien) por +
  infinitivo
prestarse a confusiones *are easily confused*
ser un lío *a complication*
lo que sea *whatever*
tomar una copa
escapársele
olvidársele } algo a alguien
acabársele
terminársele
que yo (tú, etc.) sepa
cuando + *subjuntivo* + *futuro*
  indicativo
cuando + *indicativo* +
  indicativo
verbo en pasado + que +
  cuando + *imperfecto sub-*
  juntivo + *condicional*

3. Otras expresiones
por cierto
al revés

EL USO DE LOS SIGNOS DE PUNTUACION (I)

Los signos de puntuación indican, en forma escrita, las pausas y cambios de entonación de la lengua hablada. Por ejemplo, cuando hacemos una pregunta, la entonación es diferente de la que usamos cuando hacemos una declaración. En forma escrita, indicamos este cambio de entonación con los símbolos ¿? al principio y al final de la frase. Lo mismo sucede con los otros signos de puntuación.

SIGNOS DE PUNTUACION QUE INDICAN PAUSAS

Si escribimos un largo párrafo sin puntos ni comas, al leerlo en voz alta nos quedamos sin respiración. Los signos que indican pausas nos ayudan a evitar esto.

A El punto (.) sirve para indicar el final de una frase que tiene sentido en sí misma. Si la frase siguiente está muy relacionada con ella, las dos están separadas por un **punto y seguido** (no hay nuevo párrafo). Si la frase siguiente introduce otro tema, o un aspecto diferente del mismo tema, la escribimos al principio de otro renglón (empezamos un nuevo párrafo) separado de la frase anterior por un **punto y aparte**.

El punto también se usa en las abreviaturas. Veamos unas líneas con varios casos de punto y seguido, un punto y aparte y una abreviatura:

Muchos norteamericanos no quieren aprender lenguas extranjeras. Dicen que cuando viajen por otros países siempre encontrarán gente que hable inglés, pues el inglés es una lengua universal.
Si Vd. piensa lo mismo, no tardará en convencerse de su error.

B La coma (,). Aunque el estilo personal determina, en cierto modo, el uso de las comas, hay unas cuantas reglas básicas:

1. Se usan comas para separar los diferentes elementos de una enumeración. Los dos últimos elementos están unidos por **o**, **y**, o su forma negativa **ni,** sin coma.

   En esta clase hay exámenes orales, escritos, parciales y finales.
   Los estudiantes sacan notas buenas, malas o regulares.
   No recibió dinero, beca ni bolsa de viaje.

2. Las enumeraciones precedentes son de objetos (nombres: dinero, beca, bolsa de viaje) o de características (adjetivos: orales, escritos, parciales, finales). También hay enumeraciones de frases, unidas por el sentido de la cláusula completa, que están separadas por comas:

   Llegué a la universidad, estudié el catálogo, me matriculé en varios cursos, compré los libros y volví a casa.

3. Cuando reproducimos por escrito lo que dice una persona, separamos con comas las palabras (generalmente nombres o títulos) con que esa persona se dirige a otra:

Te aseguro, Esteban, que cuando quiero trabajar lo hago a conciencia.
Le aseguro, señor profesor, que estudié mucho.

4. Una coma nunca debe separar el sujeto y el verbo de una frase:

La profesora enseña bien.
Pero puede suceder que el sujeto vaya cualificado por una o más palabras, o por una frase, que lo describen. En este caso:

No hay comas si la descripción ampliadora forma parte integrante del sujeto:

Las preguntas mal hechas se prestan a confusiones (= todas las preguntas mal hechas).

La descripción ampliadora se escribe entre comas cuando es una explicación que añadimos, pero que podríamos suprimir sin. cambiar el sentido de la frase:

Las preguntas, mal hechas, se prestan a confusiones (= las preguntas se prestan a confusiones. Y añadimos un detalle: están mal hechas).

Por la misma razón, van entre comas algunas expresiones que introducimos en medio de la frase, pero que no son esenciales:

En junio próximo, por fin, voy a recibir el título.
Di algo, lo que sea, por favor.

C   El **punto y coma** (;) es como una coma, pero indica que la pausa es más larga. Cuando una frase se extiende por varias líneas y tiene muchas comas, el punto y coma nos permite dar una pausa sin tener que terminar la frase para empezar otra nueva:

Ernesto, un estudiante colombiano, llegó a la universidad norteamericana en la que iba a estudiar, y todo le parecía un lío; no comprendía el sistema, y tuvo que ir a hablar con su consejero.

D   Los **dos puntos** (:) se usan:

1. Después de una frase completa que anuncia una enumeración:

Ayer hice muchas cosas: llené una solicitud, la presenté, pagué los derechos de matrícula y asistí a una conferencia.

2. Cuando se citan las palabras dichas por alguien. En este caso, la primera palabra de la cita aparece en letra mayúscula. Compare la cita directa, con dos puntos y letra mayúscula, y la cita indirecta sin ella:

La profesora dijo: Es necesario que tomen apuntes.
La profesora dijo que es necesario que tomen apuntes.

3. Después de la introducción a una carta:

Queridos amigos: por fin aprobé el curso ...

E Los **puntos suspensivos** (...) son la forma escrita de una pausa larga que indica vacilación, dificultad en completar la frase o, simplemente, que el final de la frase se da por conocido.

Esa profesora enseña ... bastante bien.
A ese profesor, cuando le da por ser exigente ...

PRACTICA *punto y APARTE - INDENT*

Ponga los signos de puntuación necesarios en el párrafo siguiente:

Tengo un amigo que cuando viaja por el extranjero siempre lleva en el bolsillo un diccionario de la lengua del país donde está él dice que los diccionarios solucionan todos los problemas pero yo sé muy bien que no es cierto un día en España él entró en una librería y empezó a ver libros un dependiente le preguntó si quería algún libro en particular y él después de buscar en el diccionario el verbo *to browse* le dijo que no que solamente había entrado para pastar el dependiente lo miró con asombro porque en español pastar es lo que hacen los animales cuando están en el campo comer hierba.

POSIBLES TEMAS PARA UNA COMPOSICION

1. La educación universitaria en el mundo actual.
2. El estudio de las lenguas extranjeras: una alternativa en la expresión de las propias ideas.
3. El inglés como lengua universal, ¿un mito?
4. La enseñanza secundaria en los Estados Unidos.
5. Universidades estatales y universidades privadas.
6. Las notas, ¿reflejan la inteligencia del estudiante?
7. Innovaciones necesarias en el sistema universitario.
8. Aspectos económicos de la educación.
9. La educación universitaria, ¿derecho o privilegio?
10. Papel de las humanidades en el mundo tecnológico.
11. Papel de la tecnología en el mundo de las humanidades.
12. Plan de estudios para una universidad ideal.

Lección 3 La emancipación de la mujer

La mujer ha entrado en muchas carreras que, hasta hace poco tiempo, estaban casi cerradas para ella.

Personajes: los dos matrimonios.

SHEILA. Oye, Pilar, en esta revista hay un artículo que te interesará. **Trata del[1]** movimiento femenino de liberación aquí en los Estados Unidos.

PILAR. Eso me interesa mucho. Creo que en nuestros países hispánicos tenemos mucho que aprender de las activistas norteamericanas.

MANUEL. ¿Activistas? Locas e histéricas, querrás decir. ¿Cómo se les ocurre hablar de liberación femenina en el país donde las mujeres están más liberadas que en ninguna otra parte?

PILAR. ¿Ves, Sheila? Ya habló el *homo hispanicus.*

SHEILA. ¡Qué sorpresa, Manuel! ¡No sabía que tenías unas ideas tan . . . machistas!

MANUEL. Algunos sociólogos dicen que el machismo es una especie de culto hispánico, pero y veo unas contradicciones muy interesantes en todo este asunto.

PILAR. Pues yo lo veo todo clarísimo. ¿No te das cuenta, querido marido, que hay muchos hombres que **al volver[2]** a casa **se ponen a[3]** leer el periódico?

MANUEL. ¡Claro! Después de trabajar todo el día tienen que descansar, ¿no?

PILAR. Y sus mujeres, ¿qué? Muchas de ellas también trabajan fuera de casa, y cuando vuelven tienen que ponerse a preparar la cena, o a limpiar un poco la casa, o a . . .

SHEILA. Aquí no. Craig y yo **compartimos[4]** los trabajos **caseros[5].**

PILAR. Ya lo sé, pero yo no estoy hablando de casos concretos, sino en general. Hay matrimonios que comparten los trabajos de la casa, pero hay otros que los **reparten:[6]** esto lo hace la mujer, aquello lo hace el hombre. Y en algunos países hispánicos, las leyes dan a los maridos algunos derechos que las mujeres no tienen: abrir un negocio o sacar un pasaporte, por ejemplo.

MANUEL. **Esa sí que es[7]** otra cuestion. Hay un machismo legal y un machismo cultural.

SHEILA. Y yo no sé cuál es el peor. Aquí hemos cambiado muchas leyes, pero todavía hay hombres que dan por descontado que la función de una mujer en la vida es hacer los trabajos de la casa: **cuidar[8]** niños, **cocinar[9], ir de compras[10],** y todo eso. ¡Cómo si no tuviéramos nada en la cabeza!

[1]se ocupa del, su contenido es el

[2]cuando vuelven
[3]empiezan a

[4]los dos hacemos
[5]de la casa

[6]los dividen

[7]es ciertamente

[8]ocuparse de
[9]preparar las comidas
[10]salir a comprar lo que la familia necesita

PILAR. Pues en los países hispánicos es peor. A muchas mujeres les pagan **un sueldo**[11] o **un salario**[12] inferior al de un hombre cuando, en realidad, hacen el mismo trabajo. Y eso es **insoportable**[13].

CRAIG. **Eso tiene arreglo**[14], cambiando las leyes. Las actitudes culturales, en cambio, son más difíciles de cambiar.

PILAR. Y cambiarán, te lo aseguro.

MANUEL. ¿En nuestros países hispánicos? Espero no verlo.

PILAR. Este marido mío no tiene arreglo. Es sexista **hasta la médula**[15]. ¿Qué hice yo para merecerlo?

MANUEL. Casarte conmigo, amor mío, casarte conmigo. Y, liberada o sin liberar, eres la mujer ideal.

PILAR. ¿Tú ves, Sheila? Cuando a Manuel se le acaban los argumentos de la lógica, **acude a la adulación**[16]. ¿Qué te parece, Craig?

CRAIG. Me parece un sistema muy bueno.

[11] remuneración mensual
[12] remuneración semanal
[13] intolerable
[14] tiene solución
[15] to the core, marrow
[16] he resorts to flattery

PRACTICA INDIVIDUAL

Cuestionario para una encuesta. (Ver las sugerencias para el uso de esta Práctica Individual en la Lección 1, página 3.) En esta lección todas las preguntas de los ejercicios están en la forma **tú**, que los estudiantes deben practicar en sus respuestas.

1. ¿Lees artículos que *tratan del* movimiento femenino de liberación? (1)
2. ¿Conoces a alguien con ideas *machistas*?
3. *Al volver* a casa, *¿te pones a* leer el periódico?; *¿te pones a* ver la TV?; *te pones a* estudiar? ¿Qué *te pones a* hacer? (2 y 3)
4. ¿Con quién *compartes* los trabajos *caseros*? (4 y 5)
5. ¿En tu familia *comparten* todos los trabajos *caseros* o los *reparten*? (4, 5 y 6)
6. ¿Conoces a alguien de quien puedes decir: Esa *sí que es* una persona liberada? (7)
7. *Cuidar* niños, ¿es una función masculina, femenina o, simplemente, una función humana? (8)
8. ¿Quién *cocina* en tu familia? (9)
9. ¿Te gusta o te aburre *ir de compras*? (10)
10. En tu opinión, ¿cuál debe ser *el sueldo* mínimo de una persona? (11)
11. ¿Y cuál debe ser *el salario* mínimo? (12)
12. ¿Qué tipo de persona encuentras más *insoportable*? (13)
13. ¿Crees que en la vida todos los problemas *tienen arreglo*? (14)
14. ¿Conoces a alguien sexista *hasta la médula*? ¿Por qué crees que esa persona es sexista hasta la médula? (15)

15. Cuando quieres convencer a alguien, ¿*acudes a la adulación*? (16)

Comentarios sobre los resultados de la encuesta. (Ver las sugerencias sobre el uso de esta Práctica Individual en la Lección 1, página 4.)

1. ¿Cuántos (quiénes) leen artículos que tratan del movimiento femenino de liberación? Rosa, ¿qué artículo has leído? ¿Qué dice ese artículo?
2. ¿Cuántos (quiénes) conocen a alguien que tiene ideas machistas? A ver, Enrique, ¿por qué dices que ese amigo tuyo tiene ideas machistas?
3. ¿Qué hacen ustedes al volver a casa? ¿Cuántos se ponen a estudiar? ¿Quiénes se ponen a ver la televisión? ¿Quiénes se ponen a . . . ?
4. ¿Cuántos (quiénes) comparten los trabajos caseros con otra persona? ¿Con quién los compartes tú, Esteban?

Con otras preguntas de este tipo, los estudiantes practican el resto de las expresiones nuevas.

PRACTICA GENERAL

Preguntas dirigidas a toda la clase, para que todos participen en la conversación.

1. ¿Existe el machismo en la sociedad norteamericana? Si creen que sí existe, ¿cómo se expresa?
2. ¿Creen que un matrimonio entre personas de culturas diferentes tiene menos probabilidades de éxito que el de dos personas del mismo grupo cultural?
3. ¿Creen que la naturaleza impone diferentes funciones en la vida a los hombres y a las mujeres?
4. ¿Creen que la educación que reciben los niños es sexista? Por ejemplo, decirle a un niño: Los hombres no lloran . . . ¿es sexista?
5. Pilar y Sheila, ¿son dos mujeres inteligentes e independientes? Hacen muchas preguntas: ¿Dan la impresión de ser ignorantes o de tener una gran curiosidad intelectual?

AMPLIACION DE VOCABULARIO

A El **Movimiento Femenino de Liberación** (o: de Emancipación) o: el **Movimiento de Liberación** (Emancipación) **Femenina** dice que muchos hombres consideran a la mujer como una **mujer objeto,** y como ejemplo presentan la explotación de la belleza femenina en la publicidad, en las revistas musicales, en los cabarets y en algunas revistas destinadas a un público masculino.

¿No podría considerarse este hecho como un homenaje a la belleza femenina, y no como una explotación? ¿Crees que ha habido cambios en las actitudes del público en los últimos años? ¿Conoces alguna revista que, en tu opinión, merece la crítica hecha por el Movimiento Femenino de Liberación?

B Se dice que en los años sesenta ha habido una **revolución sexual** que ha cambiado las relaciones entre los dos sexos. Para algunos, estos cambios significan una mayor igualdad y sinceridad en las relaciones humanas. Para otros, representan una decadencia de la moral.

¿Crees que esa revolución sexual ha tenido lugar? Por qué crees qué sí, o que no? Si crees que ha habido cambios en las actitudes generales hacia las relaciones sexuales, ¿te parece que esos cambios han mejorado o empeorado la sociedad?

C El **divorcio** existe en casi todos los países. Hay algunos, sin embargo, como España, Irlanda o la Argentina, donde (en 1979) la ley no reconocía la existencia del divorcio. En esos países sólo hay la posibilidad de obtener una **separación legal** o una **anulación del matrimonio**. Los dos **cónyuges** (el marido y la mujer) separados no pueden volver a casarse, mientras que en los países donde existe el divorcio, el (hombre, marido, esposo) **divorciado** y la (mujer, esposa) **divorciada** pueden **contraer matrimonio** (casarse) otra vez. Observación: en español puede decirse: **divorciarse de** o, simplemente, **divorciarse** como verbo recíproco. Generalmente el marido paga a su ex-mujer una **pensión** o **asistencia de divorcio**.

Mi madre se divorció de mi padre
Mi padre se divorció de mi madre
Mi madre y mi padre se divorciaron
Mis padres se divorciaron
} cuando yo tenía quince años.

¿Por qué crees que algunas sociedades se oponen a la existencia del divorcio? ¿Crees que la existencia del divorcio pone en peligro la estabilidad de la familia? ¿Te gustaría vivir en una sociedad donde no existiera el divorcio?

D Hay actitudes culturales que muestran más tolerancia hacia ciertas conductas masculinas que hacia las mismas formas de conducta por parte de una mujer. Cuando un hombre tiene muchas aventuras amorosas, la sociedad dice que él es un **donjuan**, un **faldero**, un **conquistador**, y sonríe comprensiva. Si una mujer hace lo mismo, dicen de ella que es una **perdida**.

¿Crees que esta actitud existe de verdad? Y si te parece que de verdad existe, ¿cómo explicas su existencia? ¿Refleja un punto de vista masculino de la moral personal? ¿O es un punto de vista justificado porque la naturaleza impone a las mujeres restricciones que el hombre no tiene? ¿Crees que esa actitud es más frecuente en los países latinos que en los países de Norte de Europa y de América? Si esto fuera cierto, ¿cómo explicarías esa diferencia de actitud?

E En el mundo del trabajo, la mujer ha encontrado muchas restricciones. Durante muchos años se consideró que la única función de una mujer en la vida es ser una buena esposa, una buena madre, y una buena **ama de casa**. La entrada de la mujer en el mundo profesional es relativamente reciente, y su novedad se refleja en el vocabulario: se dice **la secretaria, la profesora, la maestra, la vendedora,** pero la lengua vacila entre decir **la abogado** y **la abogada, la médico** y **la médica, la arquitecto** y **la arquitecta**. En algunas professiones será difícil que aparezca una forma femenina, porque crearía confusiones lingüísticas: la Química (= la Ciencia Química) y la químico (= la mujer que estudió química), la Mecánica y la mecánico (= una mujer experta en máquinas y motores), la critica (= el comentario) y la critico (= mujer que hace el comentario).

¿Crees que verdaderamente existen actitudes sexistas en el mundo profesional? ¿Por qué mucha gente considera inconcebible que haya mujeres capitanes de barco, o pilotos de aviones comerciales?

DIFICULTADES Y EJERCICIOS

USO DE: aguantar, soportar, mantener

aguantar

soportar — *to bear, to stand*

mantener — *to support*

«Dicen que es necesario **aguantar** las adversidades de la vida, pero mi vida es **inaguantable**», me confió mi amigo. Al pobre hombre no le gusta su trabajo, y me dijo que no puede **soportar** a su jefe, que su jefe es **insoportable**. Y además, gana tan poco dinero que no puede **mantener** a su familia.

PRACTICA

Nadie puede aguantar a su jefe.   Su jefe es **inaguantable.**

Nadie puede soportar su conducta.   Su conducta es **insoportable.**

Tiene *bajo su responsabilidad* a su mujer y cinco hijos.

Tiene que **mantener** a su mujer y cinco hijos.

Los niños de mi vecino hacen un ruido *que yo no puedo soportar.*

Los niños de mi vecino hacen un ruido _____

La vida está tan cara que no sé qué haré para *vestir y dar de comer* a mi familia.

La vida está tan cara que no sé qué haré para _____ a mi familia.

¡Qué trabajo tan aburrido! *¡No lo aguanto!*

¡Qué trabajo tan aburrido! ¡Es _____!

PRACTICANDO AL CONTESTAR

¿Es frecuente que sea la mujer casada quien mantiene a su. marido? ¿Cuál es tu idea de una persona insoportable? ¿Qué cosas en la vida te parecen inaguantables? ¿Qué es más difícil de soportar, un dolor físico o un dolor moral?

uso DE: **tratar; tratar de** (= intentar); **tratar de** (= tener como tema); **tratarse de; tratarse con**

tratar ———————————— *to treat*

———————————— *to handle*

tratar de (= intentar) ———————— *to try*

tratar de ———————————— *to deal with*

tratarse de ———————————— *to be a question of*

tratarse con ——————————— *to be on good terms with*

——————————— *to be friends with*

Tu salud me preocupa. **Tratas** tu cuerpo como si fuera de hierro, y el cuerpo es una máquina muy delicada que hay que **tratar** cuidadosamente. Debes **tratar de** fumar menos. He leído un libro que **trata de** los efectos del tabaco y, francamente, creo que deberías de dejar de fumar. Mira, se **trata de** tener un poco de fuerza de voluntad. ¿Quieres que te recomiende un buen médico? Conozco uno muy bueno; mi familia y la suya **se tratan** (o: mi familia **se trata con** la suya) desde hace mucho tiempo.

PRACTICA

Este médico sólo *se ocupa de* enfermedades tropicales.

Este médico sólo **trata** enfermedades tropicales.

Es un perro muy bueno. *Sé bueno con él,* y te será siempre fiel.

Es un perro muy bueno. **Trátalo** bien, y te será siempre fiel.

El paquete dice:
Frágil. *Manejar con cuidado.*

El paquete dice:
Frágil. **Tratar** con cuidado.

¿Por qué no *intentas* dejar de fumar?

¿Por qué no **tratas de** dejar de fumar?

Este artículo *habla* de los efectos del tabaco.

Este artículo **trata de** los efectos del tabaco.

La cuestión es ésta: ¿quieres o no quieres curarte?

Se trata de esto: ¿quieres o no quieres curarte?

Hace mucho tiempo que no *tengo relaciones* con esa familia.

Hace mucho tiempo que no **me trato con** esa familia.

Yo no puedo ayudarte si tú no *intentas* ayudarte a ti mismo.

Yo no puedo ayudarte si tú no _tratas de_ ayudarte a ti mismo.

La cuestión es decidir si voy al médico o no.

Se trata decidir si voy al médico o no.

En su conversación nunca *habla* de nada interesante.

En su conversación nunca _trata de_ _____ nada interesante.

No *tengo amistad* con esa familia.

No _me trato con_ con esa familia.

PRACTICANDO AL CONTESTAR

¿Crees que la vida te trata bien? ¿Te gusta la gente que trata de imponer siempre su voluntad sobre los demás? ¿De qué trataba el último libro que leíste, o la última película que viste? Se dice que la vida moderna es despersonalizadora. ¿Tú conoces a los que te rodean? ¿Te tratas con tus vecinos?

tratar de - to deal with

Se trata de - question

USO DE: **parecer, parecerle** (algo a alguien), **parecerse, parecerse a**

parecer — *to seem*
    — *to look*

parecerle (algo a alguien) = creer que —— *to seem* (= *to think that*)

parecerse ——————————— *to look alike*

parecerse a ————————— *to look like*

Parece increíble, este niño **parece** débil pero es fuerte como un castillo.
Me parece que él y su hermano **se parecen** mucho: pequeños y fuertes.
¿No te parece? No, a mí no me parece que él **se parece** a su hermano.
Creo que se parece a su abuelo.

PRACTICA

El niño *tiene aspecto de ser* débil, pero es fuerte

El niño **parece** (ser) débil, pero es fuerte.

Creemos que él y su hermano son iguales.

Nos parece que él y su hermano son iguales.

Mi hermano y yo *somos casi iguales.*

Mi hermano y yo **nos parecemos.**

Mi hermana *es casi igual* a nuestra madre.

Mi hermana **se parece** a nuestra madre.

Soy casi igual a mi padre.

me parezco mi padre.

Mi padre y yo *somos casi iguales.*

Mi padre y yo ___nos parecemos___

¿*Crees* que es posible aprender todo esto?

¿_te parece_ que es posible aprender todo esto?

Este niño *tenía aspecto de ser* tan bueno, y ¡mira lo que ha hecho!

Este niño _parecía_ (ser) tan bueno, y ¡mira lo que ha hecho!

¿Tú crees que estos dos hermanos *son casi iguales?*

¿Tú crees que estos dos hermanos _se parecen_?

¿*Creen ustedes* que está bien lo que han hecho?

¿_les parece_ que está bien lo que han hecho?

PRACTICANDO AL CONTESTAR

¿A quién te pareces, a tu padre o a tu madre, o a ninguno de los dos?
¿Te parece bien que los jóvenes beban bebidas alcohólicas? ¿Qué tipo

de persona te parece más inaguantable? En tu opinión ¿parece
increíble que en un país rico haya gente pobre? ¿Conoces a alguien
que parezca buena persona, pero que en realidad no lo es?

PEQUEÑO TEATRO

La clase puede dividirse en dos grupos que tienen opiniones contrarias
en cuanto al papel de los hombres y de las mujeres en la sociedad. Algunos miembros de la clase, el profesor o profesora harán alguna afirmación rotunda, como «la naturaleza no establece distinciones entre hombres
y mujeres como seres humanos», o «la naturaleza impone inevitables
diferencias de funciones entre los dos sexos». Cualquier tópico (cliché)
es bueno para comenzar la conversación y en nuestra cultura hay, desgraciadamente, muchos.

Si los estudiantes saben algo de otras culturas, pueden explicar las
funciones que las diferentes sociedades asignan a hombres y mujeres,
sea en la vida familiar, profesional o política. Pueden hablar de la idea,
muy generalizada, de que la mujer latina es más sumisa que la mujer
norteamericana, o de los trabajos que en algunas culturas se consideran
como típicos de uno de los dos sexos, y que en otras culturas son desem-
peñados indistintamente por hombres o mujeres. Por ejemplo, en la
Unión Soviética hay mujeres capitanes (¡no capitanas!) de barcos mer-
cantes; en Israel las mujeres tienen una participación muy activa en el
ejército y, ciertamente, en la política, donde la señora Golda Meir fue
Primer Ministro (¡no ministra!)

Se puede hablar también de las diferencias indicadas en el diálogo
entre las desigualdades legales y las culturales. En los Estados Unidos,
por ejemplo, muchas mujeres casadas luchan por conservar su apellido,
no adoptando el apellido del marido. En el mundo hispánico este problema no existe, pues por costumbre y por ley la mujer casada conserva
su apellido y lo pasa a los hijos. Al mismo tiempo, aunque la mujer casada
conserva su primer apellido de soltera, pierde el segundo y adopta el
del marido, unido por la preposición **de**. Algunas mujeres hispánicas
dicen que ese **de** da idea de propiedad: María Aguirre de Suárez está casada con el señor Suárez. En Portugal los hijos usan como primer apellido
el de su madre, y el de su padre viene en segundo lugar.

SEA USTED MI INTERPRETE, POR FAVOR

1. Is this the article that deals with the Women's Liberation Movement?
2. What a surprise! Is it true that you are a male chauvinist?
3. Don't you realize that I cannot get a passport without your permis-
   sion?
4. Do you think that wages and salaries will go up?

5. What do you find most unbearable in life?
6. You don't share in the housework. Do you think it is fair?
7. Does your wife work outside the home or is she a housewife?
8. Don't you think your question is a sexist question?
9. Is it true that you are getting a divorce?
10. Do you look like your father or like your mother?

hablar | comer | vivir
hablara comiera
hablase comiese

CUESTIONES GRAMATICALES

La expresión de lo que es contrario a la realidad, o de lo que es una sospecha.

USO DE: como si < + imperfecto de subjuntivo
+ pluscuamperfecto de subjuntivo

Según Pilar, muchos hombres piensan que las mujeres sólo deben ocuparse de los trabajos domésticos, y protesta exclamando:

¡Cómo si no tuviéramos nada en la cabeza!

Esta exclamación indica que lo dicho es contrario a la realidad. La estructura gramatical utilizada tiene dos formas, y las dos tienen tiempos del subjuntivo:

como si < + imperfecto de subjuntivo (acción presente o futura)
+ pluscuamperfecto de subjuntivo (acción pasada)

intemporal: ¡Cómo si fuéramos tontas! (pero no lo somos)
pasado: ¡Cómo si yo no hubiera oído eso antes! (pero lo he oído antes)

Esta estructura también se utiliza para indicar sospecha:

Me miró como si me odiara. (¿me odia?)
Me miró como si no me hubiera reconocido. (¿me reconoció?)

PRACTICA

Completar las frases siguientes, utilizando la idea expresada entre paréntesis:

MODELO
Viven separados, como si (no estar casados).
Viven separados, como si no estuvieran casados.

1. Los dos se quieren como si (haberse casado ayer). *se hubieran*
2. Viven a todo lujo, como si (ser millonarios). *fueran, fuesen*
3. Es un faldero, como si (no querer a su mujer). *quisiera*
4. Se siente joven, como si (tener veinte años). *tuviera*

se hubiera tratado, si tratara

5. Me habló de la cuestión como si (tratarse de algo de vida o muerte).
6. Nunca está en su casa, como si (no poder aguantar a su familia). *pudiera*
7. El habla de su pasado como si (haber sido un conquistador). *hubiera*

USO DE: si $\left\{ \begin{array}{l} \text{+ indicativo + indicativo (suposición)} \\ \text{+ imperfecto de subjuntivo + condicional (contrario a la realidad)} \end{array} \right.$

Vamos a comparar estas dos frases:

Si quiere divorciarse, hablará con su abogado.
Si quisiera divorciarse, hablaría con su abogado.

En el primer caso estoy diciendo que no sé si quiere o no divorciarse. En el segundo caso indico que la realidad, tal como yo la veo, es que no quiere divorciarse.

PRACTICA

Vamos a cambiar de una forma a otra, indicando **suposición** (**indicativo + indicativo**) o algo **contrario a la realidad** (**imperfecto de subjuntivo + condicional**):

MODELO
Si es casada, no puede firmar contratos.
Si fuera casada, no podría firmar contratos.

1. Si tiene dinero, debe pagar una pensión a su ex-mujer.
2. Si los dos se divorcian, pueden casarse otra vez.
3. Si anulan el matrimonio, los dos quedan libres.
4. Si hago el mismo trabajo, tendrán que pagarme lo mismo que a él. *hiciera*
5. Si ella trabaja en el laboratorio, él tiene que cuidar a los niños.
6. Si la mujer queda en casa, no puede tener una carrera.
7. Si ella limpia la casa, él lava los platos.

Ahora vamos a completar estas frases usando **si + expresión contraria a la realidad**.

MODELO
Yo no tengo dinero, pero si . . .
Yo no tengo dinero, pero si tuviera dinero iría a Tahití.

1. Tú no cocinas, pero si . . .
2. El no cuida a los niños, pero si . . .   *renunciar a*
3. Nosotros no queremos divorciarnos, pero si . . .   *to quit*
4. Mi coche no tiene arreglo, pero si . . .
5. Mi trabajo no es inaguantable, pero si . . .
6. Ustedes no comparten los trabajos de la casa, pero si . . .

EL ARTE DE LA COMPOSICION

PARA USAR EN LA COMPOSICION

Test.

Know
prácticas
(VOCAB, GRAM)
Punctuation

1. *Los seres humanos*
   el matrimonio
   los cónyuges
   el, la cónyuge
   el movimiento femenino de libe-
      ración
   el movimiento de liberación
      femenina
   ser un { donjuán / faldero / conquistador

   ser una perdida
   el ama de casa
   la mujer objeto
   contraer matrimonio
   divorciarse (de)
      el divorcio
      el divorciado, la divorciada
   anular el matrimonio
      la anulación
   la pensión
   la asistencia de divorcio
   el sueldo
   el salario

2. *Expresiones verbales*
   darse cuenta (de) que
   sí que + *verbo*
   cuidar
   cocinar
   compartir
   repartir
   no tener arreglo
   aguantar, soportar
      inaguantable, insoportable

   mantener
   tratar
   tratar(se) de
   tratarse con
   parecer (le algo a alguien)
   parecerse (a)
   si < + *indicativo* + *indicativo* / + *imperfecto subj.* + *con-dicional*
   como si < + *imperfecto sub-juntivo* / + *plusc. subjuntivo*

EL USO DE LOS SIGNOS DE PUNTUACION (II)

Además de los signos de puntuación estudiados en la Lección 2, hay otros que indican: 1) cambios en la entonación de la voz; 2) información adicional al contenido de una frase; 3) una cita.

A Signos de puntuación que indican cambios de entonación en la voz: **los signos de interrogación** ¿ . . . ? y **de admiración** ¡ . . . !

1. **Los signos de interrogación** indican exactamente eso: una pregunta. El signo inicial ¿ es necesario en español porque el orden de las palabras de una frase no necesariamente indica al lector que lo que sigue es una pregunta. (¿Eres tú . . . ? = ¿Tú eres . . . ?) En inglés, por el

contrario, el obligatorio cambio de ese orden (*Are you . . . ?* vs. *You are . . .*) o el uso de verbos auxiliares (*Do you . . . ?* vs. *You . . .*) hacen ese signo inicial innecesario. Una frase afirmativa (o negativa) puede convertirse en una pregunta con un simple cambio de entonación, o cambiando la entonación y usando el sujeto detrás del verbo:

Negación: Tú no sabes que ellos van a divorciarse.
Pregunta: ¿Tú no sabes que ellos van a divorciarse?
Pregunta: ¿No sabes tú que ellos van a divorciarse?

2. Cuando hay varias preguntas cortas referidas a una misma cuestión, todas seguidas, pueden ir separadas por puntos y comas, escribiendo con mayúscula la primera pregunta:

Me preguntó muchas cosas: ¿Quién cocina en tu casa?; ¿quién limpia?; ¿quién cuida a los niños?

3. Una pregunta no necesariamente comienza al principio de una frase:

Si ella trabaja en el laboratorio, ¿él tiene que cuidar a los niños?

4. En algunos casos la interrogación puede comenzar al principio o en medio de la frase, según la intención de la persona que habla. La forma escrita refleja este hecho:

¿Ese artículo trata del machismo?
Ese artículo, ¿trata del machismo?

5. El uso de **los signos de admiración** sigue los mismos principios:
   a. Frase afirmativa o negativa convertida en admiración:

   Tú crees que ellos van a divorciarse.
   ¡Tú crees que ellos van a divorciarse!

   b. Varias admiraciones seguidas:

   ¡Ese hombre es insoportable!; ¡es inaguantable!; ¡no mantiene a su familia!

   c. Admiración en medio de una frase:

   Si ella trabaja en el laboratorio, ¡él tiene que cuidar a los niños!

   d. Uso de los signos de admiración al principio o en medio de la frase:

   ¡Ese niño se parece tanto a su padre!
   Ese niño, ¡se parece tanto a su padre!

B Signos de puntuación que indican adición de información a una frase: **el paréntesis** ( ), y **la raya** —.
1. El paréntesis, o la raya, permiten introducir en una frase alguna información adicional:

La revista que Sheila le dejó a Pilar (en casa de Sheila siempre hay muchas revistas) tiene un artículo sobre el machismo. Es una revista ilustrada—como tantas otras—que Sheila recibe todos los meses.

2. En las narraciones que incluyen conversaciones, se usa la raya para indicar que hay un cambio en las personas que hablan; la raya también separa las palabras del autor de la narración y las palabras de sus personajes:

—Los concursos de belleza—dijo Pilar—son un insulto a la dignidad femenina.

—Pues a mí—interrumpió Manuel—me parecen un homenaje a la mujer.

3. Se puede usar la raya, pero no el paréntesis, cuando el texto escrito es una conversación. Compare:

—Yo te aseguro que si los dos se divorciaran—y no creo que lo hagan —se casarían otra vez pues, en el fondo, los dos están muy enamorados.

—Yo no lo creo, y debo añadir, entre paréntesis, que él es un faldero que no se merece la mujer que tiene.

C Signo de puntuación que encierra una cita: **las comillas** " ". En el mundo hispánico son así: « ». Se escriben entre comillas las frases tomadas directamente de un texto, o las frases (generalmente de carácter histórico) dichas por alguien:

Dice Martín Alonso: «El retrato literariamente es una parte de la descripción. Cuando se describe la figura o el carácter, es decir, las cualidades físicas o morales de una persona, hemos trazado un retrato literario.»

Mi amiga ha tenido mucho éxito. Puede decir, como Julio Césàr: «Llegué, vi, vencí.»

Obsérvese que la comilla que cierra la cita se escribe detrás del punto final, pero precede al signo de puntuación cuando no es una cita: Vive en un «cottage». En este caso las comillas indican que la palabra es extranjera. También pueden usarse comillas para indicar ironía: Su «fortuna», la tiene en su imaginación. No se usan comillas cuando la cita está hecha de forma indirecta: Ella puede decir, como Julio César, que llegó, vió, venció.

PRACTICA

Ponga signos de interrogación, de admiración, rayas y comillas en este texto:

No me gusta su actitud hacia las mujeres dijo Pilar.

A mí tampoco añadió Sheila porque indica cómo diría yo que cree que somos tontas.

Por qué dices eso intervino Manuel. Qué exagerada eres.

Exagerada yo exclamó Sheila. Me parece que el autor de este artículo tiene razón cuando dice: El hombre hispánico es machista porque se siente inseguro ante las mujeres.

POSIBLES TEMAS PARA UNA COMPOSICION

1. El machismo en la sociedad.
2. La mujer, ¿necesita ser liberada?
3. La discriminación sexual y la ley.
4. La mujer norteamericana, ¿mujer dominante?
5. Problemas de los matrimonios interculturales.
6. La naturaleza y la igualdad entre los sexos.
7. Papeles masculinos y papeles femeninos en la vida familiar.
8. Los niños y la educación sexista.
9. Los concursos de belleza, ¿un insulto a la mujer?
10. La revolución sexual, ¿verdad o mito?
11. El divorcio.
12. El donjuán, ¿un hombre inseguro de su masculinidad?
13. La mujer y el mundo profesional.
14. La mujer y la política.

Como en todos los países, la economía es una parte importante de la política.

PILAR. Oye, Sheila, ¿dónde se ha metido[1] Manuel?
Creí que estaría leyendo el periódico en el patio, pero
no doy con él[2].

SHEILA. Está con Craig, viendo la televisión. Al parecer[3] hay un programa sobre las próximas elecciones,
y como les interesa tanto la política, no quieren perderlo.

PILAR. Voy a reunirme con ellos, entonces. Me gusta
estar al corriente de[4] lo que sucede, y así aprenderé
algo de la política de este país. Francamente, no la
entiendo bien del todo[5].

SHEILA. Craig te explicará todo de pe a pa[6]. Está muy
enterado[7] de todo eso.

(Pilar entra en el cuarto de estar, donde Craig y Manuel están sentados en silencio delante del aparato de
televisión.)

MANUEL. ¿Ya terminaste tus cartas? Ven, siéntate. El
programa acaba de empezar y promete ser[8] muy interesante.

PILAR. No sabía que lo estaban transmitiendo ahora.
De haberlo sabido[9] hubiera bajado antes para no
perder el principio.

CRAIG. Perdona que no te lo haya dicho antes. No
sabía que te interesara tanto la política.

PILAR. ¿Por quién me tomas[10], Craig? Me interesa todo,
y la política interior de este país más todavía, porque
no la entiendo.

MANUEL. Como ves, Craig, es una razón de peso[11].

PILAR. No me tomes el pelo[12], marido. Sabes muy bien
que siempre me interesé por la política.

MANUEL. Ya lo sé, mujer, ya lo sé. Estaba de broma[13].
(Al terminar el programa, entra Sheila con unas tazas
de café.)

SHEILA. ¿Fue interesante? Perdonen que no los haya
acompañado, pero es que tenía que preparar la habitación de Howard, mi hijo.

PILAR. Llega mañana, ¿no?

SHEILA. Sí. Veremos qué nos cuenta de su viaje a
México.

MANUEL. Anda, siéntate con nosotros y ayúdanos a
entender algo de lo que hemos visto.

CRAIG. Bueno, ya estamos frente a frente[14] los dos
nativos dispuestos a contestar las preguntas de los dos
extranjeros.

[1] ¿dónde está?

[2] no lo encuentro

[3] parece que

[4] estar informado de

[5] completamente
[6] del principio al fin
[7] sabe mucho

[8] parece que va a ser

[9] si lo hubiera sabido

[10] quién crees que soy?

[11] una razón im-portante
[12] no te burles de mí
[13] no hablaba en serio

[14] cara a cara

PILAR. Yo tengo tantas que no sé por dónde empezar. Aquí cuando hablan de la *administration* quieren decir el gobierno, ¿no es así?

CRAIG. Claro.

MANUEL. Es que en español la administración es el conjunto de funcionarios que trabajan para el gobierno. Lo que aquí llamáis el *civil service*.

PILAR. También me parece que hay términos que necesitan aclaración. ¿Qué entienden ustedes por un político liberal?

CRAIG. Los dos están más o menos hacia la izquierda.

MANUEL. Tiene gracia, porque en Europa y en los países hispánicos donde hay vida política, los liberales son considerados conservadores, o, a lo más, del centro. Claro que en algunos países hispánicos, desgraciadamente, sólo hay dictaduras.

SHEILA. ¿Quiénes son los izquierdistas, entonces?

MANUEL. Pues los miembros del partido socialista, los comunistas y sus amigos los filocomunistas o comunistoides, como les llaman algunos. Bueno, hay diferencias muy sutiles, naturalmente. Lo más gracioso es que si a un liberal de un país hispánico le dices que es marxista, o se muere de risa o se pone furioso[15].

SHEILA. Entonces, en el mundo español, un liberal es un señor que cree en los procesos democráticos. ¿Sabes que la vida política de los países hispánicos es más complicada que la nuestra?

MANUEL. Es diferente. Algunos tienen una larga tradición de elecciones amañadas, quiero decir fraudulentas, de pronunciamientos, cuartelazos[16] revoluciones, dictaduras y dictablandas, que es el término humorístico que le damos a una dictadura soportable.

PILAR. Las dictaduras nunca son soportables, Manuel.

MANUEL. Te doy la razón[17], mujer, pero de alguna manera hay que explicarlo . . .

PILAR. En algunos países las elecciones son una farsa. Cuando hacen el escrutinio de los votos[18] hacen trampas[19]. Los ciudadanos van a los colegios electorales[20], depositan sus papeletas en las urnas, y luego ¡quién sabe lo que pasa!

MANUEL. Y si la gente organiza una manifestación[21] de protesta, viene la policía y la disuelve con gases lacrimógenos[22] o, a veces, a tiros[23].

---

[15]se irrita, se enfada

[16]rebeliones militares
[17]te concedo lo que dices
[18]cuando cuentan los votos
[19]cometen un fraude
[20]lugar donde la gente vota
[21]reunión pública al aire libre en la que la gente manifiesta sus sentimientos
[22]gases que hacen llorar
[23]con balas de pistola o rifle

CRAIG. ¿Crees, entonces, que los países hispánicos no
están preparados para la democracia?

PILAR. ¡Al contrario! Lo que sucede es que los que no
creen en la libertad tienen la fuerza bruta.

MANUEL. Bueno, Pilar, el problema es más complicado
que todo eso. Y no hay que olvidar que estamos hablando de casi veinte países diferentes.

PILAR. Tienes razón[24]. Está visto[25] que cuando hablo
de esto siempre me exalto[26].

[24]estás en lo
cierto
[25]se ve
[26]me excito,
pierdo la
moderación

PRACTICA INDIVIDUAL

Cuestionario para una encuesta. (Ver las sugerencias para el uso de esta
Práctica Individual en la Lección 1, página 3.) En las preguntas y
respuestas de esta lección vamos a usar la forma **usted**.

1. Usted tiene un amigo a quien le gusta mucho comer y beber. Usted
   lo busca. ¿Dónde cree que *se ha metido*? ¿Dónde puede *dar con él*?
   (1 y 2)

2. ¿Qué hace usted para *estar al corriente* de lo que sucede en el mundo?
   ¿Lee periódicos? ¿Qué hace? (4)

3. Los problemas políticos de su país, ¿los entiende usted *bien del todo*,
   los entiende poco o no los entiende nada? (5)

4. ¿Está usted *bien enterado(-a)* de los problemas políticos? ¿Los comprende todos *de pe a pa*? (7 y 6)

5. ¿Cree usted que las próximas elecciones *prometen ser* muy interesantes? ¿Por qué? (8)

6. En su opinión, ¿cuál es *una razón de peso* para participar en la vida
   política de su país? ¿Y para no participar? (11)

7. ¿Es usted una persona muy seria? ¿Tiene sentido del humor o le
   molesta que *le tomen el pelo*? (12)

8. ¿Le molesta la gente que siempre *está de broma*? (13)

9. Cuando tiene problemas con una persona, ¿prefiere sentarse *frente
   a frente* con ella y hablar de su problema, o prefiere no hablar del
   problema? (14)

10. Cuando alguien *le toma el pelo*, ¿se pone furioso(-a)? (12 y 15)

11. ¿Es usted obstinado(-a)? Cuando alguien le demuestra que usted
    está en un error, ¿encuentra difícil *darle la razón*? (17)

12. En las elecciones en los Estados Unidos, ¿cree usted que es frecuente
    hacer trampas cuando hacen *el escrutinio* de los votos? (18 y 19)

13. ¿Se interesa usted por la política? ¿Ha ido usted en alguna *manifes-
    tación*? (20)

14. ¿Cuándo cree usted que está justificado que la policía use *gases lacri-
    mógenos*? (21)

15. ¿Qué clase de disputas cree usted que terminan *a tiros*? (22)

disparar – to shoot
la bala – bullet

16. ¿Está usted siempre seguro(-a) de lo que dice? ¿Cree que usted siempre *tiene razón?* (23)

17. ¿*Se exalta* usted cuando habla de política? ¿No *se exalta* usted nunca? ¿Qué tema lo (la) hace *exaltarse?* (25) excitarse

Comentarios sobre los resultados de la encuesta. (Ver las sugerencias sobre el uso de esta Práctica Individual en la Lección 1, página 4.)
Posibles preguntas:

1. ¿Dónde se ha metido una persona a quien le gusta mucho comer y beber? ¿Dónde se puede dar con ella? ¿En un restaurante?; ¿en un bar?; ¿en un mercado?; ¿en . . . ?

2. ¿Qué hacen ustedes para estar al corriente de lo que sucede en el mundo? ¿Cuántos leen el periódico? ¿Cuántos ven las noticias en la TV?

3. ¿Quién entiende bien del todo la política del país? ¿Cuántos no la entienden nada?

4. ¿Cuántos (quiénes) están bien enterados de los problemas políticos? ¿Quién los comprende de pe a pa?

El profesor o la profesora seguirá haciendo preguntas de este tipo hasta que los estudiantes hayan utilizado en sus respuestas las expresiones nuevas usadas en esta lección.

PRACTICA GENERAL

Preguntas dirigidas a toda la clase, para que todos participen en la conversación.

1. ¿Creen ustedes que la política es siempre algo sucio? ¿Sienten ustedes admiración, indiferencia o desprecio por las personas que se dedican a la política?

2. ¿Creen ustedes que la política, sucia o limpia, es necesaria en toda sociedad?

3. ¿Creen ustedes que las elecciones reflejan claramente la voluntad de la población?

4. La juventud de ahora, ¿se interesa o no por la política? ¿Por qué sí, o por qué no?

5. ¿Cómo creen ustedes que va a ser el futuro del país?

AMPLIACION DE VOCABULARIO

A En los países donde hay elecciones libres, los **candidatos** hacen **propaganda electoral** durante la **campaña electoral** que precede al día de las elecciones. En ese día, **los electores** (los ciudadanos con derecho al voto

proceso — juicio — trial
intervenir — interviene
fiscal contra defesor
acuses defends

y que están inscritos en el censo electoral) van a los colegios electorales
(lugares donde votan) y depositan su papeleta (su voto) en la urna, o
votan utilizando máquinas modernas.

Si ha votado alguna vez, ¿podría describirle a un amigo extranjero
cómo se vota en su país? ¿Cómo hacen los políticos su campaña electoral? ¿Qué importancia tiene la televisión en las campañas electorales?

B Cada país tiene un sistema electoral diferente. En los países democráticos hay ciertos aspectos que son comunes a todos ellos: hay libertad
para organizar partidos políticos, hay libertad de palabra y libertad de
prensa para expresar cualquier idea política, y hay un parlamento donde
se reúnen los candidatos que han resultado elegidos. El parlamento puede
tener una o dos cámaras. En los países hispánicos estas cámaras suelen
llamarse Congreso de los Diputados y Senado, pero los nombres pueden
cambiar de un país a otro.

¿Cómo funciona el poder legislativo en su país? ¿Cuántas cámaras
hay? En los Estados Unidos, ¿a quién representa la Cámara de
Representantes? ¿Y a quién representa el Senado? ¿Podría explicar
todo esto? Y, si no puede, ¿qué preguntas harías para que se lo
explicaran a Vd.?

C El poder ejecutivo puede estar organizado de muchas maneras. En
una monarquía parlamentaria, como las de España, Holanda, Bélgica,
los países escandinavos (Noruega, Suecia y Dinamarca) o el Reino Unido
de la Gran Bretaña, el rey (o la reina) «reina, pero no gobierna». Quien
gobierna es el Primer Ministro, junto con su Gabinete, que está formado
por sus Ministros. En un régimen republicano, el Presidente tampoco
gobierna pero, lo mismo que en las monarquías, tiene una gran influencia
política basada en el prestigio de su puesto y de su persona. En un sistema presidencialista el Presidente y sus Secretarios gobiernan, y no hay
Primer Ministro.

¿A qué grupo, de los citados, pertenece el sistema de gobierno de su
país? ¿Qué ventajas e inconvenientes ve en cada uno de los sistemas?

D El poder judicial se ocupa de interpretar y aplicar las leyes. El tribunal más importante del país se llama el Tribunal Supremo o la Corte
Suprema. En este tribunal se sientan varios jueces de gran autoridad y
prestigio, y deciden los casos legales que han llegado hasta ellos en
apelación (inf.: apelar) contra las sentencias de otros tribunales inferiores. Los jueces (o: magistrados) del Tribunal Supremo tienen sus
puestos con carácter vitalicio (hasta que se jubilan [se retiran]).

el ACUSADO, lA VICTIMA

¿Tiene mucha importancia el Tribunal Supremo de su país? ¿Conoce algún caso importante que ese tribunal haya resuelto recientemente? ¿Quién nombra a los magistrados del Tribunal Supremo?

E En los tribunales inferiores hay uno o varios jueces, un fiscal (abogado que acusa) y un abogado defensor que defiende al acusado. En algunos países también hay un jurado formado por varios ciudadanos. Antes del juicio puede ser que el acusado esté en libertad bajo fianza en lugar de estar detenido en la cárcel. El tribunal oye a los testigos de cargo, llamados por el fiscal, y a los testigos de descargo, traídos por el defensor. Los testigos juran o prometen decir la verdad, y si no lo hacen cometen el delito de falso testimonio o perjurio.

¿Ha presenciado alguna vez un juicio en un tribunal? Muy posiblemente ha visto un juicio en el cine o en la televisión. ¿Cómo es un juicio en su país?

F En la vida política hay, a veces, casos de corrupción, que puede presentarse bajo muchas formas. La más frecuente es el soborno, (el cohecho) lo que en algunos países llaman la mordida (pago de una cantidad de dinero a un funcionario o a un político, para que haga algo ilegal). Otras veces puede ser cualquier forma de presión sobre los electores para que voten por un cierto candidato o partido, o la alteración de los resultados electorales, modificando las actas del escrutinio, o cualquier otra forma que se pueda imaginar.

¿Conoce algún caso de corrupción en su país? ¿En otros países? ¿Cree que la corrupción es un fenómeno frecuente? ¿Cree que la corrupción es una parte inevitable de la vida política? ¿Cómo cree que se puede terminar con la corrupción?

DIFICULTADES Y EJERCICIOS

USO DE: **de haber** + participio + ... + $\left\{ \begin{array}{l} \textbf{habría} \\ \textbf{hubiera} \end{array} \right\}$ + participio

si hubiera + participio + ... + **habría** + participio

Las dos construcciones significan lo mismo, y se pueden usar indistintamente. Con la forma **de haber** + participio pueden usarse las formas **habría** o **hubiera**:

De haber estudiado, $\left\{ \begin{array}{l} \textbf{habría} \\ \textbf{hubiera} \end{array} \right\}$ tenido buena nota

Con la variante **si hubiera** es preferible utilizar la forma **habría** para evitar la repetición de la misma forma verbal: si hubiera estudiado, **habría** tenido buena nota. Si en la frase hay pronombres, éstos siguen al infinitivo **haber,** y preceden al pluscuamperfecto de subjuntivo **hubiera:**

De haber sabido Pilar que el programa era a las cinco,
habría ⎱
hubiera ⎰ bajado antes.

De haberlo sabido, ⎰ **habría** ⎱ bajado antes.
⎱ **hubiera** ⎰

Si hubiera bajado a las cinco, **habría visto** el programa desde el principio.
Si lo hubiera visto desde el principio, lo **habría comprendido** mejor.
De haberlo visto desde el principio, lo **habría comprendido** mejor.

PRACTICA

De haber sabido que te interesaba el programa, te ⎰ habría ⎱ avisado.
⎱ hubiera ⎰

Si hubiera sabido que te interesaba el programa, te **habría avisado.**

De haberlo sabido, te *hubiera* llamado.

Si lo hubiera sabido, te **habría llamado.**

Si me *hubieras* avisado, habría venido.

De ___haberme___ avisado, ___habría___ venido.

De haberlo visto, te *habría* interesado.

Si ___lo hubieras___ visto, ___te habría___ interesado.

Si me lo *hubieras* explicado bien, lo *habría* comprendido.

De ___habérmelo___ explicado bien, lo ___habría___ comprendido.

De habernos dicho que venías, te *hubiéramos* esperado.

Si ___nos hubieras___ dicho que venías, te ___habríamos___ esperado.

PRACTICANDO AL CONTESTAR

De haber visto a alguien que estuviera siendo atacado en la calle, ¿lo hubiera ayudado?

De haber sabido que nadie lo iba a notar, ¿habría copiado en un examen?

De haber estado seguro de que nadie lo sabría nunca, ¿habría cometido una mala acción que su conciencia le reprochara?

De haberse encontrado en un país extranjero, sin amigos y sin dinero, ¿qué hubiera hecho?

convertirse en

USO DE: **ponerse** + adjetivo; **volverse** + adjetivo; **hacerse** + nombre o adjetivo; **llegar a ser** + nombre o adjetivo

Todas estas formas corresponden a la idea expresada en inglés por el verbo *to become,* con ligeras variantes de significado:

ponerse + adjetivo: supone un cambio momentáneo de carácter o actitud.

Cuando le hablo, se *sonroja.*

Cuando le hablo, **se pone** rojo (colorado).

Si lo contradicen, se *enfurece.*

Si ho contradicen, **se pone** furioso.

volverse + adjetivo: indica un cambio permanente de carácter o actitud:

El pobre hombre *eloqueció.*

El pobre hombre **se volvió** loco.

Antes era muy amable, pero desde que hizo mucho dinero *es* muy orgulloso.

Antes era muy amable, pero desde que hizo mucho dinero **se volvió** muy orgulloso.

Cuando el cambio tiene lugar en las cosas, no en las personas, las dos formas pueden usarse indistintamente, e indican un cambio permanente o temporal:

En el otoño las hojas de los árboles *se ponen* amarillas.

En el otoño las hojas de los árboles **se vuelven** amarillas.

La pared era azul, pero con el sol *se puso* blanca.

La pared era azul, pero con el sol **se volvió** blanca.

hacerse + nombre o adjetivo: indica un cambio en el estado de una persona debido, en gran parte, a su propio esfuerzo:

Estudió mucho y *recibió el Título de Licenciado en Medicina.*

Estudió mucho y **se hizo** médico.

Emigraron a los Estados Unidos y *ahora son* ciudadanos norteamericanos.

Emigraron a los Estados Unidos y **se hicieron** ciudadanos norteamericanos.

Trabajó mucho y *ganó mucho dinero.*

Trabajó mucho y **se hizo** rico.

llegar a ser + nombre o adjetivo: de uso muy semejante al anterior, pero indicando un esfuerzo continuado, o la influencia de factores ajenos a la voluntad del agente, como la suerte, la práctica, la ley y otros:

meet a goal

Trabajamos mucho, y *ahora somos* ricos.

Trabajamos mucho, y **llegamos a ser** ricos.

Leyó mucho, y *ahora es* muy culto.

Leyó mucho, y **llegó a ser** muy culto.

La diferencia entre **hacerse** y **llegar a ser** se ve claramente en estos ejemplos:

El general dio un golpe de estado y *se proclamó a sí mismo* presidente.

El general **se hizo** presidente.

El general *recibió el título de* presidente *después de haber sido elegido legalmente.*

El general **llegó a ser** presidente.

El muchacho entró en el seminario y *fue ordenado de* sacerdote.

El muchacho **se hizo** sacerdote.

PRACTICA   *llevar a cabo — to carry out*

El presidente se *proclamó* dictador.

El presidente __se hizo__ dictador.

Era socialista, pero desde que heredó dos millones de pesos *es* muy conservador.

Era socialista, pero desde que heredó dos millones de pesos __se volvió__ muy conservador.

Se inscribió en el partido conservador y, después de algún tiempo, *fue elegido* jefe provincial del partido.

Se inscribió en el partido conservador y, después de algún tiempo, __llegó a ser__ jefe provincial del partido.

Cuando le hablan de su pasado socialista se *enfurece.*

Cuando le hablan de su pasado socialista __se pone__ furioso.

furioso - enfurecer
triste - entristecer
doloroso - adolecer

PRACTICANDO AL CONTESTAR

¿Cree que la vida sería mejor si, en lugar de ir haciéndonos viejos nos fuéramos haciendo más jóvenes cada día? Cuando alguien lo (la) contradice, ¿se pone furioso(-a)? ¿Qué le gustaría llegar a ser en la vida? Cuando la persona de quien está enamorado(-a) habla con gran entusiasmo de otro(-a), ¿se pone celoso(-a)? ¿Cree que si tuviera un puesto muy importante se volvería orgulloso(-a)? ¿Qué piensa de la gente que se pone colorada fácilmente?

PEQUEÑO TEATRO

Esta lección proporciona un vocabulario suficiente para que todos puedan explicar, en términos generales, un sistema político cualquiera. Muchas palabras, como **diputado, parlamento, ministro,** son muy semejantes en inglés y en español. Otras, como **quorum, referendum,** son de uso internacional.

La clase puede convertirse en un parlamento, o en una reunión de un gabinete, para hablar de una nueva ley que hay que aprobar o rechazar.

Puede convertirse también en una reunión de las Naciones Unidas (ONU), para tratar de un problema de política internacional.

Si el interés por la política es limitado, o inexistente, los estudiantes tendrán que explicar las razones de esa falta de interés.

También, si es posible comprar alguna revista de España o de Hispanoamérica, los estudiantes pueden leer algún artículo sobre política nacional, y comentarlo en clase.

SEA USTED MI INTERPRETE, POR FAVOR

1. Will you please explain that to me from A to Z?
2. If you had known that I was joking, would you have answered my question?
3. Why are you always trying to pull my leg?
4. Are you a politician or a civil servant?
5. Do you think the last elections were rigged?
6. How did the police disperse the demonstration? With sticks or with tear gas?
7. Do you think that freedom of speech and of the press are very important in a democracy?
8. Are you going to appeal the verdict to the Supreme Court?
9. Did the defendant tell the truth or did he commit perjury?
10. Why didn't the judge let him out on bail?

CUESTIONES GRAMATICALES

EXPRESIONES IMPERSONALES Y VERBOS QUE REQUIEREN EL SUBJUNTIVO

En las tres lecciones anteriores hemos visto varios usos del subjuntivo que presentan alguna dificultad para los estudiantes extranjeros.

Hay otros casos más fáciles. Como el subjuntivo expresa el mundo de lo que no es real, en la opinión de la persona que habla, usaremos el subjuntivo después de ciertas expresiones impersonales, y después de ciertos verbos, que expresen el deseo, la esperanza, el mandato o la duda de que algo suceda. En la frase: «Manuel espera que Pilar esté bien», expresamos un hecho real (Manuel espera) y un hecho posible (que Pilar esté bien). Es decir, *que Pilar esté bien o no* pertenece al mundo de lo que no es real, al mundo de las posibilidades.

A Expresiones impersonales:
Siempre con subjuntivo, porque expresan la opinión de que algo pueda suceder o no:

Es posible que el juez **condene** al procesado.
Puede ser que el testigo **se ponga** nervioso.
Es probable que **haya** elecciones.
Es difícil que el caso **llegue** al Tribunal Supremo.

Lo mismo sucede con otras expresiones de significado similar:

Es fácil que, **es difícil** que, **es necesario** que, y otras.

Siempre con indicativo, porque expresan seguridad:

Es seguro que el juez condenará al procesado.
Es verdad que el testigo se puso nervioso.
Es evidente que habrá elecciones.

Otras expresiones de este tipo: **Es cierto** que, **es claro que**, y otras.
Las expresiones del grupo anterior pierden su sentido de seguridad cuando están en forma negativa, y necesitan un subjuntivo:

No es seguro que el juez **condene** al procesado.
No es verdad que el testigo **se haya puesto** nervioso.
No es evidente que **haya** elecciones.

B Verbos que van seguidos por un subjuntivo.
Los verbos que expresan deseo, mandato, permiso o prohibición, esperanza o duda:

Quiero que **venga** mi abogado.
Dile que **venga** mañana.
No me permiten que **hable** por teléfono.
Esperamos que la policía **permita** la manifestación.
Dudan que la apelación **tenga** éxito.

Los verbos que expresan permiso, mandato o prohibición pueden ir seguidos por un infinitivo:

El juez **manda** que **entre** el jurado.
El juez **manda entrar** al jurado.

Permiten que hagamos la manifestación.
Nos permiten hacer la manifestación.
La ley **prohibe** que hagamos trampas en las elecciones.
La ley **nos prohibe hacer** trampas en las elecciones.

C Las expresiones impersonales o verbos que expresan un sentimiento o una emoción van seguidos de subjuntivo:

Es magnífico que **quieras** ser senador.
Me alegro que **quieras** ser senador.
Es una pena que no te **hayan** elegido.

PUNTOS BASICOS EN EL USO DE LOS TIEMPOS DEL SUBJUNTIVO (I)

A Cuando Sheila dice: «Perdonen que no los haya acompañado», está diciendo:

Perdonen (ahora) que no los haya acompañado (antes).

Si Sheila estuviera pidiendo perdón por haber llegado tarde a la pequeña reunión, habría dicho:

Perdonen (ahora) que llegue tarde (ahora).

Vemos que el tiempo del subjuntivo ha cambiado. En la primera frase Sheila habla de una acción anterior al presente. En la segunda frase habla de una acción que ocurre en el mismo momento. Es decir, el uso de los tiempos del subjuntivo depende de que la acción expresada por el verbo en subjuntivo suceda **antes, en el mismo momento,** o **después** de la acción indicada por el verbo principal. Veamos una combinación de las tres posibilidades en una sola frase:

Perdonen (ahora) que no los haya acompañado (antes), que no pueda quedarme con ustedes (ahora), y que no vuelva (después).

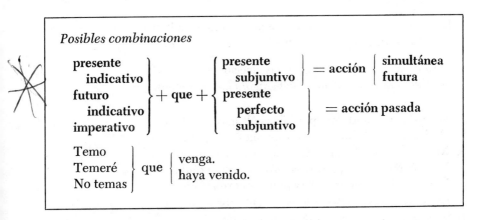

Posibles combinaciones

presente indicativo futuro indicativo imperativo	+ que +	presente subjuntivo	= acción	simultánea futura
		presente perfecto subjuntivo	= acción pasada	

Temo Temeré No temas	que	venga. haya venido.

B Vamos a estudiar la estructura que tiene el **verbo principal en presente de indicativo**:

Ahora	*Antes*	*Ahora*	*Después*
presente indicativo	+ presente perfecto de subjuntivo	+ presente subjuntivo	+ presente subjuntivo
Espero hoy	que hayan trabajado ayer,	que trabajen hoy y	que trabajen mañana.

Supongamos esta situación: Un muchacho (Wayne) está con una amiga (Bárbara). Los dos están solos. Es una situación perfectamente inocente, pero Bárbara sabe que su novio (Alan) es muy celoso, y que si la encuentra a solas con Wayne hará una escena.

Bárbara expresa este temor diciendo:

Temo (ahora) que Alan llegue (ahora).
Temo (ahora) que Alan llegue (dentro de un momento).
Temo (ahora) que Alan haya pasado (hace un momento) por delante de la casa y haya visto tu coche.

PRACTICA

El **verbo principal** siempre estará en **presente de indicativo**. El segundo verbo tendrá que estar en **presente** o en **presente perfecto de subjuntivo**. Atención a las palabras que, en la segunda parte de la frase, nos indicarán si la acción está ocurriendo en el mismo momento que la acción principal, si ocurrirá en el futuro, o si ya ocurrió.

MODELO

Esperamos . . . la próxima campaña electoral será breve
Esperamos que la próxima campaña electoral sea breve.

Me alegra . . . mi partido ganó las elecciones
Me alegra que mi partido haya ganado las elecciones.

1. Siento . . . mi candidato perdió las últimas elecciones
2. Dudamos . . . el Congreso aprobará ese proyecto de ley
3. No creen . . . el abogado apeló al Tribunal Supremo
4. No te parece bien . . . el acusado está en libertad bajo fianza
5. Es increíble . . . siempre hay policías corrompidos
6. Es necesario . . . tú declararás como testigo mañana
7. No creo . . . el juez se jubiló la semana pasada

8. Es difícil creer . . . él acepta mordidas
9. Ojalá . . . tú saldrás elegido en las elecciones

C Cuando el **verbo principal** está en **imperativo**, la estructura es semejante. Así, al oír los temores de Bárbara, Wayne puede decir:

No temas (ahora) que él venga (ahora).
No temas (ahora) que él venga (dentro de un momento).
No temas (ahora) que él haya visto el coche (hace un momento).

PRACTICA

Usando el **imperativo** del **verbo principal** vamos a cambiar el **segundo verbo** al **presente** o al **presente perfecto de subjuntivo**, según sea necesario para indicar el paso del tiempo.

MODELO
Esperemos . . . él no vendrá
Esperemos que él no venga.

1. Esperemos . . . él no verá el coche
2. Obliguemos a que . . . todos obedecen las leyes
3. Pidamos . . . siempre hay leyes justas
4. Permitamos . . . él habla con su abogado defensor
5. Prohiban . . . los abogados hablarán con la prensa
6. Reelijamos . . . sólo a los que han sido buenos representantes
7. Solicitemos . . . las autoridades permiten la manifestación

D Cuando el **primer verbo** está en el **futuro de indicativo**, los cambios de los tiempos siguen el mismo sistema. En el triángulo Wayne-Bárbara-Alan, ella puede decir a Wayne que no quiere que la visite en su casa porque Alan es muy celoso. Ella temerá la inevitable escena:

Temeré (cuando estés allí) que él venga (en el mismo momento).
Temeré (cuando estés allí) que él venga (poco después).
Temeré (cuando estés allí) que él haya visto tu coche (poco antes).

PRACTICA

Vamos a cambiar al **presente** o al **presente perfecto de subjuntivo** el segundo verbo, de manera que la frase refleje el paso del tiempo.

MODELO
Tendré miedo . . . él vendrá
Tendré miedo que venga.

1. Hasta que hable con él no creeré . . . él se ha divorciado
2. Hasta que tenga pruebas dudaré . . . es corrompido

3. No creeré nunca . . . el juez hará algo ilegal
4. Me negaré a admitir . . . él mentirá
5. Será increíble . . . usarán gases lacrimógenos
6. No toleraremos . . . establecerán la censura

E Variaciones sobre el mismo tema. En los casos B, C y D hemos visto que hay que usar el presente perfecto de subjuntivo cuando el segundo verbo indica una acción anterior a la expresada por el verbo en indicativo. En el español actual, sin embargo, hay otras dos posibilidades que coexisten con las formas estudiadas:

$$\left.\begin{array}{l}\text{Temo} \\ \text{Temeré} \\ \text{No temas}\end{array}\right\} \text{ que } \left\{\begin{array}{l}\text{haya visto mi coche.} \\ \text{viera (viese) mi coche.}\end{array}\right.$$

Es decir, **el presente perfecto de subjuntivo** coexiste con las dos formas del **imperfecto de subjuntivo**, sin que cambie el sentido de la frase.

Lo más aconsejable para el estudiante extranjero es que aprenda bien la forma más frecuente (la que usa el **presente perfecto de subjuntivo**), sabiendo al mismo tiempo que muchos hispanos usarán, quizá, la otra de las dos formas posibles.

EL ARTE DE LA COMPOSICION

PARA USAR EN LA COMPOSICION

1. *Los tres poderes*

$$\text{el poder} \left\{\begin{array}{l}\text{ejecutivo} \\ \text{legislativo} \\ \text{judicial}\end{array}\right.$$

el gobierno
la cámara legislativa
el congreso de los diputados
el senado
el tribunal supremo
la corte suprema
el tribunal inferior
el juez
el jurado
el juicio
el acusado

$$\text{estar} \left\{\begin{array}{l}\text{en la cárcel} \\ \text{detenido}\end{array}\right.$$

el abogado defensor
el fiscal
la sentencia
la apelación

$$\text{el testigo} \left\{\begin{array}{l}\text{de cargo} \\ \text{de descargo}\end{array}\right.$$

el falso testimonio
el perjurio
el carácter vitalicio

2. *La vida política*

$$\text{la libertad} \left\{\begin{array}{l}\text{de palabra} \\ \text{de prensa}\end{array}\right.$$

las elecciones
el censo electoral
los electores
hacer propaganda electoral

la campaña electoral
el colegio electoral
la urna
el voto, la papeleta
el acta electoral
hacer el escrutinio de los votos
la manifestación
los gases lacrimógenos
el cuartelazo
el soborno, el cohecho, la mordida

3. *Expresiones verbales*
   hacer trampa
   meterse en
   (no) dar con (alguien, algo)

estar $\begin{cases} \text{al corriente de} \\ \text{muy enterado de} \\ \text{de broma} \\ \text{visto que} \end{cases}$

ser una razón de peso
exaltarse
tomarle el pelo a alguien
tomar a alguien por
prometer + *infinitivo*
darle la razón (a alguien)
tener razón
no + *verbo* + bien del todo
ponerse
volverse
hacerse
llegar a ser

LA DIVISION DE LAS PALABRAS EN SILABAS

El saber dividir una palabra en las sílabas que la componen es importante para: 1) separar la palabra en dos partes cuando no cabe completa
al final de una línea; 2) colocar el acento cuando sea necesario.

En las explicaciones que siguen, la letra v representa: vocal, y la letra
c: consonante.

1. En palabras con la estructura: vcvcvc . . . ; o: cvcvcv . . . , cada consonante forma sílaba con la vocal que sigue: v-cv-cv . . . ; o: cv-cv-
cv . . .

   a-mi-go po-lí-ti-ca ju-ra-do de-te-ni-do

2. Dos consonantes juntas: . . . vccv . . . Las dos consonantes se separan:

   a. La primera consonante forma sílaba con la vocal que la precede;
      la segunda consonante forma sílaba con la vocal que sigue: vc-cv,
      excepto en los grupos indicados más abajo.

      es-pa-ñol e-lec-cio-nes con-ser-va-dor

   b. Las consonantes siguientes no se pueden separar, y forman sílaba
      con la vocal que sigue:

$\left.\begin{matrix} p \\ b \\ c \\ g \\ f \end{matrix}\right\} + \left\{\begin{matrix} l \\ r \end{matrix}\right.$

pla-za	pro-pa-gan-da
ha-blar	bro-ma
cla-ro	de-mó-cra-ta
glo-ria	pro-gra-ma
Flo-ri-da	A-fri-ca

$$\left.\begin{array}{l} t \\ d \end{array}\right\} + r \qquad \begin{array}{ll} \text{tri-bu-nal} & \text{dra-ma} \\ \text{a-tra-ve-sar} & \text{An-drés} \end{array}$$

3. Tres consonantes juntas: vcccv ...

    a. Cuando hay tres consonantes juntas, las dos primeras forman sílaba con la vocal anterior; la tercera consonante forma sílaba con la vocal siguiente: vcc-cv.

        trans-mi-tir   trans-for-mar   Cons-tan-ti-no-pla

    b. Cuando las dos últimas consonantes del grupo de tres forman las combinaciones **pl, pr; bl, br,** etc., mencionadas antes, la primera consonante forma parte de la sílaba anterior; la segunda consonante es parte de la sílaba siguiente: vc-ccv.

        ex-tran-je-ro   ad-mi-nis-tra-ción   con-gre-so
        es-cru-ti-nio   ex-pli-car   ex-tr-año

    c. Cuatro consonantes juntas son muy raras en español. Todas estas reglas parecen muy complicadas pero, en realidad, la cuestión se resuelve fácilmente. Cuando pronunciamos una palabra lentamente, las pausas que hacemos coinciden con la división en sílabas. Es fácil decir: ex-tran-je-ro. Es casi imposible decir: e-xtranje-ro. Lo mismo con: ex-pli-car, y no: exp-li-car, ha-blar, y no hab-lar.

    d. Las letras **rr** (erre doble), **ll** (elle), y **ch** (ce hache) son una letra, no dos, y no se pueden separar. Tampoco se separa el grupo **qu:** ¡Ca-lla! es ho-rri-ble a-que-lla ciu-dad chi-na.

4. Las vocales: Las cinco vocales se dividen en dos grupos. Fuertes: **a, e, o.** Débiles: **u, i.**

    a. Dos vocales fuertes juntas se separan: cv-vc.

        nor-te-a-me-ri-ca-no   Ta-os   Le-o-nar-do

    b. Una vocal fuerte y una vocal débil forman un diptongo y, por lo tanto, una sílaba: cvv-c ...

        go-bier-no   via-je   ju-di-cial   so-cia-lis-ta
        si-tua-ción   frau-du-len-to   Ca-li-for-nia   Ma-nuel

    Dos vocales débiles juntas también forman diptongo:

        ciu-da-da-no   Luis

    c. Cuando la vocal débil de un grupo fuerte-débil o débil-fuerte tiene acento, se rompe el diptongo y hay dos sílabas: cv-vc, o: cv-vc ...

        pa-ís   po-li-cí-a   Sa-úl   lí-o   yo con-ti-nú-o

    Compare: Ma-rí-a (tres sílabas); Ma-rio (dos sílabas).

PRACTICA

Divida en sílabas las palabras de este párrafo.

El parlamento español tiene un nombre especial, que viene de la Edad Media: las Cortes. Por eso, en España, nunca se usa la palabra corte en el sentido de tribunal. Las Cortes están formadas por el Congreso de los Diputados y el Senado. El Tribunal Supremo es la más alta autoridad judicial del país.

POSIBLES TEMAS PARA UNA COMPOSICION

1. La televisión y la política.
2. La apatía política.
3. La honradez en la política.
4. El concepto de la libertad individual.
5. Las manifestaciones como expresión de voluntad popular.
6. La juventud y la política.
7. «El pasado siempre fue mejor.»
8. Una excursión al futuro de nuestro país.
9. La división de poderes, base de la libertad.
10. La justicia igual para todos, ¿verdad o mito?
11. La libertad individual en la sociedad de masas.
12. El dinero y la vida política.
13. Los grupos de presión.
14. Conservadurismo e innovación.

Lección 5 | La vida urbana y sus problemas

Algunas de las mayores aglomeraciones urbanas del mundo están en Hispanoamérica. Las grandes ciudades son atractivas, pero también tienen muchos problemas.

SHEILA. Pilar, acaba de venir el cartero y hay una carta para ti.

PILAR. Gracias. ¡Ah! Es de María Luisa, mi hija mayor. Reconozco la letra, y además **el matasellos**[1] es de Benidorm, donde está pasando una temporada con sus **padrinos**[2]. Voy a enseñársela a Manuel.

SHEILA. No está. El y Craig fueron al centro a comprar no sé qué.

PILAR. ¿Fueron a pie? El tiempo está precioso para **dar un paseo**[3].

SHEILA. No, mujer. **¿Cómo se te ocurre**[4]**?** Fueron en coche. Estamos muy lejos del centro.

PILAR. Tienes razón. A veces me olvido de que la casa **queda a**[5] cuatro kilómetros de la ciudad.

SHEILA. Estamos en la ciudad, Pilar. Lo que pasa es que vivimos en una zona residencial.

PILAR. Perdona, Sheila, pero para mí esto es el campo. Está visto que **me cuesta trabajo**[6] acostumbrarme del todo a la vida americana. Para mí vivir en una ciudad es vivir en **un piso**[7], bien situado, con **la parada del autobús**[8] y **el metro**[9] cerca. Todo lo demás es vivir en las provincias.

SHEILA. ¡Pero **bien que te gusta**[10] sentarte en el patio!

PILAR. Es cierto. En Madrid, como vivimos en un piso, cuando queremos sentarnos un ratito al aire libre nos vamos a **la terraza de un café**[11]. Te aseguro que es muy agradable también.

*(Se oye un automóvil que se detiene en **la entrada de coches**.)*[12]

SHEILA. Ahí están nuestros maridos.

MANUEL. ¡Uf! **¡Estoy molido**[13]**!** Hace tiempo que no **he visto**[14] un tráfico tan terrible. Hubo un accidente en **una calle de dirección única**[15] y tuvimos que **dar un rodeo**[16] para poder llegar aquí.

CRAIG. Un chico en una motocicleta **no hizo caso de**[17] **una señal de alto**[18] y **chocó con**[19] un coche.

PILAR. ¿Ves, Sheila? Si tuvieran una buena **red de transportes urbanos**[20] no habría tantos carros* por la ciudad.

SHEILA. Pilar me estaba hablando de las ventajas de vivir cerca del autobús y del metro, y ahora vienen

[1] sello de goma que inutiliza el sello de correos
[2] el hombre y la mujer que la llevaron a la iglesia cuando la bautizaron
[3] salir a pasear
[4] ¿cómo tienes esa idea?
[5] está a
[6] me es difícil
[7] apartamento grande
[8] lugar donde se detiene el autobús
[9] el transporte subterráneo
[10] te gusta mucho
[11] un café con mesas y sillas en la acera
[12] espacio entre la acera y el garage
[13] muy cansado
[14] pasó mucho tiempo desde que vi
[15] donde sólo se puede conducir en una dirección
[16] tomar un camino más largo
[17] no prestó atención a
[18] que ordena pararse *stop sign*
[19] tropezó violentamente
[20] sistema de transporte público en la ciudad

* automóvil = coche = carro (en algunas partes de Hispanoamérica).

ustedes con esa historia del tráfico. Voy a tener que darle la razón.

MANUEL. Bueno, a medias[21]. El tráfico en Madrid también es **un quebradero de cabeza**[22]. En el centro, donde hay muchas calles estrechas, **ni siquiera permiten**[23] **aparcar.**

PILAR. «Aparcar» es un barbarismo, Manuel. Hay que decir estacionar.

MANUEL. ¿Y qué? **Diga lo que diga** la Academia[24], en Madrid lo decimos todos los días.

PILAR. Lo decimos, pero es difícil hacerlo, porque nunca hay lugar.

SHEILA. Vamos a sentarnos afuera. Esta, por lo menos, es una ventaja de la vida en los suburbios.

MANUEL. ¿Le llamas suburbio a este **barrio**[25]?

SHEILA. **¡Pues claro**[26]! ¿Qué es, entonces?

MANUEL. Yo le llamaría una ciudad jardín. Me parece que ya chocamos con un problema de vocabulario.

PILAR. **Me temo que sí**[27]. En español, un suburbio es una zona al borde de la ciudad, donde vive la gente pobre. Allí, ciertamente, no hay jardines.

MANUEL. Buena, ahora también hay mucha gente que prefiere vivir fuera de la ciudad, en barrios nuevos de casitas con jardín. Pero no son suburbios. Les llaman colonias, o urbanizaciones.

CRAIG. ¿Cómo es el barrio donde viven ustedes en Madrid?

PILAR. Es un barrio moderno, con calles rectas y muy anchas, y con árboles en las aceras. Hace unos años allí no había más que **solares**[28]. Eran las afueras de Madrid.

MANUEL. ¡Así se dice *suburb* en español! Vosotros vivís en las afueras de la ciudad, no en los suburbios.

CRAIG. ¡Ahora ya sabemos donde vivimos! Vamos a celebrarlo dando un paseo.

[21]no completamente
[22]es un problema serio
[23]hasta no permiten
[24]a pesar de lo que dice la Academia
[25]esta zona de la ciudad
[26]naturalmente

poor neighbor outside city

[27]temo que sí

— country estates

[28]terrenos vacíos

PRACTICA INDIVIDUAL

Cuestionario para una encuesta.

1. ¿En qué te hace pensar la palabra *padrino*? ¿En una relación familiar o en otra cosa? ¿Tienes padrinos? (2)
2. Cuando *das un paseo*, ¿por dónde paseas? (3)
3. ¿Qué *se te ocurre* pensar cuando ves un accidente de tráfico? (4)

4. ¿A cuántas millas *queda* tu casa de la universidad? (5)
5. ¿*Te cuesta trabajo* recordar todas las expresiones neuvas que practicas en clase? (6)
6. ¿Vives en un *piso* o en una casa con jardín? (7)
7. ¿Hay una *parada de autobús* cerca de tu casa? ¿O una *estación del metro?* ¿Cómo vienes a la universidad? (8 y 9)
8. ¿Hay *terrazas de café* en tu ciudad? Si no las hay, ¿te gustaría que las hubiera? (11)
9. ¿Cuándo *estás molido(-a)?* ¿Después de jugar al tenis? ¿Después de *dar un paseo* muy largo? ¿Después de qué? (3 y 13)
10. Cuando tienes problemas, ¿pides su opinión a tus amigos? ¿*Haces caso de* lo que ellos te dicen? (17)
11. ¿Cuando tienes una dificultad, ¿te enfrentas con ella o *das un rodeo* para evitarla? (16)
12. ¿Siempre *haces caso de* las señales de tráfico? ¿*Haces caso de las señales de alto?* (17 y 18)
13. ¿*Has chocado* alguna vez? ¿Cómo fue? Con qué *chocaste?* (19)
14. ¿Tu ciudad tiene una buena *red de transportes urbanos?* (20)
15. ¿A qué hora es peor el tráfico? ¿Cuándo es *un quebradero de cabeza?* (22)
16. ¿Es fácil *estacionar* el coche en tu universidad?

Comentarios sobre los resultados de la encuesta. Posibles preguntas:
1. La palabra padrino, ¿sugiere una relación familiar? ¿Una novela? ¿Una película? ¿Alguna otras cosa?
2. ¿Qué lugares prefieren para dar un paseo? ¿Cuántos pasean por un parque? ¿Por la playa? ¿Por las montañas? Bueno, un paseo por las montañas es más bien una excursión. ¿Por otros lugares?
3. ¿Qué se les ocurre pensar cuando ven un accidente de tráfico? ¿Cuántos piensan en un hospital? ¿En el exceso de velocidad? ¿En qué?
4. ¿Viven cerca o lejos de la universidad? ¿A cuántas millas quedan sus casas? ¿Cuántos viven en el campus?

El profesor o la profesora seguirá haciendo preguntas de este tipo, hasta que todos hayan practicado las expresiones nuevas.

PRACTICA GENERAL

Preguntas dirigidas a toda la clase.
1. Las ciudades norteamericanas tienen una gran extensión, porque muchas familias viven en casas con jardín. En otros países las ciudades son más concentradas, porque todos viven «unos encima de otros», en pisos. ¿Qué ventajas e inconvenientes ves en cada uno de los dos sistemas? Por ejemplo, las ciudades norteamericanas, con sus kilómetros y kilómetros de calles desiertas, dan la impresión de ser muy aburri-

das. Las calles de las ciudades del sur de Europa, por ejemplo, están llenas de vida. ¿Les gusta el sistema norteamericano? ¿Preferirían otro?

2. Un fenómeno reciente en la vida de las ciudades norteamericanas es «el regreso de la clase media a las ciudades». Barrios decrépitos, en muchas ciudades, están siendo restaurados y ocupados por jóvenes matrimonios de la clase profesional. ¿Cómo explican ustedes este fenómeno? ¿Qué prefieren ustedes, vivir en las afueras o en una ciudad?

3. ¿Cómo solucionarían ustedes el problema del tráfico en las ciudades?

AMPLIACION DE VOCABULARIO

A El **crecimiento demográfico** (crecimiento de la población) en el **siglo actual** (este siglo, el siglo presente) ha creado serios problemas, sobre todo en las grandes ciudades: problemas de **alojamiento** (vivienda), de transporte, de **contaminación** atmosférica, de falta de **espacios abiertos** (zonas verdes), de **embotellamientos de tráfico** (circulación) (exceso de tráfico que provoca su paralización) en las **horas punta** (horas de más tráfico) y muchos otros.

La ciudad donde vives, ¿cambió mucho en los últimos años? ¿En qué sentido cambió? ¿Crees que la vida en ella era antes más fácil y agradable que ahora? ¿Es el exceso de tráfico uno de sus peores problemas?

B En **el centro** de las ciudades están **los grandes almacenes** [lugares donde se venden muchas cosas diferentes, desde ropa (trajes, vestidos, camisas, etc.) hasta muebles (mesas, sillas, camas, etc.)], **las tiendas,** más especializadas que los grandes almacenes, las oficinas, los bancos (que tienen **sucursales** en otras partes de la ciudad), los hoteles y también los pisos donde viven muchas familias. En Europa y en el mundo hispánico no hay una clara distinción entre el centro, destinado exclusivamente a **los negocios** (la vida comercial y financiera) y los barrios residenciales. Hay muchas familias ricas que viven en el centro, en pisos muy elegantes. El éxodo de **las clases acomodadas** (las clases sociales con dinero) hacia **las afueras** es un fenómeno raro y relativamente reciente. Los centros de las ciudades están muy **animados** (llenos de vida) de día y de noche.

¿Sucede lo mismo en tu ciudad? ¿Cómo es el centro de tu ciudad? Las casas del centro, ¿son grandes, con tiendas u oficinas en **la planta baja** (al nivel de la calle) y **viviendas** en los pisos? ¿Hay mucha gente por la calle después de las seis de la tarde? ¿Cómo explicarías a un amigo extranjero la vida en tu ciudad?

C La lengua refleja las formas de vida de la sociedad que la habla. Como las afueras de las ciudades no se extienden por kilómetros y kilómetros como en Norteamérica, la gente que trabaja no tiene que recorrer enormes distancias entre su casa y el lugar donde trabaja. No existe, por tanto, un equivalente al verbo *to commute*. Cuando alguien vive lejos de la ciudad donde trabaja, dice que va y viene a su trabajo en coche (carro) o en tren o en autobús (México: camión; Cuba y Puerto Rico: guagua; Argentina: colectivo). En las ciudades hispánicas hay barrios nuevos y barrios viejos, barrios ricos y barrios pobres, pero no hay una palabra que corresponda exactamente a la palabra *ghetto*. **Barrio**, por tanto, es una palabra genérica que necesita un adjetivo para adquirir una significación especial: barrio elegante, barrio obrero, barrio negro . . . etc. Es decir, en español **barrio** es una palabra neutra.

¿Sucede lo mismo en el inglés norteamericano? ¿Conoces alguna ciudad en la que haya barrios claramente definidos según la gente que los habita? ¿Cómo explicarías a un amigo extranjero el significado de *Chinatown, Little Italy, Spanish Harlem, Harlem?*

D La circulación (el tráfico) es uno de los problemas más serios de las ciudades modernas. Para regularlo hay **semáforos** (luces de tráfico), **señales de tráfico** y **guardias de tráfico** que están en **los cruces** de calles más importantes. **Los peatones** (las personas que van a pie) circulan por **las aceras** (México: las banquetas) y los carros van por **la calzada.** Los peatones atraviesan la calle por **los pasos de peatones.** Si la atraviesan por otro lugar el guardia de tráfico puede ponerles una **multa.** En una gran ciudad el sistema de transporte público más rápido es **el metro** (ferrocarril subterráneo). Los autobuses y trolebuses tienen que competir con los coches y taxis en la gran batalla diaria de la circulación.

Tu ciudad ¿tiene un buen sistema de transportes públicos? ¿Crees que el transporte público puede solucionar los problemas del tráfico y de la contaminación atmosférica de las grandes ciudades modernas? En tu ciudad, ¿utilizas el transporte público o prefieres usar tu propio automóvil? ¿Crees que tu país se usa demasiado el automóvil como medio de transporte? ¿Crees que tus compatriotas «están enamorados» de sus automóviles?

E Cuando estudiamos geografía, o cuando viajamos por una región que no conocemos bien, necesitamos **un mapa.** Para no perdernos en una ciudad desconocida necesitamos **un plano.** Cuando preguntamos a alguien cómo ir a un lugar determinado (¿Dónde está el museo? ¿Dónde queda la catedral? ¿Cómo se va a la estación? ¿Por dónde tengo que ir para llegar al hotel?) nos indican el camino contando la distancia por calles o esquinas: Vaya usted **todo derecho,** y **tuerza** (*infinitivo: torcer*) a la izquierda en la cuarta **esquina** (o: calle). En los Estados Unidos contamos por *blocks,* que en España se llaman **manzanas** y en Hispanoamérica **cuadras.**

¿Cuál es la diferencia entre un mapa y un plano? Para no perderte en una ciudad desconocida, ¿qué necesitas ¿Qué haces cuando te pierdes en una ciudad?

F Casi todas las ciudades tienen programas de **renovación urbana.** Cuando los barrios viejos no tienen valor histórico o artístico, los arquitectos municipales quieren **derribarlos** (tirar abajo casas) para abrir calles nuevas. Esto trae consigo muchos problemas: **expropiar** las casas que se van a **derribar, proporcionar** (dar) neuvas **viviendas** (pisos o casas) a las familias desplazadas, conceder **la contrata** (el contrato) a una empresa **constructora,** y otros más de carácter técnico y humano.

¿Están derribando algún barrio en la ciudad donde vives? ¿Hay protestas? En tu opinión, ¿es buena o mala idea derribar barrios viejos?

G La institución que gobierna una ciudad se llama **el ayuntamiento,** que está formado por **el alcalde** y **los concejales.** En algunos países los alcaldes y concejales son elegidos por los electores del **municipio** (la ciudad y su territorio) en elecciones municipales. En otros países son nombrados por el gobierno.

¿Cómo son elegidos los miembros del ayuntamiento de tu ciudad? ¿Te gustaría ser candidato en unas elecciones municipales? Si fueras alcalde (o alcaldesa) de tu ciudad, ¿cuáles serían las primeras medidas que tomarías?

DIFICULTADES Y EJERCICIOS

USO DE: $\left\{\begin{array}{l}\text{hace} + \text{expresión de tiempo} + \text{que} + \text{verbo en presente} \\ \text{verbo en presente} + \text{desde} + \text{hace} + \text{expresión de tiempo}\end{array}\right.$

En frases en tiempo presente: la acción comenzó en el pasado, y todavía continúa. Las dos formas tienen el mismo significado:

Hace	dos años **que** estudio español.
Estudio español **desde**	**hace**	dos años.

Cuando la frase empieza con **hace,** no se usa **desde.**

PRACTICA

Hace dos meses *que* no voy de compras a los grandes almacenes del centro.

No voy de compras a los grandes almacenes del centro **desde hace** dos meses.

Hace un año *que* vivo en Cuernavaca.

Vivo en Cuernavaca **desde hace** un año.

Desde hace cinco años voy a México todos los veranos.

Hace cinco años **que** voy a México todos los veranos.

Vivo en las afueras *desde* hace tres años.

_____ vivo en las afueras.

Hace una hora *que* te espero.

Te espero _____ una hora.

Hace quince minutos *que* el tráfico está embotellado.

El tráfico está embotellado _____ _____ quince minutos.

En frases negativas también se puede usar el presente perfecto. En ellas también puede hacerse el cambio a la forma **desde:**

No he visto tanto tráfico **desde** | **hace** | mucho tiempo.

Hace | mucho tiempo que no he visto tanto tráfico.

Hace años *que* no he tenido un accidente de automóvil.

No he tenido un accidente de automóvil **desde hace** años.

Desde hace cinco años no me han puesto una multa.

Hace cinco años **que** no me han puesto una multa.

Hace una semana *que* no he ido al café.

No he ido al café _____

Desde hace un año no ha habido choques en este cruce.

_____ no ha habido choques en este cruce.

Cuando la acción ha tenido lugar en un pasado y desconectado del presente, se usan las formas:

Hace	+ tiempo + **que** + pretérito
pretérito + **hace**	+ tiempo

Estas dos formas corresponden al inglés *ago*.

desde — used in present

	Hace	dos semanas **que** llegué.
Llegué	hace	dos semanas.

PRACTICA

or desde hacía

Hace un año *que* hubo un choque en este cruce.

Hubo un choque en este cruce **hace** un año.

Instalaron las luces de tráfico hace seis meses.

Hace seis meses **que** instalaron las luces de tráfico.

Hace una semana *que* instalaron una señal de alto en la esquina.

Instalaron una señal de alto en la esquina _____

Esta sucursal de banco abrió hace un mes.

_____ abrió esta sucursal de banco.

La forma **hace** + tiempo + **que** aparece a veces simplificada en **hace** + tiempo:

Hace uno año **que** hubo un choque aquí.
Hace un año hubo un choque aquí.

Cuando esto sucede, la única diferencia entre las dos formas estudiadas está en el orden de las palabras dentro de la frase:

Hace un año tuve un accidente.
Tuve un accidente **hace** un año.

La ausencia de **que** también hace posible el uso del imperfecto o del presente perfecto:

	Hace dos años	había menos tráfico.
Había menos tráfico	**hace** dos años.	

	Hace unos minutos	he visto un accidente.
He visto un accidente	**hace** unos minutos.	

PRACTICANDO AL CONTESTAR

¿Cuánto tiempo hace que estudias español? ¿Cuántos días hace que empezó el curso? ¿Hace mucho tiempo que no has tenido unas vacaciones? Si alguna vez conociste a alguien que te haya parecido muy interesante, ¿cuánto tiempo hace que conociste a esa persona? ¿Cuánto tiempo hace que viste una buena película?

NO MATTER HOW MUCH

USO DE: subjuntivo + lo que + subjuntivo

Por $\left\{\begin{array}{l}\text{mucho}\\\text{más}\end{array}\right\}$ que + subjuntivo

Las tres formas expresan la misma idea:

NO MATTER WHAT they say

Diga lo que diga la Academia, en Madrid decimos aparcar.
Por mucho que diga la Academia, en Madrid decimos aparcar.
Por más que diga la Academia, en Madrid decimos aparcar.

PRACTICA

Digan lo que digan, te aseguro que los trolebuses contaminan menos que los autobuses.

Por mucho que digan, te aseguro que los trolebuses contaminan menos que los autobuses.

Por mucho que digan, el metro es el medio más rápido de transporte urbano.

Digan lo que digan, el metro es el medio más rápido de transporte urbano.

Hagamos lo que hagamos, no llegaremos a tiempo.

Por más que hagamos, no llegaremos a tiempo.

Por *más* que te esfuerces, no conseguirás todo lo que quieres.

Por _mucho que te esfuerce_ no conseguirás todo lo que quieres.

Digan lo que digan, no me convencerán.

Por _mas que digan_ no me convencerán.

Por *mucho* que insistas, no cambiaré de opinión.

Por _mas que insistas_ no cambiaré de opinión.

Diga lo que diga el periódico, en esta ciudad no hay espacios abiertos.

Por _mucho mas que diga_ el periódico, en esta ciudad no hay espacios abiertos.

Por *más* que protestemos, no traerán una línea de autobuses a este barrio.

Por _____ no traerán una línea de autobuses a este barrio.

Una variante de la forma **por mucho que** + subjuntivo es la forma **por muy** + adjetivo + **que** + subjuntivo.
Las dos frases siguientes expresan la misma idea:

Por mucho dinero que tengas, nunca te aceptarán en ese club.
Por muy rico que seas, nunca te aceptarán en ese club.

PRACTICA

Por *muchas ganas que tenga* (estar deseoso de) de comprar esa casa, no tiene bastante dinero.

Por *muy deseoso* que esté de comprar esa casa, no tiene bastante dinero.

Por *muchas horas que estudie* (ser estudioso), no aprenderá nada.

Por _____ que sea, no aprenderá nada.

Por *mucho* que *insistas* (ser insistente), no me convencerás.

Por _____ que seas, no me convencerás.

PRACTICANDO AL CONTESTAR

Si tú quieres hacer algo, y tus amigos te aconsejan que no lo hagas, ¿lo haces, digan lo que digan? Cuando deseas algo, ¿lo consigues, cueste lo que cueste? Cuando quieres hacer algo, ¿lo haces, por muchas dificultades que encuentres? Cuando tomas una decisión, ¿no cambias de opinión por más que te lo pidan?

PEQUEÑO TEATRO

La clase se convierte en una sesión del ayuntamiento de una ciudad. Hay alcalde, o alcaldesa, concejales y vecinos (ciudadanos). En la agenda hay un problema municipal cualquiera, sobre el cual todos expresan su opinión.

El ayuntamiento se reúne para hablar del sistema de transporte público, o de la necesidad de derribar varias manzanas de casas para abrir una calle nueva, o de la regulación del tráfico.

Otras sugerencias:

1. Que los estudiantes hablen de su ciudad, del barrio donde viven, de sus problemas.
2. Describir a un amigo extranjero cómo es una ciudad norteamericana típica. (¿Qué es una ciudad típica?).
3. Si algún miembro de la clase ha estado en una ciudad extranjera, que la describa y conteste las preguntas que le hagan los demás estudiantes.

SEA USTED MI INTERPRETE, POR FAVOR

1. When you go downtown, do you walk or do you drive?
2. How far is your house from downtown?
3. For how long have you been living there?
4. Do you pay attention to stop signs?

5. How many citations have you been given in the last year?
6. How many blocks is it from here to the railway station?
7. Is it true that life in the suburbs can be very boring?
8. Where do the well-to-do people live in your town?
9. Do you commute to your office every day?
10. Did you vote in the last election for mayor and supervisors?

CUESTIONES GRAMATICALES

PUNTOS BASICOS EN EL USO DE LOS TIEMPOS DEL SUBJUNTIVO (II)

A Cuando el verbo principal indica **pasado** o **condicional**:

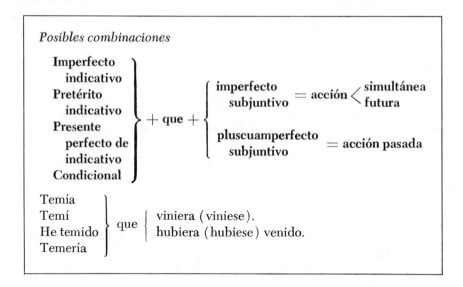

Volviendo a la situación entre los tres amigos que hemos visto en la lección anterior, podemos suponer que Wayne y Bárbara se encuentran de nuevo un día después de su reunión. Esta vez están en un lugar público, y Bárbara comenta sus temores del día anterior y dice a Wayne que cuando estaban los dos ayer en su casa:

Temía (ayer) que Alan {viniera / viniese} en aquel momento.

Temía (ayer) que Alan {viniera / viniese} a los pocos minutos.

Temía (ayer) que Alan $\begin{Bmatrix} \text{hubiera} \\ \text{hubiese} \end{Bmatrix}$ visto tu coche (poco antes).

Si combinamos las tres posibilidades en una sola frase, vemos su estructura:

Pasado

imperfecto indicativo
Ayer (a las dos) yo temía

Futuro del pasado

imperfecto subjuntivo
que viniera a las 2:15

Pasado simultáneo

imperfecto subjuntivo
que él viniera a las dos,

Pasado del pasado

pluscuamperfecto subjuntivo
o que hubiera (hubiese) visto tu
coche antes.

La misma estructura existe cuando el verbo principal está en cualquier otro tiempo del indicativo que indique pasado, o cuando está en condicional:

Temí
He temido } que { viniera (viniese).
Temería   hubiera (hubiese) venido.

PRACTICA

Con las ideas expresadas entre paréntesis, vamos a completar las frases iniciadas a la izquierda.

MODELO
Yo no creía   (él ha dicho una mentira)
Yo no creía que él hubiera dicho una mentira.

1. ¿Te parecería bien   (no podremos votar)   *que no pudiéramos votar*
2. Ella no podía creer   (ellos fueron a la ciudad a pie)   *que fueran*
3. Me costaba trabajo creer   (tú quieres vivir en el campo)   *que quisieras*
4. A ellos no les gustaba   (su hija sale sola)   *que ... saliera*
5. La policía ordenó   (los coches dan un rodeo)   *que ... dieran*
6. No me permitieron   (yo aparco el coche en la plaza)   *que aparcara*
7. Sería increíble   (encontramos estacionamiento)   *que encontráramos*

country
property

8. Ella dudaba (él ha vendido el solar)   *que hubiera vendido*
9. Me dijeron (yo tuerzo a la izquierda)   *torciera   torcer*
10. Nos pidió (lo esperamos en la esquina) *esperáramos*

CONCLUSION

Sabiendo bien las combinaciones básicas se pueden expresar todas las posibles relaciones temporales entre las dos acciones.

B Combinaciones menos frecuentes
El verbo principal puede estar en:

futuro perfecto de indicativo: *Con used any subj tense*

Mañana habré lamentado que él venga ahora.
Mañana habré lamentado que él venga dentro de un momento.

Mañana habré lamentado que él
$\begin{cases} \text{haya venido} \\ \text{viniera} \\ \text{viniese} \end{cases}$
 hoy.

En las dos primeras frases Bárbara habla desde el punto de vista de hoy: Ahora quiere decir el presente, y dentro de un momento quiere decir el futuro del presente.

En la tercera frase ella habla desde el punto de vista de mañana: Desde este punto de vista hoy es el pasado, y por eso usa el presente perfecto o el imperfecto de subjuntivo.

condicional perfecto:
Hablando de la pasada reunión, Bárbara dice:

Habría temido (a las dos) que él viniera (a las dos).
Habría temido (a las dos) que él viniera (a las 2:10).
Habría temido (a las dos) que él hubiera visto tu coche antes.

C Otras posibilidades
Las combinaciones de tiempos incluidas en los recuadros de estas lecciones permiten expresar todas las posibles relaciones temporales entre los dos verbos. Hay, sin embargo, otras posibilidades que los hispanos usan para expresar más sutiles relaciones temporales, o para expresar el mayor o menor grado de certeza del suceso indicado por el subjuntivo.

Estas posibles alternativas son más frecuentes cuando en lugar de un verbo principal tenemos una expresión que exige subjuntivo, pero que es ambigua en cuanto a la indicación del tiempo o que claramente indica que no es seguro que algo suceda.

$$\text{Ojalá que} \begin{cases} \text{venga} \begin{cases} \text{ahora.} \\ \text{mañana.} \end{cases} \\ \text{viniera (viniese)} \begin{cases} \text{ahora.} \\ \text{mañana.} \end{cases} \\ \left.\begin{array}{l} \text{haya venido} \\ \text{hubiera (hubiese) venido} \end{array}\right\} \text{ayer.} \end{cases}$$

EL ARTE DE LA COMPOSICION

PARA USAR EN LA COMPOSICION

1. La ciudad
el crecimiento demográfico
el plano de la ciudad
el mapa del país
la contaminación
el centro
los grandes almacenes
la tienda
la sucursal
el negocio
la terraza del café
el barrio
las afueras
el suburbio
el solar
el espacio abierto
la zona verde
el ayuntamiento
el alcalde, la alcaldesa
el municipio
los concejales

2. El tráfico
la manzana, la cuadra
la esquina
el cruce de la calle
el embotellamiento
la hora punta
la dirección única, el sentido
    obligatorio
el semáforo, la luz de tráfico

la señal $\begin{cases} \text{de tráfico} \\ \text{de alto} \end{cases}$

el guardia de tráfico
la acera, la banqueta (México)
la calzada
el paso de peatones
la multa
el transporte urbano
el autobús
el camión (México)
el colectivo (Argentina)
la guagua (Puerto Rico, Cuba,
    Islas Canarias)
el metro

3. La vivienda
el alojamiento
la planta baja
el piso
el apartamento
la entrada de coches

4. Expresiones verbales
torcer a la derecha, izquierda
estar animado
ir y venir
dar un paseo
ocurrírsele (algo a alguien)
quedar a + distancia
costarle trabajo (algo a alguien)

estar molido
hacer tiempo que
chocar con
(no) hacer caso de
ser un quebradero de cabeza
aparcar, estacionar
subjuntivo + lo que + *subjuntivo*

5. *Otras expresiones*
a veces
¡bien que te (me, le . . .)
gusta . . . !
a medias
ni siquiera
¡pues claro!

EL USO DE LOS ACENTOS

En todas las palabras, hay una sílaba que se pronuncia con más fuerza que las otras. Es decir, la vocal de esa sílaba lleva el acento tónico, no necesariamente indicado en forma escrita: El plano del centro de Lima.

Si en esa sílaba hay un diptongo de una vocal fuerte (a, e, o) y una débil (u, i), el acento tónico cae sobre la vocal fuerte: Vienen a las afueras de Buenos Aires.

Si en esa sílaba hay un diptongo de dos vocales débiles (iu, ui), el acento tónico cae sobre la segunda vocal: Fui en un vuelo diurno (durante el día).

En español hay unas reglas que determinan en qué sílaba cae el acento tónico. La función del acento gráfico (escrito) (') es indicarnos que esas reglas no son aplicables.

A 1. Las palabras que terminan en **vocal**, en **n** o en **s** llevan el acento tónico en la penúltima sílaba (la segunda sílaba empezando por el final): Los coches pasan por la zona verde. Derribaron muchas casas viejas.

   2. Por lo tanto, cuando en una palabra terminada en **vocal**, en **n** o en **s**, la sílaba que se pronuncia con más fuerza no es la penúltima, hay que indicarlo con un acento gráfico: El autobús va por una calle de dirección única.

B 1. Las palabras terminadas en una **consonante** que no sea **n** o **s** llevan el acento tónico en la última sílaba: Es esencial llegar a la ciudad cuando el reloj marque las tres.

   2. Por eso, cuando el acento tónico cae en otra sílaba que no sea la última, hay que indicarlo con un acento gráfico: Es fácil escribir con un lápiz.

C 1. Hemos visto que cuando hay un diptongo de una vocal fuerte y otra débil, el acento tónico cae sobre la vocal fuerte: Buenos Aires. Si la pronunciación de la palabra requiere dar más fuerza a la vocal débil del diptongo, hay que indicarlo con un acento gráfico: Tenía un tío en Río de Janeiro.

2. El acento gráfico sobre la vocal débil destruye el diptongo, y forma dos sílabas: La fa—mi—lia Suan—ces vi—ví—a en San Juan de U—lú—a, en u—na ca—sa an—ti—gua. Compare: Ca—li—for—nia, An—da—lu—cí—a; yo me rí—o por—que Juan es muy se—rio; Ma—rí—a es muy se—ria; Ra—úl y Mau—ro.

3. Hemos visto también que en los diptongos formados por dos vocales débiles, el acento tónico cae sobre la segunda letra: Fui a ver a Luis en la calle de Fiume.

Si la pronunciación de la palabra requiere dar más fuerza a la primera vocal, hay que indicarlo con un acento gráfico: Luis Ríus Ruiz.

D 1. En los monosílabos (palabras de una sílaba) el acento tónico cae, naturalmente, sobre la única sílaba que hay. Algunos monosílabos, sin embargo, tienen un acento gráfico para distinguirlos de otros monosílabos que se escriben de la misma manera. Compare:
Mi familia es muy importante para **mí**. (mi: adjetivo posesivo; mí: pronombre)

Tú estás en **tu** casa. (tú: pronombre; tu: adjetivo posesivo)
El coche lo conduce **él**. (el: artículo; él: pronombre)
¿**Te** gusta el **té**? (te: pronombre; té: nombre)
Si eso es verdad, es terrible. **Sí**, todo lo quiere para **sí** (= para él). (si: condicional; sí: afirmativo; para sí: pronombre)
Este coche es mejor que **éste**. (este: adjetivo demostrativo; éste: pronombre demostrativo) Lo mismo con **esta**, **ésta**; **ese**, **esa**, **ése**, **ésa**; **aquel**, **aquella**, **aquél**, **aquélla**, y sus plurales: **esos**, **ésos**, etc.

Los neutros **esto**, **esa**, **aquello** (siempre en singular) no se acentúan nunca, porque no hay lugar a confusión con los otros adjetivos o pronombres demostrativos: No me gusta **esto**. **Eso** es malo y **aquello** es peor. (**Esto**, **eso**, **aquello** se refieren a un hecho).
Se lo dije ayer: **Sé** que ella **se** casó. (se: pronombre de objeto indirecto; sé: del verbo *saber;* se casó: reflexivo) Pide que le **dé** una taza **de** café. (dé: del verbo *dar;* de: preposición).
Cuando la Academia decidió que se acentúen estos monosílabos, para que se distingan, se olvidó de otros pares de monosílabos:

Di la verdad: Yo no te **di** nada. (di: imperativo de *decir* y pretérito de *dar*)
Fue un accidente terrible. El lo vio cuando **fue** a la ciudad. (fue: pretérito de *ser* y de *ir;* lo mismo con: **fui**)
Ve a la ventana y **ve** si llegaron. (ve: imperativo de *ir* e imperativo de *ver*)

2. Hay algunas palabras que, normalmente, no tienen acento, pero que lo toman cuando forman parte de una pregunta o de una admiración:

¿Qué quieres? Quiero **que** vengas. ¡**Qué** idea!
¿Cuándo salió? Salió **cuando** terminó el trabajo.
¿Cómo está usted? Estoy **como** siempre, ¡**cómo** un rey!
¿Dónde estás? Estoy **donde** debo estar. ¡Qué horror! ¡**Dónde** vives!
¿Con **quién** hablaste? Hablé con **quien** me puede ayudar. ¡Yo sé **quién** puede ayudarme!
¿Cuál prefieres? Prefiero este coche, del **cual** he oído cosas muy buenas.
¿Cuánto sabes? Sé todo **cuanto** (= todo lo que) hay que saber. ¡**Cuánto** sabes!
Estas palabras llevan acento también cuando la pregunta es indirecta: Yo no sé **qué** quiere. Dime **dónde** vas a estar.

3. Algunas palabras cambian de significado, según tengan o no tengan acento:

Sólo quiero que me dejen **solo**. (**sólo** = solamente: adverbio; **solo** = sin compañía: adjetivo)
Dime algo **más, mas** sin mentirme. (**más**: *more;* **mas** = pero: *but;* este uso de **mas** es poco frecuente en conversación, y está casi limitado a la poesía)
Aun sus padres no saben que él no tiene trabajo **aún**. (**aun** = incluso: *even;* **aún** = todavía: *yet*)

4. Para evitar confusiones, la conjunción **o** lleva acento cuando aparece entre números: ¿Esto es 10 ó 70?

E 1. Cuando un adjetivo que tiene acento se convierte en adverbio, añadiéndole **mente,** conserva el acento gráfico: difícil, difícilmente; fácil, fácilmente.

2. Hay palabras que, al cambiar del singular al plural, pueden adquirir o perder un acento gráfico: examen, exámenes (en el plural, terminado en s, el acento tónico caería en examenes, pero para que continúe sobre la a hay que indicarlo de forma escrita); autobús, autobuses (en el plural el acento tónico cae sobre la u, donde debe estar, y no hace falta indicarlo con un acento gráfico).

PRACTICA

Poner acentos a las palabras de este párrafo, si los necesitan, y explicar por qué deben tener acento, o por qué no.

[handwritten annotation: indirect question, arrow pointing to "dónde vivo"]

Cuando me preguntan dónde vivo, yo siempre digo: En el lugar más bonito del mundo. ¿Por qué digo que es así? Porque a mí me parece que es la verdad. Aquí nací, aquí están mis raíces, en estas calles y plazas donde jugué cuando era niño. Ya sé que se dice por ahí que la industria ha contaminado el aire, y que el tráfico es terrible en todas partes. ¡Qué me importa! Yo no me marcharé. Cada esquina tiene un recuerdo para mí, y en esta pequeña ciudad pasaré el resto de mis días. Yo sólo me siento solo cuando estoy lejos de aquí.

POSIBLES TEMAS PARA UNA COMPOSICION

1. Mi ciudad como problema.
2. La ciudad como comunidad.
3. El automóvil, cáncer de las ciudades.
4. La megalópolis.
5. Vida urbana—vida en el campo.
6. El urbanismo como arte.
7. La mejora de la vida urbana.
8. La ciudad, expresión del alma de sus habitantes.
9. La movilidad familiar, destructora de raíces.
10. Las ciudades ayer, hoy y mañana.
11. La ciudad como centro cultural.
12. Pluralidad étnica en las ciudades.
13. Una típica ciudad norteamericana.
14. La ciudad ideal.

[handwritten notes:]

Acentos

1. Agudas - acento prosódico (spoken stress) en última sílaba si la palabra termina en vocal, n, s, - se pone un acento ortográfico (written stress) sobre la vocal
miró, sostén, están, comí, ...
correr, portal, ...

2. llanas - acento prosódico en penúltima sílaba, si termina en consonante (no n o s), se pone el acento ortográfico sobre la vocal
mármol, fácil, etc. - lápiz

3. esdrújulas - acento prosódico en sílaba antepenúltima. Siempre lleva acento ortográfico sobre la vocal. Júdice, zángano, hazmelo, etc.

4) <u>división</u> de <u>diptongos</u> — se pone el acento ortográfico
sobre la vocal débil (í, ú)

     varia   vs   varía

     púa

    Ríos, Ruiz

5) <u>acento diacrítico</u>

    te   té
   pronombre `tea

    de   dé
    of   give!

Lección 6 | Los problemas demográficos del mundo actual

Los problemas demográficos del mundo actual. «Los hijos son una benedición de Dios,» dicen. ¿Cuántos hijos van a tener estas futuras madres?

*Personaje nuevo: Howard, hijo del matrimonio norte-
americano.*

PILAR. Bueno, Howard, ¿**qué te ha parecido**[1] mi tierra?
¡Hace tanto tiempo que no voy por allá! Espero que
antes de volver a España, Manuel y yo podamos ir a
México a ver a mi familia.

SHEILA. Entonces ustedes irán. Ya sabemos que tú
siempre **te sales con la tuya**[2].

PILAR. No exageres, Sheila. A Manuel también le gusta
ir a México. Pero, dime, Howard, ¿te gustó lo que
viste?

HOWARD. Pues mira, de todo lo que vi lo que más me
gustó fue la gente. En las ciudades de México se tiene
la sensación de que todo el mundo está en la calle.
Por cierto, en los periódicos se hablaba mucho del
control de la natalidad[3], y había argumentos **para
todos los gustos**[4].

PILAR. Sí, **las familias numerosas**[5] son muy frecuentes
en México, y hay **chamaquitos**[6] por todos lados. **Por
una parte**, algunos dicen que es un problema, pero
por otra[7] hace que México sea un país lleno de juventud.

SHEILA. Pero esa no es fenómeno exclusivo de México.

PILAR. El exceso de población es un problema mundial.
Lo tenemos aquí, lo hay en China, en la India . . . , en
todas partes.

HOWARD. Bueno, pero en algunos países es más grave
que en otros, ¿no crees?

SHEILA. **Estoy de acuerdo**[8] contigo, pero es necesario
que se popularicen los métodos anticonceptivos en
todas partes. Si no, pronto vamos a estar en el mundo
como sardinas en lata.

PILAR. No tanto, Sheila, no tanto. A mí me parece que
eso de limitar la natalidad es una barbaridad, y perdona la rima. Lo que **hace falta**[9] es que los recursos
del mundo estén mejor distribuidos.

HOWARD. Es interesante ver como coinciden el punto
de vista católico y el de la extrema izquierda. Y tú
¿qué eres, Pilar? ¿católica, izquierdista o las dos cosas
a la vez[10]?

PILAR. **Déjate de bromas**[11], Howard, y **no hables por
hablar**[12]. Lo que yo estoy diciendo es que cada uno

[1] qué piensas de

[2] haces lo que
quieres

[3] control de los
nacimientos
[4] había razones
para todas las
opiniones
[5] familias con
muchos hijos,
niños
[6] niños
[7] de un lado . . . . .
de otro

[8] soy de la misma
opinión

[9] lo que es nece-
sario

[10] al mismo
tiempo
[11] bromas aparte
[12] no hables sim-
plemente por
decir algo

debe decidir **por su cuenta**[13], sin presiones de ninguna clase, cuántos hijos va a tener.

HOWARD. No, si no **estoy de broma**[14], Pilar. En mis viajes por México, y también por España, encontré a muchos que eran contrarios a la limitación de los nacimientos por razones religiosas, o por razones políticas, o por una combinación de las dos.

SHEILA. Una cosa, Pilar. En España ¿se usa la píldora?

PILAR. Sí; **por cierto**[15], le llaman la píldora *antibaby*, así, en inglés.

SHEILA. Pero, ¿no es España un país católico?

PILAR. Perdona, pero esa es una generalización como otra cualquiera. Sabes muy bien que dentro del mundo católico hay opiniones para todos los gustos, y los países llamados católicos, a veces, no son tan católicos como parecen.

HOWARD. Vamos a terminar hablando de teología.

PILAR. Mejor es que no. Cada uno tiene su conciencia, y lo mejor es respetarlas todas. ¿No crees?

HOWARD. Creo lo que tu quieras, Pilar.

PILAR. ¡Escéptico!

HOWARD. No, Pilar. Amable, nada más.

[13]personalmente, independiente- mente
[14]no estoy bromeando

[15]a propósito

PRACTICA INDIVIDUAL

Cuestionario para una encuesta.

1. ¿Qué *le parece* la idea del *control de la natalidad?* (1 y 3)
2. Al hablar del *control de la natalidad,* ¿hay argumentos *para todos los gustos?* ¿Qué argumentos en pro y en contra conoce usted? (3 y 4)
3. ¿A usted le gustaría ser padre o madre de una *familia numerosa?* En su opinión, ¿cuál es el número ideal de hijos? (5)
4. Si, *por una parte,* algunas religiones dicen que no hay que limitar la natalidad, y *por otra* algunos economistas y sociólogos dicen que sí, ¿cómo solucionar el dilema? (7)
5. ¿*Está* usted *de acuerdo con* los que dicen que una *familia numerosa* es más feliz que una familia pequeña? (8 y 5)
6. ¿Es posible, o fácil, ser *a la vez* padre y amigo, o madre y amiga, de los hijos? (10)
7. Cuando usted habla de cosas serias, ¿*se deja usted de bromas* o le gusta meter un poco de humor en la conversación? (11)
8. ¿Le gusta la gente que *habla por hablar?* (12)
9. Cuando usted tiene algún problema, ¿*decide por su cuenta* o le gusta pedir consejo a alguien? (13)

10. ¿Le gusta la gente que siempre *está de broma,* o prefiere la gente seria? (14)

Comentarios sobre los resultados de la encuesta. Posibles preguntas.

1. ¿Cuántos están a favor y cuántos en contra del control de la natalidad?
2. ¿Qué argumentos hay en pro y en contra del control de la natalidad?
3. ¿Cuántos querrían tener una familia numerosa? ¿Cuál es el número ideal de hijos? ¿Qué les parece una familia de diez hijos?
4. Por una parte, unos dicen que es bueno tener muchos hijos. Por otra, otros dicen que no. ¿Quieren tener un debate sobre esta cuestión?

Pueden hacerse otras preguntas de este tipo, hasta que toda la clase haya practicado las expresiones nuevas.

PRACTICA GENERAL

Preguntas dirigidas a toda la clase.

1. ¿Creen ustedes que el exceso de población es un serio problema mundial? ¿O creen que en el mundo todavía hay muchos espacios abiertos que pueden ser ocupados por futuras poblaciones?
2. Aquí, en esta parte de los Estados Unidos donde vivimos, ¿hay demasiada gente? ¿Les molestan las multitudes? ¿Por qué?
3. «El control de la natalidad es una conspiración de *los que tienen contra los que no tienen».* ¿Están de acuerdo con esto? ¿Creen que una mejor distribución de los recursos mundiales solucionaría el problema?
4. ¿Creen ustedes que el estado donde vivimos puede absorber una población mayor? ¿Les gustaría que aumentara la población del estado?
5. La actitud de Howard en la conversación, ¿les parece condescendiente? ¿Creen que él está de broma y no toma en serio a Pilar?

AMPLIACION DE VOCABULARIO

A En el mundo occidental los últimos grandes movimientos migratorios tuvieron lugar después de la Segunda Guerra Mundial. Muchos **emigrantes europeos emigraron** a América, sobre todo a América del Sur (Sudamérica). Estos **inmigrantes** se instalaron, principalmente, en las grandes **capitales,** donde la población **creció** a un **ritmo** (a una velocidad) vertiginoso, creando agudos problemas de **alojamiento** (vivienda) y de transporte. Estas aglomeraciones urbanas aumentaron todavía más con las grandes masas **campesinas** (del campo) que se presentaron en **el mercado del trabajo** como **mano de obra** (obreros, trabajadores) **no especializada** (no cualificada).

En la ciudad o en el estado donde Vd. vive, ¿hay una gran inmigración ahora? ¿De dónde vienen estos nuevos habitantes? ¿Qué tipo de trabajo hacen?

B El promedio de vida (los años de vida) aumentó, al mismo tiempo que disminuyó **la mortalidad infantil** (muertes de niños recién nacidos o de poca edad) y, en muchos casos, aumentó **el índice de natalidad** (porcentaje de nacimientos). Los problemas demográficos se fueron haciendo más y más difíciles. Gran número de adolescentes entra en el mercado del trabajo sin **entrenamiento** (aprendizaje) de ninguna clase. La industria no ofrece bastantes **puestos** (posiciones) **de trabajo, y el paro obrero** (el **desempleo,** la falta de trabajo) se convierte en un problema crónico. Las actividades industriales y mercantiles no consiguen absorber a toda esta mano de obra mal instruida, sin aprendizaje alguno, e incapacitada por su falta de entrenamiento para entrar a formar parte de una economía altamente especializada.

¿Cree que un recién nacido tiene ahora más probabilidades de vivir más años que si hubiera nacido hace un siglo? ¿Qué ha sucedido en los últimos cien años para aumentar el promedio de vida? En su sociedad, ¿se da el caso de que haya jóvenes sin entrenamiento alguno, con muy pocas probabilidades de encontrar un buen trabajo? Si esto es cierto, ¿cuáles son las causas? Y, ¿cuáles serían las posibles soluciones?

C Algunos sociólogos creen que una posible solución para los problemas demográficos del mundo es la práctica del **control de la natalidad.** Los gobiernos, dicen, debieran ofrecer incentivos para que las familias tuvieran menos hijos. En algunos lugares se han derogado las leyes que prohibían o limitaban **el aborto voluntario,** y algunos gobiernos (el de la India, por ejemplo) fomentan la esterilización voluntaria y el uso de métodos anticonceptivos (anticoncepcionales).

Hay muchas controversias sobre este tema, en las cuales entran elementos legales, morales y religiosos. ¿Cuál es su opinión sobre el tema? ¿Desde qué punto de vista lo enfoca Vd? ¿Cree que es un problema puramente legal? ¿Qué grupos se oponen al aborto? ¿Por cuáles razones lo hacen? ¿Qué grupos defienden el aborto? ¿Por qué lo defienden?

DIFICULTADES Y EJERCICIOS

USO DE: **salirse con la suya** (*to have one's way*)

Sheila dice que su amiga Pilar es muy obstinada y siempre consigue lo que quiere, es decir, siempre **se sale con la suya.**

PRACTICA

Nuestro plan es muy bueno, pero ¿crees que *conseguiremos lo que pretendemos conseguir?*

Nuestro plan es muy bueno, pero, ¿crees que **nos saldremos con la nuestra?**

Te aseguro que en este caso no *conseguirás lo que quieres.*

Te aseguro que en este caso **no te saldrás con la tuya.**

Si el gobierno intenta imponernos un programa de control de la natalidad, no *lo conseguirá.*

Si el gobierno intenta imponernos un programa de control de la natalidad, **no se saldrá con la suya.**

Ustedes quieren legalizar el aborto, pero no *lo conseguirán.*

Ustedes quieren legalizar el aborto, pero _____

Nuestra Iglesia se opone a esas nuevas leyes, y *conseguiremos lo que queremos.*

Nuestra Iglesia se opone a esas nuevas leyes, y *nos saldremos con la nuestr*

Siempre *consigues lo que quieres,* pero esta vez no será así.

Siempre *te sales con la tuya* pero esta vez no será así.

PRACTICANDO AL CONTESTAR

Cuando desea hacer algo, ¿siempre se sale con la suya? ¿Al educar a un niño, ¿cree que es buena idea dejar que siempre se salga con la suya? En la controversia sobre el aborto, ¿qué grupo cree que se saldrá con la suya? Si nos oponemos al control de la natalidad, ¿cree que nos saldremos con la nuestra?

USO DE: **hacer falta** = ser necesario; necesitar

Al hablar de este tema
{ a todos nos **hace falta**
a todos nos **es necesario**
todos **necesitamos** }
hablar con objetividad.

PRACTICA

A todos nos *es necesario* meditar bien sobre este problema.

A todos nos **hace falta** meditar bien sobre este problema.

Todos *necesitamos* examinar nuestra conciencia.

A todos nos hace falta examinar nuestra conciencia.

Para ser felices ellos *necesitan* tener más hijos.

Para ser felices a **ellos les hace falta** tener más hijos.

Para ser felices ellos *necesitan* más hijos.

Para ser felices a **ellos les hacen falta** más hijos.

En los tres primeros ejemplos los sujetos de **hace falta** son: *meditar, examinar, tener.* En el cuarto ejemplo el sujeto es *más hijos,* en plural, y el verbo está en plural también: **hacen falta.**

A ustedes les *es necesario* educar al público.

A Vds. *les hace falta* educar al público.

Ustedes *necesitan* más publicidad.

A uds *les hace falta* más publicidad.

Ustedes *necesitan* más programas de televisión.

A uds *les hacen falta* más programas de televisión.

Este país *necesita* limitar la natalidad.

A *usted le hace falta* limitar la natalidad.

Es necesario disminuir el índice de natalidad.

Hace falta disminuir el índice de natalidad.

Yo no *necesito* explicar más mi posición sobre este tema.

A *mí no me hace falta* explicar más mi posición sobre este tema.

Este país *necesita* más bebés.

A *le hacen falta* más bebés.

PRACTICANDO AL CONTESTAR

¿Tiene una opinión sobre este tema, o todavía le hace falta pensar más sobre él?

¿Cree que al mundo le hacen falta más bebés?

¿Le hace falta explicar mejor su posición?

¿Nos hace falta reexaminar el asunto?

USO DE: faltar {
estar ausente
no haber llegado todavía
haber desaparecido; no estar aquí, allí . . .
ser impertinente con; faltar al respeto a
(relacionado con tiempo o distancia)
}

PRACTICA

El presidente del comité *está ausente.*

Falta el presidente del comité.

No podemos empezar la reunión porque el presidente *no ha llegado todavía.*

No podemos empezar la reunión porque **falta** el presidente.

Aquí había cinco ejemplares de la agenda para la reunión. *Han desaparecido tres.* ¿Dónde están?

Aquí había cinco ejemplares de la agenda para la reunión. **Faltan** tres. ¿Dónde están?

Lo expulsaron de la reunión porque *insultó* al presidente.

Lo expulsaron de la reunión porque **faltó al respeto** al presidente.

¡Qué reunión tan aburrida! ¿Cuánto tiempo *hay hasta la hora de* terminar?

¡Qué reunión tan aburrida! ¿Cuánto tiempo **falta** para terminar?
(be disrespectful)

Hay todavía quince minutos.

Faltan todavía quince minutos.

Me parece que no están todos los de este grupo; dos *están ausentes.*

Me parece que no están todos los de este grupo; ___faltan___ dos.

¿Llegaron todos? No, todavía *no han llegado* cinco.

¿Llegaron todos? No, todavía faltan _____ cinco.

Dejé sobre la mesa cinco libros de demografía, y ahora *han desaparecido dos.* ¿Quién los tiene?

Dejé sobre la mesa cinco libros de demografía, y ahora ___faltan___ dos. ¿Quién los tiene?

Son las tres menos cuarto. ¿Cuántos minutos *hay hasta* las tres?

Son las tres menos cuarto. ¿Cuántos minutos ___faltan___ para las tres?

¡Qué viaje tan largo! ¿Cuántos kilómetros *hay hasta* llegar a México?

¡Qué viaje tan largo! ¿Cuántos kilómetros ___faltan___ para llegar a México?

(En el caso de distancias, la expresión **faltar** indica que ya se está en movimiento hacia el punto de destino.)

PRACTICANDO AL CONTESTAR

¿Falta Vd. mucho a clase? ¿Podemos empezar? ¿Falta alguien? Si dejé aquí tres libros, y ahora sólo hay uno, ¿cuántos faltan? ¿Cuántos minutos faltan para terminar la clase? ¿Cuánto tiempo falta para acabar?

USO DE: **faltarle** algo a alguien (= no tener, no tener bastante)
    sobrarle algo a alguien (= tener demasiado, en exceso, quedar (dinero) después de hacer un gasto)

En mis últimas vacaciones **me sobró** el tiempo y **me faltó** el dinero. Es decir, se me terminó el dinero antes del final de las vacaciones.

PRACTICA

Este libro cuesta cien pesos. No puedo comprarlo porque *sólo tengo noventa.*

Me falten diez pesos.

Si costara ochenta lo compraría y aún *tendría* diez pesos.

Me sobrarían diez pesos.

Cuesta diez bolívares y *tienes siete.*

Te faltan tres bolívares (moneda de Venezuela).

Cuesta quince soles y *tenemos veinte.*

Nos sobran cinco soles (moneda del Perú).

Cuesta treinta balboas y *tienen veinticinco.*

Les ___*faltan*___ cinco balboas (moneda de Panamá).

Cuesta siete quetzales y *tengo diez.*

Me ___*sobran*___ tres quetzales (moneda de Guatemala).

No necesita nada. *Tiene muchísimo, demasiado* dinero.

Le ___*sobra*___ dinero.

Tiene muchas ideas, pero *no tiene* capital para ponerlas en práctica.

Tiene muchas ideas, pero le ___*falta*___ capital para ponerlas en práctica.

Tengo mucho trabajo, pero *no tengo bastante* tiempo para hacerlo todo.

Tengo mucho trabajo, pero me ___*falta*___ tiempo para hacerlo todo.

Tienen demasiada imaginación.

Les ___*sobra*___ imaginación.

Y no tienen bastante sentido de la realidad.

Les ___*falta*___ sentido de la realidad.

Cuando *sobrar* tiene el sentido de «Tener todavía una cantidad de dinero, después de haber gastado alguno», se usa **quedar(le)** algo a alguien: Tenía cinco pesos; gasté tres, y **me quedan** dos.

PRACTICANDO AL CONTESTAR

Para practicar los usos de **faltar, sobrar** y **quedar** los estudiantes pueden imaginarse que están enseñando aritmética elemental a unos niños. Las preguntas serán muy sencillas: Si quiero comprar un carro que cuesta mil pesos, y sólo tengo ochocientos pesos, ¿por que no puedo comprarlo? Y si tengo mil doscientos pesos y compro el carro por mil pesos, ¿todavía tengo algún dinero después de pagar el carro?

PEQUEÑO TEATRO

Los problemas demográficos del mundo nos afectan a todos, y rara es la persona que no tiene una opinión sobre la cuestión. Se puede enfocar el problema desde un punto de vista legal (las polémicas sobre las liberalizaciones de las leyes contra el aborto, por ejemplo), moral, religioso, incluso biológico (¿es un feto un ser humano independiente de su madre?), o económico. En realidad, todos estos aspectos están entrelazados, y los que practiquen el vocabulario aprendido en esta lección pueden dividirse en varios grupos que defiendan posiciones diferentes, y aun irreconciliables.

Se puede hablar también de las consecuencias de la aglomeración de la población en ciertas zonas geográficas, en las megalópolis actuales formadas por la unión de grandes ciudades.

SEA USTED MI INTERPRETE, POR FAVOR

1. Why do you always want to have your own way?
2. Did you have the feeling that everybody was in the streets?
3. Do you think the government should encourage large families?
4. On the one hand, I know that overpopulation is a problem. On the other, I like children. What shall I do?
5. Why do you say that I need more common sense?
6. What is the difference between an immigrant and an emigrant?
7. Is there a large unqualified labor force in your town?
8. Is unemployment a serious problem here?
9. How is the job market here?
10. Are your housing problems as bad as your unemployment problems?

CUESTIONES GRAMATICALES

USO DE: por y para (I)

Al hablar de México, Pilar dice: «¡Hace tanto tiempo que no voy por allá!» En la misma conversación encontramos otros usos de **por** y **para:** «. . . hay chamaquitos por todos lados», «. . . no hables por hablar», «. . . hay opiniones para todos los gustos».

Para comprender el uso de estas dos palabras, podemos considerar una serie de conceptos abstractos que están en contraste.

CONTRASTE A: **Razón** (*por*)—**Propósito** (*para*)

La razón de nuestros actos es algo que siempre está detrás de esos actos: Es algo que hay que encontrar explorando hacia atrás.

El propósito de una acción está siempre en el futuro: Es el objetivo de la acción.

Razón (*por*)	*Propósito* (*para*)
Habla así por razones religiosas.	Habla así para no entrar en conflicto con su iglesia.
Habla por hablar.	Habla para convencer.

La idea de **razón, motivo** o **explicación** de una acción (**por**) puede ser expresada también de otros modos:

Le dieron el trabajo
$\begin{cases} \text{por} \\ \text{por ser} \\ \text{porque es} \\ \text{a causa de que es} \\ \text{y la razón es que él es} \\ \text{y la explicación está en que es} \\ \text{y el motivo es que él es} \end{cases}$ inteligente.

Lo mismo sucede con la idea de **propósito** o **destino** de una acción (**para**):

Le dieron el trabajo
$\begin{cases} \text{para} \\ \text{con el objeto de} \\ \text{con el propósito de} \\ \text{con la intención de} \end{cases}$ ayudarle.

Si comprendemos bien la diferencia entre **razón,** que siempre mira hacia atrás, y **propósito,** que siempre está hacia adelante, una parte del problema del uso de **por** y **para** se soluciona fácilmente.

Razón (*por*)	*Propósito* (*para*)
Beben demasiado, y por eso no voy a sus fiestas.	Beben demasiado, y para eso no voy a sus fiestas.
Emigraron por escapar de la pobreza.	Emigraron para escapar de la pobreza.
Por ella haré cualquier cosa.	Para ella haré cualquier cosa.
Por ser buen conductor, nunca tiene accidentes.	Para ser buen conductor hay que tener buenos reflejos.
Fui a la fiesta por la música.	Fui a la fiesta para oír la música.
Voy a la tienda por cigarrillos.	Voy a la tienda para comprar cigarrillos.
¡Por Dios! ¡No bebas tanto!	Bebe para olvidar.
No gasta nada por avaricioso.	No gasta nada para acumular dinero.
Lo detuvieron por ladrón.	Lo detuvieron para interrogarlo.

PRACTICA

En lugar de las palabras subrayadas vamos a usar **por** o **para**, sin cambiar el sentido de la frase.

MODELO
Trabajo durante el verano <u>con el objeto de</u> tener dinero el curso próximo.
Trabajo durante el verano para tener dinero el curso próximo.

1. Crece la población, <u>y una de las razones es</u> la menor mortalidad infantil. _POR
2. No hay puestos de trabajo <u>a causa de</u> la crisis económica. POR
3. Si tu <u>propósito es</u> encontrar trabajo, debes ir a una agencia. PARA
4. El aborto, ¿es un buen sistema <u>que puede</u> limitar la población? PARA
5. Abortó, x<u>la causa es</u> el accidente que tuvo. por
6. Trae flores <u>destinadas a</u> los muertos. PARA
7. Es contrario al aborto <u>porque es</u> católico. por
8. Hay opiniones <u>destinadas a</u> todos los gustos. PARA
9. Habla <u>porque le gusta</u> hablar, pero no dice nada. por
10. <u>Como es</u> simpático, tiene muchos amigos. por
11. <u>Si quieres</u> manejar el coche, necesitas una licencia. PARA

CONTRASTE B: **Razón (*por*)—Sorpresa (*para*)**

En este contraste el uso de **por** es similar al estudiado en el Contraste A. Por el contrario, el uso de **para** en este contraste expresa **sorpresa ante un hecho inesperado.**

*Razón (**por**)*
Por (ser) italiano sabe mucho de música.

*Sorpresa (**para**)*
Para (ser) italiano, no sabe mucho de música.

En las dos columnas se acepta como cierta una generalización: que todos los italianos saben mucho de música.

En la frase de la izquierda hay una relación causa—efecto: El es italiano y, por lo tanto, sabe mucho de música.

En la frase de la derecha se muestra sorpresa ante un hecho inesperado: Es italiano y, sin embargo (¡qué raro!), no sabe mucho de música.

Veamos otros casos de contraste razón—sorpresa:

*Razón (**por**)*
Es alto por tener quince años
(= los que tienen quince años
son altos).

*Sorpresa (**para**)*
Es alto para (tener) quince años
(= los que tienen esa edad no
suelen ser tan altos).

Es culto por haber viajado mucho (= viajar da cultura: él
viajó, luego es culto).

Es inculto, para haber viajado
mucho (= a pesar de haber
viajado mucho no adquirió
cultura).

Es fuerte por ser hombre joven
(= los hombres jóvenes son
fuertes: él es joven, luego es
fuerte).

Es débil, para ser hombre joven
(= él es una excepción a la
generalización expresada a la
izquierda).

Como las frases de la izquierda indican razón podemos usar **porque,**
en lugar de **por,** sin cambiar el sentido:

Es alto porque tiene quince años.
Es culto porque ha viajado mucho.
Es fuerte porque es hombre joven.

En las frases de la derecha podemos usar otras expresiones en lugar de
para:

Es alto $\left\{ \begin{array}{l} \text{a pesar tener solamente} \\ \text{aunque sólo tiene} \end{array} \right\}$ quince años.

Es inculto $\left\{ \begin{array}{l} \text{a pesar de haber} \\ \text{aunque ha} \end{array} \right\}$ viajado mucho.

Es débil $\left\{ \begin{array}{l} \text{a pesar de ser} \\ \text{aunque es} \end{array} \right\}$ hombre joven.

PRACTICA

Las frases siguientes indican razón o sorpresa, y expresan unas cuantas
generalizaciones discutibles. Vamos a eliminar las palabras subrayadas y
a usar **por** o **para** sin cambiar el sentido de la frase. En algunos casos hay
que introducir la palabra *ser.*

MODELO
A pesar de ser tan culto, es muy poco interesante.
Para ser tan culto, es muy poco interesante.

1. Lo invitaron a la fiesta porque es simpático. por
2. A pesar de ser español, es muy rubio. PARA
3. Considerando que tiene setenta años, está muy ágil. PARA
4. Baila muy bien porque es hispanoamericano. por
5. Como es mexicano, canta muy bien los corridos. POR
6. Aunque es diplomático, no tiene tacto ninguno. PARA
7. Considerando que es brasileño, no baila bien la samba. PARA

CONTRASTE C: **Tránsito por el tiempo** (*por*)—**Propósito** (*para*)

En este contraste, el concepto de propósito (*para*) es igual al estudiado en el Contraste A.

Tránsito por el tiempo (*por*)
Iré a México por un mes.

Propósito (*para*)
Iré a México para (estar allí) un mes.

Me quedaré en Acapulco por seis días.

Iré a Acapulco para (quedarme allí) seis días.

Tránsito por el tiempo: Estaré en México durante un mes, y en Acapulco durante seis días.

Propósito: Mi intención es estar en México durante un mes, y en Acapulco durante seis días.

PRACTICA

Vamos a usar **por** o **para** en lugar de las palabras subrayadas, sin cambiar el sentido de la frase.

MODELO
Te esperé desde las cuatro hasta las cuatro y media (= media hora).
Te esperé por media hora.

1. Fuimos a Punta del Este con la intención de estar allí una semana.
2. Si vas a la capital, quédate allí durante dos semanas.
3. Estaré allí el lunes, el martes y el miércoles (= tres días).
4. Estuvimos esperando el colectivo durante quince minutos.
5. Iremos solamente con el objeto de estar allí un fin de semana.

CONTRASTE D: **Tránsito por el espacio** (*por*)—**Destino** (*para*)

Tránsito por el espacio (*por*)
Voy a México por El Paso.

Destino (*para*)
Mañana salgo para México.

Hace tiempo que no voy por allá.
Hay chamaquitos por todos lados.

Hace tiempo que salió para allá.
Los chamacos marcharon para la escuela.

La idea de tránsito a través del espacio es muy amplia: Indica que voy a México atravesando El Paso; que hace tiempo que no recorro México (= que no viajo a través de México, de un lado para otro); y que hay niños en movimiento en todas partes.

La idea de destino nos dice que: Mañana salgo en dirección a (hacia)

México; hace tiempo que alguien salió hacia allá; los chamacos se fueron camino de la escuela.

PRACTICA

Vamos a eliminar las palabras subrayadas, poniendo en su lugar **por** o **para**, sin cambiar el sentido de la frase.

MODELO
Se marcharon con destino a Arizona.
Se marcharon para Arizona.

1. Pasaron a lo largo de la calle. POR
2. Los braceros salieron hacia California. PARA
3. Llegaron a la plaza atravesando la catedral. POR
4. Hay mucha gente andando de un lado para otro en todas partes. POP
5. ¿Vamos tomando esta calle, o tomamos esta otra? POR
6. Vete en dirección a casa. PARA

CONTRASTE E: **Tiempo impreciso (*por*)—Tiempo límite (*para*)**

Este contraste, también relacionado con el paso del tiempo, existe cuando se indica un momento determinado, pero sin gran precisión (por = alrededor de), y cuando se establece un plazo máximo, un tiempo límite (para = lo más tarde).

*Tiempo impreciso (**por**)*	*Tiempo límite (**para**)*
La casa debe estar terminada por diciembre (= más o menos en diciembre).	La casa debe estar terminada para diciembre (= no más tarde que en diciembre).
Por junio iré a visitar a mis padres.	Para junio iré a visitar a mis padres.

PRACTICA

Vamos a eliminar las palabras subrayadas, y usar **por** o **para** de manera que no cambie el sentido de la frase.

MODELO
Creo que fueron a Francia más o menos en agosto del año pasado.
Creo que fueron a Francia por agosto del año pasado.

1. El editorial tiene que estar listo lo más tarde a las tres. PARA
2. Vendrán alrededor de Navidad. POR
3. La fiesta habrá terminado lo más tarde a las diez. PARA

4. Al fin de mes terminarán las lluvias. *Para*
5. La reunión tendrá que terminar <u>como máximo a</u> las cinco. *PARA*

PRACTICA DE LOS CONTRASTES A, B, C, D, E

En lugar de las palabras subrayadas vamos a usar **por** o **para** sin cambiar el sentido de la frase, como se ha hecho en los ejercicios anteriores.

1. <u>A pesar de ser</u> extranjero, habla inglés muy bien. *PARA*
2. No le dieron el puesto en la tele <u>a causa de</u> su acento extranjero. *POR*
3. Compró una bicicleta <u>con la intención de</u> hacer ejercicio. *PARA*
4. ¿Cuándo sales <u>hacia</u> Nueva York? *PARA*
5. La manifestación pasó <u>a lo largo de</u> la Avenida Central. *POR*
6. La policía entró <u>a través de</u> la ventana. *POR*
7. Se fueron a Puerto Rico <u>con el propósito de</u> estar allí un mes. *PARA*
8. Lo invitan a todas las fiestas, <u>y la razón es que</u> es un buen conversador. *POR*
9. No recuerdo la fecha exacta, pero creo que llegaron <u>más o menos en</u> *por* Navidad.

EL ARTE DE LA COMPOSICION

PARA USAR EN LA COMPOSICION

1. *La población*
   el control de la natalidad
   la familia numerosa
   el exceso de población
   el ritmo ⎫ de ⎧ crecimiento
   el índice ⎭   ⎩ mortalidad, etc.
   la mortalidad infantil
   el aborto
   el promedio de vida
   el inmigrante
   el emigrante

2. *El trabajo*
   el mercado de trabajo
   la mano de obra
   el puesto de trabajo
   el entrenamiento
   el aprendizaje
   el paro obrero
   el campesino

3. *Expresiones verbales*
   parecerle (algo a alguien)
   salirse con la suya
   tener la sensación de que
   haber + *nombre* + para todos
      los gustos
   hacer falta
   faltar (le algo a alguien)
   sobrar (le algo a alguien)
   quedar (le algo a alguien)
   emigrar, inmigrar
   estar de broma
   infinitivo + por + *infinitivo*

4. *Otras expresiones*
   por una parte . . . por otra
   ¡de acuerdo!
   a la vez
   por mi (su, tu, etc.) cuenta
   por cierto
   por
   para

LA COLOCACION DE LOS ADJETIVOS

En general, en español los adjetivos siguen al nombre: **la Casa Blanca,** y en inglés lo preceden: *the White House.* Es necesario, sin embargo, refinar más este concepto.

A Adjetivos que preceden al nombre:
1. Los adjetivos demostrativos: **Esos** emigrantes van a Francia.
   Estas inmigrantes llegaron ayer.
2. Los adjetivos numerales:

   a. Numerales cardinales: **Una** familia vive aquí.
         Dos familias viven ahí.
   b. Numerales ordinales: Vive en el **sexto** piso. Pero siguen al nombre cuando identifican a un gobernante: El rey Juan Carlos I (**primero**) de España. O, en Estados Unidos, cuando identifican a diferentes miembros de una familia que tienen el mismo nombre: John S. Morris III (**tercero**).
   c. En español los números ordinales, después de **décimo,** son bastante complicados. En su lugar se usan los números cardinales. En ese caso, cuando un número cardinal está usado como ordinal, sigue al nombre: Vive en el piso **veinte** (o: Vive en el **vigésimo** piso).

B Los demás adjetivos preceden o siguen al nombre según la función que tengan. Esta función depende, en gran parte, del punto de vista del hablante.
1. Función generalizadora. El hablante considera que una cierta cualidad (expresada por el adjetivo) pertenece a todo un grupo (expresado por el nombre), o da por descontado que esa cualidad forma parte integrante, inseparable, del nombre. En estos casos, el adjetivo precede al nombre:

   Los **hambrientos** campesinos emigraron a la ciudad. (= Todos los campesinos tenían hambre.)
   Paseamos por las **estrechas** calles de la **antigua** ciudad. (= Todas las calles son estrechas, y la ciudad es antigua, no moderna.)

2. Función descriptiva. El hablante añade al nombre una cualidad que lo caracteriza y distingue de otros de su mismo tipo:

   Los campesinos **hambrientos** emigraron a la ciudad. (= No todos emigraron; sólo los que tenían hambre.)
   Paseamos por las calles **estrechas** de la ciudad **antigua**. (= Hay calles que no son estrechas, y la ciudad antigua es sólo una parte de una ciudad que, aunque fundada hace mucho tiempo, también es moderna.)

3. Vemos, pues, que la realidad y el punto de vista del hablante determinan la colocación de los adjetivos. A veces la realidad es tan importante que no hay lugar para el punto de vista del hablante. Por ejemplo, no tiene sentido decir: Paseamos por las calles de la Pompeya antigua. ¿Dónde está la Pompeya moderna? Hay que decir: . . . de la **antigua** Pompeya. Pero es posible decir: Paseamos por la Barcelona **antigua**. Todos sabemos que Barcelona fue fundada hace muchos siglos y, en este sentido, es una **antigua** ciudad. Pero también es una ciudad moderna y muy industrial, y su barrio antiguo es sólo una parte de Barcelona.

C Algunos adjetivos, cuando están asociados con ciertos nombres, forman lo que podemos llamar un tópico (*cliché*), y preceden al nombre: Tienen una función generalizadora.

el **fiero** león	pero: el perro **fiero**
el **manso** cordero	el toro **manso**
la **esbelta** palmera	la muchacha **esbelta**
la **blanca** nieve	la nieve **gris y sucia**
la **buena** (mala) suerte	la suerte **terrible**

D Como en inglés los adjetivos siempre preceden al nombre, la sutil diferencia que el español puede establecer anteponiéndolos (función generalizadora) o posponiéndolos (función descriptiva) tiene que expresarse con palabras que no son una traducción literal del adjetivo español:

una **cierta** noticia	*a **certain** piece of news*
una noticia **cierta**	*a **true** piece of news*
el **pobre** muchacho	*the poor (**pitiful**) boy*
el muchacho **pobre**	*the poor (**not rich**) boy*
un **gran**(de) hombre	*a **great** man*
un hombre **grande**	*a **large** man*
una **antigua** sirvienta	*a **former** servant*
una sirvienta **antigua**	*a servant of **many years***

E Cuando los adjetivos van modificados por un adverbio, generalmente siguen al nombre:

un país **extraordinariamente católico**
una economía **altamente especializada**
un hombre **muy joven**
¡Qué joven **tan inteligente**!

F Varios adjetivos referidos a un nombre: su función generalizadora o descriptiva determina su posición.

1. Varios adjetivos descriptivos siguen al nombre, separados por comas o unidos por la conjunción **y**:

Los problemas **demográficos, económicos y políticos.**
La esterilización **voluntaria y gratuita.**

2. Varios adjetivos generalizadores, y los incluidos en el grupo A explicado anteriormente, preceden al nombre:

Ese hermoso y enorme país.

Naturalmente, ya sabemos que la función generalizadora o descriptiva depende del punto de vista del hablante:

Ese país **hermoso y enorme.**

3. Cuando hay adjetivos generalizadores y descriptivos referidos al mismo nombre, los primeros preceden y los últimos siguen al nombre:

Los **grandes** movimientos **migratorios.**
Las **hambrientas** masas **campesinas.**
El **terrible** paro **obrero.**
La **próspera** economía **nacional.**
Aquellos antiguos palacios **coloniales.**

El inglés no tiene esta flexibilidad, pero expresa la misma idea dando más énfasis a uno de los adjetivos: *The hungry* **peasant** *masses; The prosperous* **national** *economy; Those old* **colonial** *palaces.*

PRACTICA

Con la idea adjetiva expresada entre paréntesis, hacer una frase y colocar el adjetivo, o los adjetivos, donde sea necesario.

MODELO
Mis amigos (todos son simpáticos) están aquí.
Mis simpáticos amigos están aquí.

Mis amigos (los que yo considero interesantes, no los otros) están aquí.

Mis amigos interesantes están aquí.

1. Las catedrales españolas (todas son antiguas) son magníficas.
2. Mi profesor (era mi profesor; ahora ya no lo es. Use: antiguo) es un hombre muy interesante.
3. Las playas de Puerto Rico (todas son hermosas) atraen a muchos turistas.
4. Las playas (las que son limpias, no las sucias) son más atractivas.
5. El león (como todos los leones, es feroz) devoró un cordero (como todos los corderos, es manso).
6. Tengo dos perros. Mi perro (el que es grande) se llama Eric, y la perra (que es pequeña) se llama Federica.

7. Los problemas mundiales (todos son terribles) preocupan a muchos sociólogos.
8. Los problemas nacionales (los económicos, no los otros) preocupan al Presidente.
9. Napoleón es un hombre famoso (Use *grande* en lugar de famoso), pero no era un hombre de mucha estatura (use *grande* en lugar de: de mucha estatura).

POSIBLES TEMAS PARA UNA COMPOSICION

1. El control de la natalidad y la política.
2. El control de la natalidad y la religión.
3. El crecimiento de la población y los países subdesarrollados.
4. El crecimiento de la población y los países desarrollados.
5. La población y los recursos mundiales.
6. La población y el espacio habitable.
7. Problemas de las grandes aglomeraciones urbanas.
8. La división de los recursos mundiales.
9. El crecimiento de la población igual a cero, ¿una solución?
10. La polémica sobre el aborto.

Lección 7 | Los prejuicios

Prejuicios sociales, raciales, culturales, religiosos . . . obstáculos en el camino de la comprensión.

HOWARD. Pilar, ¿has visto la sección de viajes en el periódico del domingo? Hay un anuncio de unas vacaciones en Guatemala muy interesante: viaje de ida y vuelta[1], hoteles y excursiones por . . .

PILAR. **No te calientes la cabeza**[2], Howard. Acabas de llegar y ya estás pensando en **levantar el vuelo**[3] otra vez. Además, ¿no piensas estar aquí cuando llegue María Luisa?

HOWARD. ¡Es verdad! Ya me olvidaba de que va a llegar la **gachupinita**[4].

PILAR. ¡No hables así, Howard! Ya sabes que ese vocabulario **me saca de quicio**[5]. Además, María Luisa es una mezcla de muchas cosas: hija de español y mexicana, nacida en Buenos Aires y educada en Perú y en España . . . ¿Cómo puedes llamarle gachu . . . ? Bueno, ya iba a decirlo yo.

MANUEL (entrando). Hablando de gachupines, aquí estoy yo.

PILAR. ¡Hombre! ¡Yo estaba diciéndole a Howard que no debe usar ese **término**[6], y **resulta que**[7] eres tú quien lo usa!

MANUEL. Esas palabras **despectivas**[8], teóricamente insultantes, **no son más que una muestra**[9] de la estupidez humana. Su significado depende de cómo y cuándo se digan, ¿no crees?

PILAR. Sí y no, que es una respuesta muy sabia.

HOWARD. ¿Hay muchas palabras de este tipo en español?

MANUEL. Pues mira, ciertamente no tantas como en inglés americano. Creo que aquí ganáis todos los premios en esa cuestión de prejuicios contra grupos enteros de gente.

PILAR. Estoy de acuerdo contigo, Manuel, pero también hay que decir que aquí la gente se da cuenta de la existencia del problema, y procura evitar esas palabras insultantes.

MANUEL. Pero existen, ¿no? **En cambio**[10] ¿cuántas tenemos nosotros? En España todavía hay quien llama franchute a un francés, y se acabó la lista. En Hispanoamérica ya **es otra cantar**[11].

PILAR. Y ahí está la clave del problema, Manuel. Las palabras de ese tipo son más frecuentes cuando hay muchos grupos de inmigrantes, o cuando coexisten varias razas.

[1] viaje completo, con el regreso incluido en el precio
[2] no sueñes
[3] marcharte
[4] en México, gachupín: español (despectivo)
[5] me irrita profundamente

[6] esa palabra
[7] al final
[8] *derogatory*
[9] son simplemente un ejemplo

[10] por el contrario

[11] es otra historia

HOWARD. Cuando yo estaba en España, siempre que alguien quería criticar a los Estados Unidos, **sacaba a relucir**[12] nuestros problemas raciales.

MANUEL. Es natural, Howard. Esa cuestión es uno de los puntos más débiles de la sociedad norteamericana, y el más fácil de atacar. Es igual que cuando se quiere criticar el pasado de España y **se trae a cuento**[13] la Inquisición.

PILAR. O el trato dado a los indios americanos, o a los judíos.

MANUEL. Sí, pero hay unas diferencias muy importantes. La Inquisición no persiguió a los judíos por ser judíos, sino por practicar su religión después de haber dicho que se habían convertido al catolicismo. Y **en cuanto a**[14] los indios americanos, es cierto que los españoles los explotaron, pero también se casaron con las indias. El español suele ser **intransigente**[15] en ideas, pero no suele tener prejuicios raciales.

PILAR. Bueno, la cosa es más compleja, Manuel. Sabes muy bien que las persecuciones de la Inquisición contra los conversos **judaizantes**[16] se convirtieron pronto en una actitud social antisemita.

HOWARD. Pero todo eso es cosa del pasado. Estamos hablando del presente. ¿Tienen ustedes un vocabulario racista, sí o no?

PILAR. Mira, Howard, mi vocabulario sobre la cuestión **se me agota**[17] si te digo que en estos momentos estoy entre un marido gachupín y un amigo **gringo**[18].

HOWARD. Debo confesar que en cuanto a prejuicios tengo un vocabulario mucho más rico. En inglés, claro.

[12] traía a la conversación

[13] se trae a la conversación, se menciona

[14] con respecto a; en lo que concierne a
[15] intolerante
[16] judíos convertidos al catolicismo, que practicaban en secreto su religión hebrea

[17] se me termina
[18] en México: norteamericano

PRACTICA INDIVIDUAL

Cuestionario para una encuesta.

1. Cuando viajas, ¿qué es más barato, comprar un billete *de ida y vuelta* o dos billetes separados? (1)
2. ¿Con qué idea fantástica *te calientas la cabeza?* ¿Con la idea de un viaje a la jungla del Amazonas? ¿Con qué? (2)
3. ¿Hacia donde te gustaría *levantar el vuelo?* ¿Hacia el Tibet? ¿Hacia dónde? (3)
4. ¿Qué te *saca de quicio?* ¿La gente que habla mucho? ¿Qué? (5)
5. En tu conversación, ¿usas un lenguaje muy directo? ¿Usas todos *los términos* del vocabulario, o hay algunos que no usas? ¿En qué circunstancias no usas algunos? (6)

6. Cuando esperas a alguien y *resulta que* no viene, ¿qué haces? ¿Te incomodas? (7)
7. ¿Te molesta la gente que usa palabras *despectivas* en su conversación? ¿Por qué te molestan, o por qué no? (8)
8. ¿Qué defectos encuentras en la sociedad norteamericana? Y, *en cambio,* ¿qué virtudes ves en ella? (10)
9. ¿Te gusta que en una conversación alguien *saque a relucir* tus defectos? ¿Y tus virtudes? (12)
10. ¿Qué es lo que no te gusta que se *traiga a cuento* en la conversación? ¿Cuestiones de religión? ¿Cuestiones sexuales? ¿Qué? (13)
11. *En cuanto al* trabajo, ¿qué profesión te parece más interesante? ¿Qué crees que vas a hacer en el futuro? (14)
12. ¿Eres *intransigente* en cuestiones de religión? ¿En cuestiones de moral? ¿En qué eres intransigente? (15)
13. ¿Cuándo *se te agota* la paciencia? (17)
14. ¿Sabes el origen de la palabra *gringo?* (18)

Comentarios sobre los resultados de la encuesta.
1. Vamos a ver, ¿cuántos viajan mucho? ¿Qué tipo de billete compran?
2. ¿Con qué se calientan ustedes la cabeza? ¿Con la idea de viajar? ¿Con la idea de ser ricos? ¿Qué respuestas hay? ¿Alguna de esas respuestas es demasiado fantástica?
3. ¿Quiénes querrían levantar el vuelo e ir a . . . a dónde? ¿A la luna?
4. ¿Qué les saca de quicio? ¿Contestar estas preguntas?

Con otras preguntas de este tipo, los estudiantes deben practicar el resto de las expresiones nuevas.

PRACTICA GENERAL

1. ¿Cuál es la diferencia entre un prejuicio y una opinión?
2. ¿Creen ustedes que la existencia de los prejuicios, en cualquiera de sus formas, es inevitable?
3. ¿Creen ustedes que los prejuicios son producto de la ignorancia? En ese caso, ¿es posible hacerlos desaparecer educando al público?
4. En su opinión, ¿el diálogo de esta lección sugiere que en los países hispánicos hay menos prejuicios que en los Estados Unidos? ¿Encuentran que esta idea es falsa u ofensiva?

AMPLIACION DE VOCABULARIO

A La historia de la Humanidad ofrece frecuentes ejemplos de discriminación de unas personas contra otras. Los antagonismos entre grupos impiden llegar a la deseada **meta** (objetivo final) de **la hermandad** (la fraternidad) universal. La discriminación y los prejuicios crean problemas y la sociedad tiene que **enfrentarse con** ellos (tiene que ponerse cara a cara con ellos) si quiere llegar a **conseguir** (obtener) un **grado** (nivel) aceptable de **convivencia.**

La hermandad universal, en tu opinión, ¿es una posibilidad futura o una utopía? ¿Crees que el mundo actual va camino de una polarización entre dos grupos? ¿Entre qué grupos?

B Los prejuicios que separan a la Humanidad se presentan bajo formas muy diferentes (en muchas formas diferentes). Veamos algunos casos:

1. La discriminación basada en la raza: **el racista, o la racista,** está firmemente convencido de que su raza es superior, y que todas las demás son inferiores. Esta superioridad, dice el racista, es **hereditaria** (se hereda de los padres, es una herencia biológica) y **no tiene nada que ver con** (no tiene relación ninguna con) **el medio ambiente** (el mundo que rodea a la persona), es una cuestión **genética** transmitida de generación en generación, por lo cual el racista evita mezclarse con personas de otras razas, tanto en (lo mismo en) su vida familiar como en su vida social. Este tipo de racismo puede estar institucionalizado, creando leyes que prohiben los **matrimonios mixtos** (entre personas de razas diferentes).

¿Conoces algún país donde haya leyes claramente racistas? ¿Cómo explicas la existencia de esas leyes? ¿Crees que una sociedad racista es una sociedad viable? ¿Conoces alguna sociedad donde no haya leyes, pero sí prácticas racistas? ¿Cómo se expresa ese racismo no institucionalizado? ¿Qué argumentos conoces en contra y a favor de las diferencias genéticas entre las razas?

2. La discriminación basada en el origen nacional, es, en realidad, una variante de la anterior, con la cual tiene muchos puntos en común. Todo grupo social tiende a repeler los elementos que considera extraños, sobre todo cuando llegan en gran número. El ejemplo más típico es el de la discriminación con la que tienen que enfrentarse grandes grupos de inmigrantes que llegan a una sociedad diferente, generalmente más rica y tecnológicamente más adelantada que la que han dejado. Muchos trabajadores del sur de Europa (portugueses, españoles, yugoslavos, italianos, griegos y turcos) y del norte de Africa (marroquíes, argelinos) van a trabajar a los países del Mercado Común, donde se encuentran **en medio de** (dentro de) una sociedad que les ofrece empleos y salarios mejores que los de su país de origen, pero que no los acepta **del todo** (completamente).

¿Conoces algún caso semejante? ¿Cómo explicarías a un amigo extranjero la teoría del **crisol americano** (*melting pot*)? ¿Crees que esa teoría es una verdad o un mito? Se habla mucho de un renacimiento de los grupos étnicos en los Estados Unidos. ¿En qué consiste ese fenómeno?

3. La discriminación basada en **el idioma** (la lengua) está relacionada con la existencia de grupos de inmigrantes, y con la presencia de grupos culturales minoritarios. El hablar la lengua del país con acento extranjero puede ser un detalle simpático en un turista, y un desastre en un inmigrante.

¿Cómo explicas este trato diferente? ¿Conoces algún caso de discriminación por razón del idioma? ¿Crees que una sociedad plurilingüe puede ser culturalmente más interesante que una monolingüe? ¿Qué países conoces dónde coexisten varias lenguas? La coexistencia de varias lenguas dentro de una misma sociedad ¿puede crear problemas políticos y sociales? Cuando alguien te habla con un fuerte acento extranjero ¿te agrada o te molesta? En una sociedad plurilingüe, donde hay un idioma que predomina sobre los otros y el cual es la lengua oficial del país ¿crees que todos deben de aprenderla? ¿Crees que es viable un país donde varios grupos hablan lenguas diferentes?

4. La discriminación basada en la clase social puede ocurrir, aun en sociedades teóricamente abiertas y con gran movilidad entre las diversas clases sociales. **El nuevo rico** (el que ganó su fortuna recientemente) descubre, a veces, que su dinero no le abre las puertas de «la sociedad». **La riqueza heredada** suele ir unida a ciertos **niveles de cultura** (instrucción, enseñanza) y **de educación** (modales, buenas maneras) que el nuevo rico quizá no posee. En una sociedad muy estratificada, estas barreras pueden ser **insalvables** (imposibles de atravesar).

¿Conoces algún caso de discriminación clasista? En la sociedad en la cual vives ¿hay núcleos cerrados donde es muy difícil entrar? ¿Crees que en tu sociedad el dinero abre todas las puertas de la sociedad? En tu ciudad ¿hay clubs en los que **los socios** (miembros) difícilmente aceptan a las personas que están fuera de su círculo social? ¿Crees que la aristocracia tiene razón de ser en el mundo actual? ¿Crees que los que han nacido en una posición privilegiada son más elegantes que el resto de la gente? ¿Qué es la elegancia?

C La lista de pretextos utilizados, consciente o inconscientemente, para justificar la discriminación es muy larga. ¿Se te ocurren otros casos que no han sido tratados aquí? Después de hablar de todo esto ¿qué conclusión se puede **sacar** (deducir)? Hay quien se lamenta de que, cuando se quiere evitar la discriminación, se puede caer en el otro extremo: **la discriminación a la inversa** (**al revés**). ¿Estás de acuerdo con esto? ¿Conoces algún caso?

DIFICULTADES Y EJERCICIOS

USO DE: **no ser** (**nada**) **más que** (= ser $\begin{cases} \text{solamente)} \\ \text{simplemente)} \end{cases}$

Esas palabras, teóricamente insultantes, **no son** (**nada**) **más que** una muestra (son solamente una muestra) de la estupidez humana.

PRACTICA

Es natural que piense así. Es *solamente* un joven sin experiencia.

Es natural que piense así. **No es más que** un joven sin experiencia.

Hay que ser tolerante con él. Es *simplemente* un viejo que ya no comprende el mundo.

Hay que ser tolerante con él. **No es** (**nada**) **más que** un viejo que ya no comprende el mundo.

Lo que te digo es *simplemente* un ejemplo.

Lo que te digo no _____ un ejemplo.

Este es *solamente* un caso de discriminación. Conozco otras cosas peores.

Este no _____ un caso de discriminación. Conozco otras cosas peores.

¡Este vino es horrible! ¡Este vino es *simplemente* vinagre!

¡Este vino es horrible! ¡Este vino no _____ vinagre!

¿Por qué dices que repetir esto es *simplemente* perder el tiempo?

¿Por qué dices que repetir esto no _____ perder el tiempo?

Cuando esta construcción se usa con subjuntivo, puede ocurrir que la palabra **que** aparezca dos veces en la frase:

Lo que te pido es, simplemente, que digas la verdad.

Lo que te pido no es más **que que** digas la verdad.

Esta cacofonía, **que que**, se puede evitar usando: . . . no es más **que el que** digas la verdad; o, simplemente, eliminando un **que**: . . . no es más **que** me digas la verdad.

PRACTICANDO AL CONTESTAR

¿Crees que aprender una lengua extranjera no es más que cuestión de aprender listas de palabras? Los prejuicios no son más que ignorancia. ¿Estás de acuerdo?

USO DE: varios significados del verbo *to fix;* comparación con **fijar**(**se**)

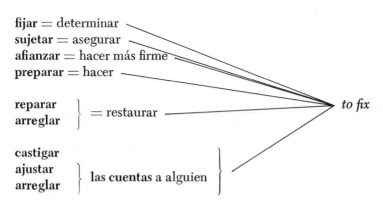

mirar
fijarse ———————————————— *to look (at)*

fijar = determinar
sujetar = asegurar
afianzar = hacer más firme
preparar = hacer

reparar
arreglar } = restaurar —————————→ *to fix*

castigar
ajustar
arreglar } **las cuentas a alguien**

PRACTICA

¡Mira! ¡Qué vestidos tan raros usa esta gente!	**¡Fíjate!** ¡Qué vestidos tan raros usa esta gente.
Tenemos que *determinar* la fecha de la boda.	Tenemos que **fijar** la fecha de la boda.
Determinaron los precios.	Fijaron los precios.
En los barcos *aseguran* los muebles al piso para que no se muevan cuando hay tempestad.	En los barcos **sujetan** los muebles al piso para que no se muevan cuando hay tempestad.
Las patas de esta silla se mueven. Hay que *hacerlas más firmes.*	Las patas de esta silla se mueven. Hay que **afianzarlas.**
¡Hazme un cóctel, por favor!	**¡Prepárame** un cóctel, por favor!
¿Cuándo vas a *reparar* la televisión?	¿Cuándo vas a **arreglar** la televisión?
El perrito me rompió el zapato, pero ya *lo castigaré.*	El perrito me rompió el zapato, pero ya **le arreglaré las cuentas.**
¿Quieres que te *haga* una taza de café?	¿Quieres que te ~~prepara~~ una taza de café?

La radio no funciona. ¿Es que no la *arreglaron* todavía?

La radio no funciona. ¿Es que no la ⟶ todavía? *repararon*

¿*Determinaste* ya la fecha de tu viaje?

¿⟶ la fecha de tu viaje? *fijaste*

Este cuadro no se mueve. Está bien *asegurado* a la pared.

Este cuadro no se mueve. Está bien ⟶ a la pared. *sujetado*

¡*Miren!* Esto no se ve todos los días.

¡⟶! Esto no se ve todos los días. *Fíjense*

PRACTICANDO AL CONTESTAR

¿Cuesta mucho arreglar los automóviles? Cuando parece que una lámpara se va a caer, ¿la sujetas bien al techo? Cuando conoces a alguien, ¿te fijas bien en su cara? ¿La recuerdas luego fácilmente? ¿Sabes preparar cócteles? ¿Qué sabes preparar?

USO DE: **realizar; darse cuenta de . . .**

realizar (llevar a cabo; hacer) ⟶ *to accomplish*

darse cuenta de (comprender, ver claramente) ⟶ *to realize*

dar cuenta de ⟶ *to account for* / *to finish up*

La gente **se da cuenta de** la existencia del problema pero, ¿qué hace el gobierno para solucionarlo? En dos años en el poder no ha **realizado** nada. Los gobernantes deben **dar cuenta** de su inacción.

PRACTICA

Siempre estás soñando despierto, pero nunca *haces* nada.

Siempre estás soñando despierto, pero nunca **realizas** nada.

¿No *comprendes* que ese es un caso de discriminación a la inversa?

¿No **te das cuenta de** que ese es un caso de discriminación a la inversa?

¿*Hiciste* todo el trabajo?

¿*REALIZASTE* todo el trabajo?

¿No *ves claramente* que eso de la hermandad universal quizá sea un mito?

¿No *te das cuenta de* que eso de la hermandad universal quizá sea un mito?

Me parece que ellos no *comprendieron* lo que estaban diciendo.

Me parece que ellos no *se dieron cuenta de* lo que estaban diciendo.

Ese nuevo rico no *comprende* que el dinero no lo consigue todo.

Ese nuevo rico no _se da cuenta_ que el dinero no lo consigue todo.

Cuando examiné la situación, *comprendí* que había barreras insalvables.

Cuando examiné la situación _me di cuenta_ _____ que había barreras insalvables.

Tengo que *rendir* cuenta de mis actos.

Tengo que _dar_ _____ cuenta de mis actos.

PRACTICANDO AL CONTESTAR

¿Hay alguna gente que no se da cuenta de la importancia del problema de la discriminación? ¿Crees que hay gente que es racista sin darse cuenta de que lo es? ¿Te das cuenta de que la discriminación a la inversa es tan mala como la discriminación pura y simple? ¿Crees que no nos damos cuenta de que el problema es muy serio? Los que administran el dinero de otros, ¿deben dar cuenta de todo, hasta el último céntimo?

PEQUEÑO TEATRO

Los prejuicios, en sus infinitas variedades, existen en toda sociedad, y el tema puede ser comentado durante muchas horas sin agotarlo. La historia, la prensa diaria y la vida en general nos ofrecen caso tras caso, y sobre ellos se puede hablar analizando sus posibles causas y explicaciones.

1. ¿Cómo se explica el prejuicio contra las bebidas alcohólicas, típico de la sociedad protestante puritana? ¿A qué extremos ridículos llegó ese prejuicio en los Estados Unidos?

2. ¿Y los prejuicios contra las minorías étnicas? ¿O contra otras razas? ¿Por qué alguna gente se pregunta si algún día habrá un presidente judío en los Estados Unidos? ¿Por qué alguna gente consideró que el catolicismo de John F. Kennedy podía ser un problema?

3. Si algún miembro de la clase viajó por el extranjero, ¿encontró algún prejuicio contra los norteamericanos? ¿Cómo se expresó ese prejuicio? ¿Cómo lo explica?

4. ¿Por qué, en muchos casos, los hijos de los inmigrantes no quieren hablar la lengua de sus padres?

5. ¿Por qué mucha gente siente desconfianza hacia todo lo que es «diferente»?

6. A veces los prejuicios se expresan de una forma muy sutil. ¿Cuáles son esas formas sutiles? ¿Es posible tener prejuicios sin darse cuenta de que se tienen?

Las preguntas son muchas, y las respuestas también, y hay opiniones para todos los gustos.

SEA USTED MI INTERPRETE, POR FAVOR

1. We are talking about religious prejudice. Why do you bring racism into the conversation?
2. Why don't you face the situation?
3. Do you think that heredity has nothing to do with intelligence?
4. Why do you say he has the manners of a *nouveau riche*?
5. What is the American melting pot?
6. What is more important, heredity or environment?
7. Do you use derogatory words?
8. Don't you think you should avoid those derogatory terms?
9. Do foreign accents bother you?
10. Do you know of any case of discrimination in reverse?
11. Do you know how to fix your car?

CUESTIONES GRAMATICALES

USO DE: **por** y **para** (II)

En la lección anterior hemos visto que **por** y **para** contrastan en estas situaciones:

Por		Para
A	Razón	Propósito
B	Razón	Sorpresa
C	Tránsito por el tiempo	Propósito
D	Tránsito por el espacio	Destino
E	Tiempo impreciso	Tiempo límite

Veamos otros contrastes.

CONTRASTE F: **Tránsito de** $\begin{cases} \text{objetos} \\ \text{personas} \end{cases}$ (*por*)—**Propósito** (*para*)

Tránsito de objetos quiere decir que algo cambia de manos, como cuando se compra o cambia algo.

Tránsito de personas indica sustitución de una persona por otra.

Tránsito de objetos (**por**)

Pagué $150 por el billete de avión (= a cambio del billete).

Cambié el boleto de avión por un billete de tren.

Propósito (**para**)

Pagué $150 para adquirir el billete de avión (= con el propósito de adquirirlo).

Cambié el boleto de avión para adquirir en su lugar un billete de tren.

Tránsito de personas (**por**)

Trabajo por mi hermano (= en lugar de mi hermano).

El embajador habla por su gobierno (= en lugar de su gobierno).

Propósito (**para**)

Trabajo para mi hermano (= mi hermano es mi jefe).

El embajador habla para su gobierno (= con la intención de que su gobierno lo escuche).

Al usar **por** para expresar el tránsito (= la sustitución) de personas nos encontramos con una ambigüedad del español. «Trabajo por mi hermano» significa:

Trabajo en lugar de mi hermano. = tránsito
Trabajo porque mi hermano lo quiere. = razón
Trabajo porque mi hermano lo necesita. = razón
Trabajo gracias a mi hermano. = razón

Solamente el contexto puede indicar claramente cuál de las tres ideas estoy expresando.

PRACTICA

Vamos a eliminar las palabras subrayadas, y poner en su lugar **por** o **para,** sin cambiar el sentido de la frase.

MODELO
Trabaja en lugar de su hermano, que está enfermo.
Trabaja por su hermano, que está enfermo.

1. A cambio de mi trabajo me pagan bien. *para*
2. Cambió el adjetivo gachupín y en su lugar escribió español. *por*
3. Siempre dice franchute cuando quiere decir francés. *para*
4. No tiene autorización para hablar en lugar de mi padre. *por*
5. ¿Por qué no dejas tu puesto y vienes a trabajar en mi negocio? (... mí.) *para*
6. Gracias a mis méritos me dieron el puesto. *por*

CONTRASTE G: **Opinión** (*por*)—**Opinión** (*para*)

Tanto **por** como **para** sirven para expresar una opinión. El contraste está en las palabras que rodean a estas dos preposiciones.

$$\left. \begin{array}{l} tomar + por \\ tener + por \end{array} \right\} + adjetivo \qquad para + \left\{ \begin{array}{l} nombre \\ pronombre \end{array} \right\} + verbo$$

Te tengo por sexista (= en mi opinión eres sexista).

Para mí eres sexista.

Todos lo tienen por liberal.

Para todos es liberal.

Mi hermano tomó a mi amiga por inglesa (= creyó que era inglesa).

Para mi hermano, mi amiga era inglesa.

Cada par de frases tiene el mismo sentido, expresado de modo diferente.

PRACTICA

Vamos a cambiar las frases siguientes usando una cualquiera de las estructuras estudiadas en este contraste. Para cada frase hay tres posibilidades.

MODELO
Te considero una persona culta.
Te tengo por una persona culta.
Te tomo por una persona culta.
Para mí, eres una persona culta.

1. Como es rubio, todos creyeron que era alemán.
2. Mi primera impresión fue que él era inglés.
3. En mi opinión, eres radical.
4. Consideramos que es muy conservador.
5. Es argentino, pero habla con acento británico y todos creen que es inglés.
6. Tú creíste que soy argentino, pero soy uruguayo.

CONTRASTE H: **estar por** + *infinitivo:* **intención vaga**
          estar para + *infinitivo:* **prontitud**

Intención vaga (**por**)
Estoy por ir al café (= estoy pensando en ir al café).

Prontitud (**para**)
Estoy para ir al café (= a punto de salir hacia el café).

Estamos por ir al cine (= estamos jugando con la idea de ir al cine).

Estamos para ir al cine (= listos para ir al cine).

PRACTICA

Vamos a eliminar las palabras subrayadas y usar en su lugar **estar por** o **estar para,** sin cambiar el sentido de las frases.

MODELO
No vengas porque en este momento voy a salir hacia tu casa.
No vengas porque estoy para salir hacia tu casa.

1. Tengo el vago proyecto de ir a Chile.
2. Es muy pedante, y estoy pensando en decirle lo que pienso de él.
3. La situación es muy tensa, y en cualquier momento puede explotar.
4. Iré a Italia el año próximo, y estoy pensando en estudiar italiano.
5. Cuando llegué, estaban a punto de irse.
6. Los militares tienen todo preparado con el objeto de hacer una revolución.

I USOS SIN CONTRASTE

Hay casos en los que el uso de **por** no está en contraste con el uso de **para,** y a la inversa. No hay, por tanto, paralelismos que puedan ofrecer dificultades.

Acción sin terminar: por + *infinitivo*

Tengo tres lecciones por estudiar (= sin estudiar).
Hay muchos problemas por resolver (= sin resolver).

Voz pasiva:

El nuevo rico fue rechazado por los miembros del club.
Los judíos fueron expulsados por los Reyes Católicos.
La ciudad fue destruída por la aviación.

Una frase en voz pasiva puede parecer que está seguida por la preposición **para.** Lo que sucede es que no se dice quién hizo la acción: La novela fue escrita (por el autor) para niños.

Repetición insistente: *nombre* + por + *nombre*

El censor examinó el editorial palabra por palabra (= palabra tras palabra; una palabra detrás de otra).
Repitió lo que yo dije, frase por frase.

Expresión de cantidades:

El banco paga el 5% (cinco por ciento) de interés.
El nuevo rico quería una biblioteca, y compró los libros por kilos.
Los huevos se venden por docenas.

RESUMEN

CONTRASTES

Por	Para
A Razón: Habla por hablar.	**Propósito:** Habla para convencer.
B Razón: Por ser hombre tiene barba.	**Sorpresa:** Para ser hombre, tiene poca barba.
C Tránsito por el tiempo: Voy allá por tres meses.	**Propósito:** Voy allá para (estar) tres meses.
D Tránsito por el espacio: Voy a México por El Paso.	**Destino:** Voy para México.
E Tiempo impreciso: Llegaron por Navidad.	**Tiempo límite:** Llegarán para Navidad.
F Tránsito de objetos o personas: Cambié el coche viejo por uno nuevo. El habló por todos.	**Propósito:** Vendí el coche viejo para comprar uno nuevo. El habló para todos.
G Opinión: Te tengo por inteligente.	**Opinión:** Para mí, eres inteligente.
H Intención vaga: Estoy por salir.	**Prontitud:** Estoy para salir.

I USOS SIN CONTRASTE:

Acción sin terminar: El trabajo está por hacer.
Voz pasiva: La novela fue adaptada al cine por un guionista.
Repetición insistente: Lo aprendí todo línea por línea.
Expresión de cantidades: Compra los cigarrillos por cartones.

PRACTICA DE TODOS LOS CASOS

Vamos a usar **por** o **para** en lugar de las palabras subrayadas, sin cambiar el sentido de las frases.

1. Recitó todo el poema verso tras verso.
2. Pienso estar en Paraguay durante un año.
3. Porque es rico tiene muchos amigos.
4. Estoy pensando que quizá debiera aprender árabe.
5. Todos se fueron hacia Venezuela.
6. Di siete dólares a cambio de este libro.
7. Son las tres, y la cama sin hacer.
8. Considerando que es vienés, baila muy mal el vals.
9. Se divorció de él porque es un faldero.
10. Llegarán lo más tardar a fines de junio.
11. No voy a verte ahora porque sé que estás a punto de marchar.
12. Iré a Guatemala atravesando México.
13. Sus palabras eran destinadas a todos.
14. Llegaron más o menos el Día de Acción de Gracias.
15. Toda la familia salió con dirección a Puerto Rico.

EL ARTE DE LA COMPOSICION

PARA USAR EN LA COMPOSICION

1. Los prejuicios
la discriminación (a la inversa)
el, la racista
el medio ambiente
los caracteres { hereditarios / genéticos
la convivencia
el matrimonio mixto

el nuevo rico
la riqueza heredada
el nivel de cultura
el obstáculo insalvable

el grado } de { cultura
el nivel }   { educación
            { riqueza
            { etc.

la hermandad universal
la meta
el crisol americano
la intransigencia
   el, la intransigente
el gachupín, la gachupina
el socio, la socia

2. *Expresiones verbales*
levantar el vuelo
sacar de quicio
ser otro cantar
traer a cuento
agotar (se)
enfrentarse con
conseguir
(no) tener (nada) que ver con
no ser (nada) más que
mirar
fijar(se)
sujetar

afianzar
preparar
reparar
arreglar
castigar
ajustarle ⎫
arreglarle ⎬ las cuentas a alguien
dar(se) cuenta de

3. *Otras expresiones*
el viaje ⎫
el billete ⎬ (de ida y vuelta)
el término, la palabra
la muestra
en cambio
resulta que
en cuanto a
el idioma
por
para

LA TECNICA DEL RETRATO

Según el diccionario de la Real Academia Española, un retrato es «la descripción de la figura o carácter de una persona». Esta definición del retrato se refiere, naturalmente, al retrato en la literatura, no en la pintura, y nos ofrece varias posibilidades:

1. Descripción de la figura, es decir, del aspecto físico de una persona:

Estefanía no es ni alta ni baja, ni fea ni bonita y, al andar, se mueve con la gracia de un animalito del bosque.

En pocas líneas hemos dicho que Estefanía es una mujer de tipo medio. Pero, ¿qué edad tiene? Sabemos que se mueve con movimientos graciosos, como un animalito. Comparar a una persona con un animal no es muy halagador, pero el diminutivo, animalito, hace que la comparación no sea insultante. Añadimos, además: un animalito del bosque, y el resultado es un elogio, no un insulto. Al mismo tiempo, estamos diciendo que Estefanía es muy joven.

2. Descripción del carácter, de la manera de ser de una persona:

Estefanía es alegre y habladora. Casi nunca se incomoda; pero, cuando lo hace, los ojos le brillan como si tuviera en ellos toda la furia del mundo. Sus incomodos, sin embargo, duran poco, y pronto vuelve a ser la Estefanía de siempre, habladora y alegre.

En este párrafo hemos descrito el carácter de Estefanía, sin hablar de su aspecto físico. Así como la gracia de movimientos es, en general, privilegio de la juventud, el ser habladora y alegre no lo es. Estefanía, en este párrafo, puede ser joven o vieja. Para destacar, además, la simpatía del personaje, hemos usado una técnica circular; los dos adjetivos finales son los mismos de la primera línea, en diferente orden: Estefanía es alegre y habladora . . . habladora y alegre.

3. Descripción, de la figura y del carácter de una persona. En la descripción de Estefanía podríamos, simplemente, poner el párrafo 2 inmediatamente después del párrafo 1. Pero también podemos intentar integrarlos en un solo párrafo:

Estefanía no es ni alta ni baja, ni fea ni bonita. Es alegre y habladora, y casi nunca se incomoda; pero, cuando lo hace, los ojos le brillan como si tuviera en ellos toda la furia del mundo. Sus incomodos, sin embargo, duran poco, y pronto vuelve a ser la Estefanía de siempre, habladora y alegre, que al andar se mueve con la gracia de un animalito del bosque.

El personaje aparece así como una joven que, sin ser bonita, es atractiva, con una combinación de simpatía natural y de carácter fuerte.

Todo esto no quiere decir que sólo haya tres formas de hacer un retrato. Al escribir experimentamos con el idioma, buscamos enfoques nuevos (¿los hay?), expresamos nuestra personalidad. Los escritores pueden hacer lo que quieran. Que el resultado sea bueno o malo . . . eso ya es otro cantar. El escritor español, Ramón del Valle Inclán (1866–1936) creó un personaje, el Marqués de Bradomín, y lo retrató magistralmente con muy pocas palabras: «Era feo, católico y sentimental».

PRACTICA

Hacer la descripción de una persona a quien usted conozca bien. Y, por favor, no siga el modelo de Valle Inclán. Escriba una descripción de más de cinco palabras. Muchas más.

POSIBLES TEMAS PARA UNA COMPOSICION

1. La sociedad norteamericana, sociedad multicultural.
2. Relaciones entre el multiculturalismo y la existencia de prejuicios.
3. El prejuicio contra lo extranjero.

4. El prejuicio contra lo diferente.
5. Los prejuicios de clase.
6. Los prejuicios religiosos.
7. Los prejuicios y la historia.
8. Los prejuicios y la educación.
9. Los prejuicios y la inmigración.
10. El pluriculturalismo, elemento positivo en una sociedad.
11. El pluriculturalismo, un problema social.
12. La discriminación a la inversa, ¿nueva forma de prejuicio?
13. Discriminación dentro de la discriminación: los prejuicios de clase dentro de los grupos minoritarios.
14. El crisol americano, ¿leyenda o realidad?
15. El bilingüismo, riqueza cultural.
16. El español en los Estados Unidos.
17. El francés en los Estados Unidos.
18. Lenguas habladas en los Estados Unidos.
19. El acento extranjero: consecuencias sociales.

Lección 8 | El cine

Haciendo cola para comprar entradas en un cine de Madrid.

Personaje nuevo: María Luisa, hija del matrimonio hispano.

HOWARD. María Luisa, si no tienes plan para esta tarde, te invito a ir al cine. Podemos ir a **una película policiaca**[1]. La del cine Rex es buena. Puedo reservar **los boletos**[2] por teléfono, y vamos después de cenar.

MARÍA LUISA. Estupendo. **Me encantan**[3] las películas de policías y ladrones, ésas de buenos y malos, y muchos **tiros**[4] y todo eso.

HOWARD. ¡Vaya! ¡Ayer **te quejabas**[5] de la violencia que hay por todas partes, y ahora resulta que te gustan las películas de tiros!

MARÍA LUISA. Contradicciones de la naturaleza humana, **supongo**[6].

HOWARD. Si prefieres, podemos ver la cartelera en el diario para encontrar otra película cualquiera. Una de **vaqueros**[7], por ejemplo.

MARÍA LUISA. ¡Ah, no! **Ya que**[8] estoy en América espero ver vaqueros **de verdad**[9], en la realidad, no en **la pantalla**[10].

HOWARD. Será difícil, me parece. ¡Y pensar tú en España te reías de mí porque yo esperaba encontrar **toreros y gitanos**[11] a la **vuelta de cada esquina**[12]!

MARÍA LUISA. **Tienes razón**[13], Howard. A veces es difícil no repetir esos tópicos.

HOWARD. Bueno, la cuestión es que encontremos una buena película.

MARÍA LUISA. Oye, a propósito, ¿qué artista te gusta más?

HOWARD. ¿Artista? Pues . . . Picasso.

MARÍA LUISA. No, hombre, no. **Me refiero a**[14] los artistas de cine.

HOWARD. ¡Ah! Es que en inglés cuando se dice *artist* se piensa en los pintores, los escultores y otra gente así.

MARÍA LUISA. Bueno, esos también son artistas, pero en español, cuando se dice artista, se piensa en los actores y actrices de cine.

HOWARD. De teatro, ¿también?

MARÍA LUISA. Pues mira, ahora que lo mencionas . . . **tiene gracia**[15], a esos les llamamos casi siempre actores y actrices.

HOWARD. Bueno, ya aprendí algo nuevo hoy. ¡Oye! **por cierto**[16] ¿cómo se llaman las películas que tienen dibujos en lugar de personas?

[1]película de detectives
[2]papelitos que dan derecho a entrar en el cine; en España: las entradas
[3]me gustan mucho
[4]disparos (de pistola, revólver y otras armas de fuego)
[5]te lamentabas
[6]infinitivo: suponer
[7]*cowboys*
[8]considerando que
[9]verdaderos
[10]superficie blanca sobre la que se proyectan las películas
[11]*bullfighters, gypsies*
[12]en todas partes
[13]estás en lo cierto
[14]quiero decir
[15]es gracioso
[16]a propósito; ahora que hablamos de esto

MARÍA LUISA. Dibujos animados. Cuando era niña, me gustaban a más no poder[17], y todavía me siguen gustando[18], pero ahora prefiero las películas de miedo[19] cuando quiero distraerme[20], y las películas serias cuando quiero pensar.

HOWARD. Eso de las películas «serias» debe ser lo que aquí llamanos *art movies*. En general son películas europeas.

MARÍA LUISA. También hay alguna norteamericana que vale la pena[21]. Francamente, en español no les llamamos de ninguna manera especial. Dije «serias» por decir algo. Son películas buenas, y en paz[22]. Bueno, a veces se habla de películas de arte y ensayo.

HOWARD. Bueno, ¿sobre qué hora vamos a salir[23]?

MARÍA LUISA. No sé. Tú dirás[24]. Yo no sé a qué hora son las funciones[25] aquí.

HOWARD. Creo que si salimos a las seis y media tendremos tiempo de sobra. Claro que si hay mucha gente, tendremos que hacer cola[26] delante de la taquilla[27].

MARÍA LUISA. Hoy es día de semana, y por mucha gente que haya, nunca será demasiada.

HOWARD. Quizá. Y si tenemos que ponernos a la cola[28], paciencia.

MARÍA LUISA. De acuerdo. Voy a buscar la sección de espectáculos del periódico de hoy. Si no encontramos nada mejor, vamos a esa película policiaca que dijiste antes.

[17]muchísimo
[18]y aún me gustan
[19]de terror
[20]divertirme, olvidar mis problemas

[21]que vale la pena verla; que merece ser vista
[22]y eso es todo
[23]¿a qué hora, aproximadamente, vamos a salir?
[24]decide tú
[25]las sesiones
[26]ponerse en fila, una persona detrás de otra
[27]ventanilla donde se compran las entradas; en Hispanoamérica: boletería
[28]si tenemos que hacer cola

PRACTICA INDIVIDUAL

Cuestionario para una encuesta.

1. ¿Qué prefiere ver, *películas policiacas, de vaqueros* o *de miedo?* (1, 7 y 19)
2. *¿Le encantan* las películas *de tiros,* o *se queja* de la violencia que hay en el cine? (3, 4 y 5)
3. *Ya que estamos* hablando de películas de vaqueros, ¿cree usted que en el oeste de los Estados Unidos todavía hay vaqueros *de verdad,* o que sólo existen en *la pantalla?* (8, 9 y 10)
4. Si alguien dice que en el oeste de los Estados Unidos se encuentran vaqueros *a la vuelta de cada esquina, ¿tiene razón?* (12 y 13)
5. Si usted fuera a España, ¿esperaría encontrar *toreros y gitanos a la vuelta de cada esquina?* (11 y 12)
6. Cuando habla de las películas que *le gustan a más no poder, ¿a cuáles se refiere?* (17 y 14)

7. Cuando quiere *distraerse,* ¿ve una película *de dibujos animados,* o ve otro tipo de película? ¿Qué ve? (20; explicado en el diálogo)

8. El cine de hoy, ¿es interesante? ¿Cree usted que *vale la pena* ir al cine? (21)

9. *¿Sobre qué hora* son *las funciones* de cine en su ciudad? (24 y 26)

10. ¿Qué tiene que *hacer* delante de *la taquilla* cuando hay mucha gente? (28)

11. Cuando hay mucha gente *haciendo cola,* ¿*se pone usted a la cola* o prefiere volver otro día? (27 y 29)

Comentarios sobre los resultados de la encuesta.

1. ¿Qué películas son más populares, las policiacas, las de vaqueros o las de miedo?

2. ¿A cuántos les encantan las películas de tiros, y cuántos se quejan de la violencia que hay en el cine?

3. Ya que hablamos de películas, ¿cuántos creen que en los Estados Unidos hay vaqueros de verdad, y cuántos creen que sólo existen en la pantalla?

4. En el oeste de los Estados Unidos hay vaqueros a la vuelta de cada esquina. ¿Cuántos creen que tengo razón?

Con otras preguntas por el estilo, los estudiantes deben practicar el resto de las expresiones nuevas.

PRACTICA GENERAL

1. ¿Sería una buena idea prohibir la violencia en el cine y en la televisión?

2. ¿Es el cine europeo mejor que el norteamericano?

3. ¿Creen ustedes que las películas norteamericanas reflejan bien la vida en los Estados Unidos?

4. ¿Qué creen que es más importante en el cine, el trabajo de los artistas o el de los directores?

AMPLIACION DE VOCABULARIO

A 1. Cuando apareció el cine, se le llamó «el séptimo arte». Las primeras películas eran **mudas** (sin sonido) y **en blanco y negro,** y **la música de fondo** era proporcionada por un pianista que tocaba el piano en la misma **sala** (habitación grande) donde se proyectaba la película.

Luego la pantalla empezó a hablar: apareció **el cine sonoro** gracias al invento de **la banda de sonido** que permitió **grabar** la música y las palabras de los artistas. Muchas películas eran distribuidas por todo el mundo, y para que el público que no comprendía la lengua de los personajes pudiera seguir **el argumento** (la intriga, la historia) se añadieron **los subtítulos**. Más tarde se añadió una nueva banda de sonido y, como por arte de magia, los artistas hablaron otras lenguas: había nacido **el doblaje**. **Doblar** bien una película es un arte muy difícil, que **exige** (requiere) gran habilidad y una técnica muy refinada.

El cine mudo ha tenido grandes artistas, y todavía se proyectan en Festivales y en Cine-clubs algunas películas mudas. ¿Ha visto alguna? ¿Le pareció una obra de arte o una simple curiosidad? ¿Sabe los nombres de algunos de los grandes actores y actrices del cine mudo? Cuando ve una película extranjera sin doblar, ¿le molesta tener que leer los subtítulos? ¿Prefiere ver la misma película doblada? ¿No cree que la voz de un artista es una parte muy importante de su arte, y que no se le debe privar de él? Piense en un artista que, en su opinión, tenga una magnífica voz, y una dicción y entonación perfectas. ¿Puede imaginarse el verlo o verla en la pantalla y oír una voz que no es la suya? ¿Qué problemas técnicos le parecen más difíciles en el doblaje de una película?

2. En **los años treinta** Hollywood fue «la Meca» del cine. **Los astros** y **las estrellas** (los artistas más populares) de la pantalla se convirtieron en seres legendarios, conocidos en todo el mundo. **Las casas productoras** de Hollywood lanzaron grandes superproducciones en las que participaban miles de extras. En **los estudios cinematográficos** se construyeron grandes **decorados** que reproducían desde un circo romano hasta una selva tropical. Las películas de **tema** histórico y de tema bíblico se hicieron muy populares, y los astros y estrellas de aquella época ganaron sumas fabulosas.

Después de la Segunda Guerra Mundial **surgió** (apareció) un nuevo tipo de cine: películas **rodadas** (filmadas) en las calles, con artistas desconocidos . . . un cine realista iniciado por los directores italianos que, con sus estudios destruidos por la guerra, **se echaron a la calle** (salieron a la calle) con sus **cámaras** cinematográficas al hombro y filmaron la vida **tal como es** (sin artificios).

¿Sabe quién es Greta Garbo? ¿Ha visto alguna de sus películas? ¿Por qué cree que terminó «la época dorada» de Hollywood? ¿Es que cambiaron los gustos del público? ¿O es que los europeos hicieron mejores películas? ¿Cree que las películas europeas son más «intelectuales» que las norteamericanas? ¿Con qué artista le gustaría trabajar en una película? ¿Qué considera más difícil, ¿ser artista o director?

3. En la actualidad casi todas las películas son filmadas **en color** (o: **a colores**), y las co-producciones (películas hechas por gente de varios países) son muy frecuentes: películas franco-italianas, italo-germanas, franco-españolas, anglo-francesas . . . Muchas películas **de vaqueros** (o: **del Oeste**) son hechas en España por grupos hispano-italianos, con algunos artistas norteamericanos. Los productores buscan el éxito internacional presentando sus películas en **los Festivales Cinematográficos Internacionales,** como el de Cannes, de San Sebastián, Berlín o San Francisco. Cuando reciben algún **premio,** el éxito comercial de la película está casi garantizado. Si la película es mala, el público dice: es **una lata** (muy aburrida) y la película **fracasa** (no tiene éxito) porque **el guión** (*script*), los actores o el director son malos.

> ¿Le parece extraño que muchas películas de vaqueros estén hechas por extranjeros? ¿Cree que sólo los norteamericanos pueden hacerlas bien? ¿Qué es el Premio Oscar? ¿Cree que siempre está bien dado? ¿Ha visto últimamente alguna película que hubiera recibido muchos premios y que, sin embargo, a Vd. le pareció una lata?

B **Un teatro** es un local donde **se representan obras de teatro. Un cine** es un local donde **se proyectan** películas. Las obras de teatro están divididas en actos, y entre ellos hay **entreactos.** Cuando una película es muy larga se puede dividir en varias partes, y entre ellas hay **descansos** o **intermedios.**

Si un espectáculo tiene un gran éxito, se agotan **las entradas** (se terminan **los boletos**). A veces es posible comprárselos a **los revendedores** (personas que compran muchas entradas y luego las venden a un precio más alto). Algunos cines funcionan todo el día sin interrupción: son cines **de sesión continua.** Al principio o al final de la película aparece **el reparto,** con los nombres de los artistas, el director, etc.

En general, **las localidades** (las entradas, los boletos) están **sin numerar** (cada espectador se sienta donde quiere), pero en las **funciones de estreno** (cuando la película es presentada por primera vez), y en las funciones **de gala,** las entradas están **numeradas.**

> Cuando va al cine, ¿le interesa leer el reparto para saber quién hizo qué, o cree que el reparto no tiene interés? ¿Cree que un buen director y unos buenos artistas pueden hacer una buena película con un mal guión? Al contrario, ¿cree que un mal director puede matar un buen guión? ¿Le gusta ver las versiones cinematográficas de las grandes obras de la literatura universal? ¿Cree que una novela siempre «pierde» al ser llevada al cine? Y una buena obra de teatro ¿puede dar una

buena película? Si tuviera que dirigir o actuar en una película basada en alguna gran novela, ¿qué novela escogería? Y si tuviera que representar el papel de algún personaje histórico, ¿quién sería ese personaje?

DIFICULTADES Y EJERCICIOS

USO DE: **doler, dolerle** (algo a alguien); **lastimar, lastimarse; herir, herirse**

doler (causar, sentir dolor) ———— *to hurt (to ache)*

dolerle $\left\{ \begin{array}{l} \text{(algo a alguien) (=} \\ \text{causarle dolor a alguien;} \\ \text{sentir dolor en)} \end{array} \right\}$ *to hurt (to cause pain)*

lastimar (hacer daño) ———— *to hurt*

lastimarse (hacerse daño) ———— *to hurt oneself*

herir ———————————— *to hurt (to wound)*

herirse ———————————— *to hurt oneself (to wound oneself)*

PRACTICA

¿Qué *causa más dolor*? ¿Ir al dentista o pagar la cuenta?

¿Qué **duele** más? ¿Ir al dentista o pagar la cuenta?

¿Dónde *sientes dolor*? ¿Te *causa dolor* la cabeza?

¿Dónde **te duele**? ¿**Te duele** la cabeza?

No, *siento dolor en* el cuello.

No, **me duele** el cuello.

Cuando juegues con el perrito, ten cuidado. Es muy pequeño y puedes *hacerle daño*.

Cuando juegues con el perrito ten cuidado. Es muy pequeño y puedes **lastimarlo**.

Caí por la escalera y me *hice daño en una* pierna.

Caí por la escalera y **me lastimé** una pierna.

La bala le *causó una herida en* el brazo.

La bala **le hirió** el brazo.

El soldado se *causó una herida* con su propia bayoneta.

El soldado **se hirió** con su propia bayoneta.

Durante el rodaje de la película el artista se cayó del caballo y se *hizo daño en* una pierna.

Filming

Durante el rodaje de la película el artista se cayó del caballo y _se lastimó_ una pierna.

Dice que la rodilla le *causa* mucho *dolor.*

Dice que la rodilla _le duele_ mucho.

Cuando *causan dolor* las muelas es imposible trabajar.

Cuando _duelen_ las muelas es imposible trabajar.

La bala *causó una herida* al policía.

La bala _hirió_ al policía.

Estas botas son demasiado pequeñas para mí, y me *hacen daño.*

Estas botas son demasiado pequeñas para mí, y me ~~lastiman~~ _duelen_

Cuando los zapatos *hacen daño,* es difícil andar.

Cuando los zapatos ~~hacen~~ _lastiman,_ es difícil andar.

Al bandido se le disparó su propio revólver y se *causó una herida* en un hombro.

Al bandido se le disparó su propio revólver y _se le hirió_ en un hombro.

PRACTICANDO AL CONTESTAR

Cuando duele alguna parte del cuerpo, ¿cree que es mejor dejar que la naturaleza siga su curso, o se debe ir a ver al médico? ¿Se ha lastimado alguna vez practicando algún deporte? ¿Qué piensa de la gente que, conscientemente, hiere los sentimientos de otras personas?

USO DE: **tener razón, no tener razón; estar equivocado; darle la razón a** alguien

tener razón (= estar en lo cierto) ———————— *to be right*

no tener razón ———————————— *to be wrong*

estar equivocado
equivocarse } (= estar en un error) ——— *to be mistaken*

darle la razón a alguien (= conceder _____ *to agree (that the other* que la otra persona está en lo cierto) *person is right)*

El crítico de teatro **tiene razón**: esta obra es muy mala. Otras veces yo **no he estado de acuerdo con** sus críticas, pero esta vez tengo que **darle la razón**, y creo que **no me equivoco** al hacerlo.

PRACTICA

Cuando el director de la película cree *estar en lo cierto*, es muy difícil hacerle cambiar de opinión.

Cuando el director de la película cree **tener razón** es muy difícil hacerle cambiar de opinión.

Lo peor es que a veces cree *estar en lo cierto*, pero no lo está.

Lo peor es que a veces cree **tener razón**, pero no la tiene.

Concedo que estás en lo cierto; es mejor que vayamos a una película policiaca.

Te doy la razón; es mejor que vayamos a una película policiaca.

Concedo que tu hermano *está en lo cierto;* esta película es una lata.

Le doy la razón a tu hermano (o: tu hermano **tiene razón**); esta película es una lata.

Estás *en un error;* en ese cine las entradas siempre están numeradas.

Estás **equivocado;** en ese cine las entradas siempre están numeradas.

Tus amigos *estaban en lo cierto;* se agotaron las entradas.

Tus amigos _tenía razón_; se agotaron las entradas.

Creí que esta película estaba doblada, pero estaba *en un error;* está en inglés.

Creí que esta película estaba doblada, pero _me equivoqué_; está en inglés.

Concedo que estás en lo cierto; esta película es más interesante que la que vimos ayer.

Te doy la razón; esta película es más interesante que la que vimos ayer.

Estás *en un error.* La música de fondo no está inspirada en una sinfonía de Mozart.

Estás _equivocado_ La música de fondo no está inspirada en una sinfonía de Mozart.

Concedo que están ustedes *en lo cierto;* esta película debía haber sido filmada en color.

Les doy la razón; esta película debía haber sido filmada en color.

PRACTICANDO AL CONTESTAR

¿Cree que tienen razón los que dicen que es imposible ser, a la vez, buen actor de teatro y buen actor de cine? Cuando está hablando con sus amigos ¿le molesta que le digan que no tiene razón en lo que dice? Cuando alguien dice algo y está equivocado, ¿se lo dice, o cree que es más discreto no decirle nada? ¿Está de acuerdo con la frase «mi país ante todo, con razón o sin ella»?

USO DE: **equivocarse de** + nombre; **confundirse de** + nombre; **usar frases equívocas** (ambiguas)

equivocarse de + nombre
confundirse de + nombre $\Big\}$ verb + *the wrong* + noun

usar frases $\Big\{$ **equívocas** $\Big\}$ *to equivocate, to use ambiguous*
$\phantom{usar frases \{}$ **ambiguas** $}$ *language*

Queríamos ver una película de vaqueros, pero **nos equivocamos** (**nos confundimos**) **de** cine y terminamos viendo una película policiaca. Luego leímos la crítica en el periódico; el crítico usaba unas **frases ambiguas** (**equívocas**) que, en realidad, no decían nada.

PRACTICA

Quise llamar por teléfono a la taquilla del Cine Rex pero, sin querer (involuntariamente), marqué otro número: era un restaurante. Me *equivoqué* de número.

Quise llamar por teléfono a la taquilla del Cine Rex pero, sin querer, marqué otro número: era un restaurante. **Me confundí de** número.

Me dijeron: lo siento, se *confundió* de número.

Me dijeron: lo siento, **se equivocó** de número.

Ese senador quiere contentar a todos y nunca da contestaciones directas: siempre usa frases *ambiguas*.

Ese senador quiere contentar a todos y nunca da contestaciones directas: siempre usa frases **equívocas**.

Llegamos tarde al teatro porque nos *confundimos* de autobús.

Llegamos tarde al teatro porque _____ autobús.

Te pedí que sacaras entradas para el Cine Rex y las sacaste para el Regal. Te *confundiste* de cine.

Te pedí que sacaras entradas para el Cine Rex y las sacaste para el Regal. *te equivocaste* de cine.

Vivo en el cuarto piso. Cuando vengas, no te *equivoques* de piso, como la última vez.

Vivo en el cuarto piso. Cuando vengas, no te *confundas* de piso, como la última vez.

Contesta sí o no, y no uses frases *ambiguas*.

Contesta sí o no, y no uses frases *equívocas*

Mi casa y la casa del vecino son muy parecidas, y muchas veces mis

Mi casa y la casa del vecino son muy parecidas, y muchas veces mis

amigos se *confunden* de casa y llaman a su puerta.

amigos _se equivocaron_ casa y llaman a su puerta.

PRACTICANDO AL CONTESTAR

¿Recuerda con facilidad el nombre de las personas a las que conoce sólo superficialmente, o se equivoca de nombre cuando las ve después de una larga ausencia? Cuando está en una ciudad que conoce mal, ¿tiene buena memoria visual para reconocer las calles, o se equivoca de calle con facilidad? ¿Le molesta cuando alguien se equivoca de nombre y le llama por un nombre que no es el suyo? ¿Qué piensa de la gente que nunca da una respuesta directa y siempre contesta son frases ambiguas?

USO DE: equivalentes españoles de la palabra inglesa *wrong*

En inglés la palabra *wrong* tiene varias funciones gramaticales, y a veces es difícil encontrar el equivalente adecuado en español. Estos son los problemas más frecuentes:

1. *Wrong* (adjetivo), usado para indicar que se ha cometido un error. La mejor solución es utilizar la forma **equivocarse de**, estudiada antes. Con esa forma coexisten otras dos posibilidades: el uso del adjetivo **equivocado, equivocada**, y el uso de la expresión **que no es (era)**:

Me equivoqué de número.	
Marqué un número **equivocado.**	*I dialed the wrong number.*
Marqué un número **que no era.**	

La última forma es una abreviación de la idea: que no era (el número que quería marcar).

PRACTICA

Me equivoqué de autobús.

Cogí (Tomé) un autobús **equivocado.**

Cogí (Tomé) un autobús **que no era.**

Me equivoqué de casa.

Llamé a una casa _____

Nos equivocamos de dirección.

Fuimos a una dirección _____

El libro que me trajiste no es el que te pedí. *Te equivocaste de* libro.

El libro que me trajiste no es el que te pedí. Me trajiste _____

2. *wrong* (adjetivo) = *not to be the appropriate* + noun.

Este no es el momento
$\left\{ \begin{array}{l} \textbf{adecuado} \\ \textbf{apropiado} \\ \textbf{indicado} \end{array} \right\}$
This is the wrong time to discuss politics.

para hablar de política.

PRACTICA

No soy la persona *adecuada* para ese tipo de trabajo.

No soy la persona **apropiada** para ese tipo de trabajo.

Este no es el lugar *apropiado* para ponerse romántico.

Este no es el lugar _____ para ponerse romántico.

Tú no eres la persona *indicada* para juzgar mi conducta.

Tú no eres la persona _____ para juzgar mi conducta.

Esa no es la película *adecuada* para un niño de diez años.

Esa no es la película _____ para un niño de diez años.

Como se puede ver, el español usa la forma negativa. La forma afirmativa corresponde a la forma inglesa *to be the right* + noun:

Eres la persona adecuada para ese trabajo.

You are the right person for that job.

3. *wrong* (adjetivo) cuando indica un juicio ético o moral:

Hizo
$\left\{ \begin{array}{l} \textbf{algo malo} \\ \textbf{lo que no debía} \end{array} \right\}$
y lo pagó.
He did something wrong and he paid for it.

PRACTICA

¿Dije *lo que no debía*?
Es incorregible. Siempre hace *lo que no debe.*

¿Dije **algo malo**?
Es incorregible. Siempre hace ____
_____

Nos acusan de hacer siempre *lo que no debemos.*

Nos acusan de hacer siempre _____
_____

¡Qué mala opinión tienes de mí! Crees que siempre hago *algo malo.*

¡Qué mala opinión tienes de mí! Crees que siempre hago _____

4. *wrong* (adjetivo) = *unfair:*

No debías haberlo despedido.
Has sido injusto.
No has sido justo.

You should not have fired him.

You have been wrong (unfair).

PRACTICA

La película no es tan mala como él dice. Su crítica *no es justa.*	La película no es tan mala como él dice. Su crítica es **injusta.**
El perrito no sabe lo que hace. *No es justo* castigarlo así.	El perrito no sabe lo que hace. Es _____ castigarlo así.
No es justo juzgar sin oír a las dos partes.	Es _____ juzgar sin oír a las dos partes.

5. *wrong* (adjetivo) = *mistaken; false:*

Las cifras { están equivocadas. / son erróneas. } *The figures are wrong.*

Las cifras { son falsas. / están falseadas. } *The figures are false.*

Se ve que **equivocado, erróneo,** indican un error involuntario. **Falso, falseado,** indican casi siempre que el error ha sido voluntario, fraudulento.

PRACTICA

El nombre está bien, pero la fecha de nacimiento *es errónea.*	El nombre está bien, pero la fecha de nacimiento _____
Todos los datos que me diste *están equivocados.*	Todos los datos que me diste son _____
Lo metieron en la cárcel porque en su declaración de impuestos dio cifras *falseadas.*	Lo metieron en la cárcel porque en su declaración de impuestos dio cifras _____

6. *wrong* (adverbio) = *in a wrong place, manner,* etc.:

Escribiste mal mi nombre.	*You spelled my name wrong.*

PRACTICA

No estás pronunciando *bien.*	Estás pronunciando **mal.**
No hiciste *nada bien.*	Lo hiciste todo _____
El proyector no funciona porque *no* colocaste *bien* la película.	El proyector no funciona porque colocaste _____ la película.
La fotografía no salió porque *no* enfocaste *bien.*	La fotografía no salió porque enfocaste _____

7. *wrong* (nombre) = *the opposite of moral rectitude:*

Está loco y no es capaz de establecer la diferencia entre el bien y **el mal.**

8. otros casos especiales:

El revés de una tela.   *The wrong side of a material.*

Algo le pasa $\begin{cases} \text{a la radio.} \\ \text{al radio (México).} \end{cases}$ *Something is wrong with the radio.*

PRACTICANDO AL CONTESTAR

En viajes por avión, ¿le ha sucedido alguna vez que la compañía enviase su equipaje a la ciudad que no era? ¿Le han dicho alguna vez: usted no es la persona adecuada para este trabajo? ¿Le molesta que le hablen tan francamente? ¿Alguna vez ha dicho lo que no debía a quien no debía y cuando no debía? ¿Cree que es fácil definir el bien y el mal? Cuando habla una lengua extranjera, ¿le molesta que alguien le diga que pronuncia mal muchas palabras?

PEQUEÑO TEATRO

El cine es un tema sobre el cual todos tienen algo que decir. Puede hablarse del cine en general, como espectáculo, o de alguna película en particular. Algunas sugerencias:

La clase puede convertirse en un estudio cinematográfico, y los miembros de la clase se repartirán diversas funciones: dirección, guión, representación, maquillaje, fotografía, etc. Se supone que están todos reunidos para hablar de la escena que van a filmar.

También se puede comentar alguna película reciente. Los que la hayan visto tendrán que contar la película a los demás, explicar cómo está hecha, qué piensan de ella, etc. Los que no han visto la película tendrán que hacer preguntas sobre ella, pidiendo aclaraciones a las explicaciones que los otros les den.

El cine, ¿es un espectáculo que sirve simplemente para entretener, o debe tener un mensaje importante que haga pensar al público? ¿Influye el cine en la manera de pensar de la gente? ¿Debe existir un sistema de censura de películas? ¿Qué criterios debe de tener esa censura?

SEA USTED MI INTERPRETE, POR FAVOR

1. Do you think that real cowboys are like the cowboys we see in the movies?

2. Why is there so much violence in the movies?
3. Did you ever see a silent movie?
4. What is more important in a movie: the plot or the actors and actresses?
5. When you go to see a foreign movie, do you prefer to see it dubbed or with subtitles?
6. Would you like to shoot a film?
7. If all the tickets have been sold out, shall we stay home and watch TV?
8. Did you read the credits? Who played the part of the detective?
9. Don't you think the movie was a bore? Don't you agree?
10. Did you dial the wrong number? Dial again.

CUESTIONES GRAMATICALES

SER Y ESTAR (I)

El problema no es tan difícil como parece si consideramos algunos aspectos sicológicos de la lengua, junto con algunos aspectos gramaticales.

CONTRASTE A: **Ser** } + adjetivo
⠀⠀⠀⠀⠀⠀⠀⠀**Estar** }

Cada individuo ve el mundo desde dos puntos de vista:
1. Lo que le parece realidad visible y aceptada.
2. Lo que le parece producto de un cambio en esa realidad.

Estas dos actitudes se reflejan en la opción entre **ser** y **estar** seguidos de una palabra con valor adjetivo.

Muchas gramáticas dicen que hay toda una lista de adjetivos que cambian de significado según estén usados con **ser** o **estar**. Un ejemplo típico es: ella es lista (= inteligente); ella está lista (= preparada). Lo que sucede, en realidad, es que el adjetivo *listo* tiene varios significados:

1. Expresa una situación visible y aceptada:
⠀⠀Pilar es lista (= inteligente, viva, según todos los que la conocen y según los criterios aceptados para juzgar la inteligencia).
2. Refleja un cambio:
⠀⠀Pilar está lista (= preparada: se preparó y, en consecuencia, está preparada).
⠀⠀Pilar es muy lista y hoy está *muy* lista (= más lista que nunca).
⠀⠀Cuando tu marido sepa que te olvidaste de llamar a la agencia de via-

jes, ¡estás lista! (= *you have had it!* tu vida tranquila tendrá un
mal momento hoy).

Tenemos que considerar, por lo tanto, que los llamados diferentes significados son, en realidad, diferencias de puntos de vista:

Realidad visible y aceptada **Ser** + *adjetivo*	*Cambio apreciado en esa realidad* **Estar** + *adjetivo*
Howard es alto (= tiene mucha estatura).	Howard está alto (= más alto que los jóvenes de su edad).
Esa familia es rica (= tiene dinero).	Esa familia está rica (= hizo dinero).
Esa familia es pobre (= no tiene dinero).	Esa familia está pobre (= perdió su fortuna).
Ese amigo tuyo es aburrido (= aburre a todos).	Ese amigo tuyo está aburrido (= alguien o algo lo aburrió).
Esta manzana es verde (= su color: verde).	Esta manzana está verde (= etapa de un cambio natural de verde a madura).
Su marido es un enfermo (= no tiene buena salud).	Su marido está enfermo (= perdió su buena salud).
El matrimonio es feliz (= los dos tienen una vida feliz).	El matrimonio está feliz (= algo los hizo felices).
El es casado (= parte de su identidad, como ser rubio).	El está casado (= dejó de ser soltero).

Este criterio nos permite abandonar la división, frecuente en muchas
gramáticas, entre lo permanente (ser) y lo temporal (estar), que no nos
explica el uso de *ser* en frases como: es joven y bonita (la juventud y la
belleza se pierden), o: está muerto (condición que no cambia).

PRACTICA

En las frases siguientes vamos a cambiar las palabras subrayadas,
usando en su lugar **ser** o **estar**.

MODELO
Esta ciudad siempre tiene una atmósfera triste./Esta ciudad es triste.

Con la crisis económica la ciudad tiene una atmósfera triste. Con la
crisis económica la ciudad está triste.

1. Tiene fama de estricto.
2. Actuó como un hombre simpático, aunque todos sabemos que no lo es.
3. Ya tiene bastantes años, pero tiene aspecto joven.

4. Come mucho y se puso gordísimo.
5. Vamos a tener tormenta. El cielo tiene color negro.
6. No me gusta bañarme en esa playa. En mi opinión el agua tiene una temperatura muy fría.
7. Bebe mucho. Todos lo consideran un alcohólico.
8. Tiene juventud. (use: joven)
9. Perdió mucho peso, y ahora tiene la figura de una persona delgada.
10. Es sarcástico, y hoy actúa de un modo más sarcástico que nunca.

CONTRASTE B: **Ser**—voz pasiva
                Estar—resultado de una acción

La voz pasiva siempre usa **ser.**

El resultado de una acción se expresa usando **estar** + **participio** con función de adjetivo. Este uso de **estar** está muy relacionado con el estudiado en el apartado anterior.

Voz pasiva: ser	*Resultado de acción: estar*
La guerra fue ganada por el más fuerte.	La guerra está ganada.
La ciudad fue destruida por el terremoto.	La ciudad está destruida.
El perro fue herido por el coche.	El perro está herido.
El libro fue prohibido por la censura.	El libro está prohibido.

No hay que confundir la verdadera voz pasiva (ser), usada en los ejemplos anteriores, con las frases que indican la acción realizada (estar) y que luego añaden por quién fue realizada:

El libro está prohibido por la censura. (= resultado de la prohibición: el libro está prohibido).
La ciudad está destruida por el terremoto. (= resultado del terremoto: la ciudad está destruida).

PRACTICA

Con las ideas expresadas en las frases siguientes, hacer frases en voz pasiva.

MODELO
El libro está terminado. Lo terminó el autor.
El libro fue terminado por el autor.

1. El ejército está vencido. Lo venció el enemigo.
2. La casa está destruida. La destruyó un incendio.
3. La película está cortada. La cortó la censura.
4. La manifestación estará prohibida. La prohibirá la policía.
5. El perro está curado. Lo curó el veterinario.

Con las frases siguientes, hacer frases que indiquen el resultado de una acción. Todos los participios que hay que usar son irregulares.

MODELO
Alguien rompió esta taza.
Esta taza está rota.

1. El autor escribió el libro.
2. Tú hiciste la comida.
3. El puso la mesa.
4. El enfermo murió.
5. Alguien dijo ya esta frase.

CONTRASTE C: **Ser** ⎫
        Estar ⎬ + expresión de lugar
        ⎭

1. **Ser** = tener lugar
  Estar = encontrarse en

Este contraste diferencia entre el lugar donde ocurre una acción (ser) y el lugar donde se encuentra situado un objeto o una persona (estar).

Acción	*Persona u objeto*
Ser = tener lugar	*Estar = encontrarse en*
La fiesta es en el jardín.	Los invitados están en el jardín.
La clase (= la actividad docente) es en el laboratorio.	La clase (= el grupo de alumnos) está en el laboratorio.
El accidente fue en la curva.	El coche accidentado está en la curva.
El crimen fue arriba (= el piso de arriba).	El muerto está arriba (= en el piso de arriba).
El desayuno (= la actividad de desayunarse) será en la terraza.	El desayuno (= el café, etc.) estará en la terraza.

PRACTICA

En lugar de las palabras subrayadas, usar **ser** o **estar**.

MODELO
Chichicastenango se encuentra en Guatemala.
Chichicastenango está en Guatemala.

1. El verano próximo me encontraré en Puerto Rico.
2. La revolución ocurrió en la capital.

3. Los prisioneros de guerra <u>viven</u> en un campo de concentración.
4. La comida <u>tendrá lugar</u> en el hotel.
5. La comida (sopa, etc.) <u>se encuentra</u> sobre la mesa.

2. Aquí ⎤ + ⎰ **ser** + donde...
   Ahí ⎦   ⎱ **estar** + nombre + donde

La única diferencia entre estas dos estructuras es que cuando se usa **estar** hay que indicar el nombre que completa el sentido de la frase (o usar la expresión: he aquí, ahí, etc.). Cuando se usa **ser** hay la opción de indicar el nombre o no. Estas estructuras, que incluyen la expresión de lugar **donde,** por su propio significado sólo pueden referirse a lugares o a objetos inmóviles:

Ser	*Estar*
Aquí es (la plaza) donde mataron a Kennedy.	Aquí está (he aquí) la plaza donde mataron a Kennedy.
Ahí es (la casa) donde vivo.	Ahí está (he ahí) la casa donde vivo.

Estas estructuras permiten tres posibles órdenes de palabras:

Es aquí donde vivo.	Está aquí la casa donde vivo.
Aquí es donde vivo.	Aquí está la casa donde vivo.
Donde vivo es aquí.	La casa donde vivo está aquí.

PRACTICA

Expresar las ideas indicadas en las frases siguientes usando las estructuras aquí, ahí, etc. + ⎰ **ser** + (nombre) + donde
                                              ⎱ **estar** + nombre + donde

MODELO
Murió aquí.
Aquí es donde murió.

Murió aquí, en esta plaza.
Aquí es (la plaza) donde murió.
Aquí está la plaza donde murió.

1. Lo mataron allí.
2. Lo mataron allí, en aquella plaza.
3. Aquí lo enterraron.
4. Aquí lo enterraron, en este cementerio.
5. Allí fue el accidente.
6. Allí fue el accidente, en aquella curva.

3. Por extensión, esta estructura permite el uso de **ser** para indicar situación en frases muy cortas en las cuales **donde** y todo lo que le sigue está implícito.

En esta estructura:

a. Cuando nos referimos a **objetos** que no se mueven (casas, calles, etc.) podemos usar **ser** o **estar.**

b. Cuando nos referimos a **actividades,** hay que usar **ser.**

c. Cuando nos referimos a **personas, animales u objetos que se** mueven, hay que usar **estar.**

(a) Tu casa, ¿dónde es?	(a) Tu casa, ¿dónde está?	(b) ¿Dónde trabajas?
Es ahí.	Está ahí.	Es ahí.
Ahí es.	Ahí está.	Ahí es.

En estos casos la respuesta es una abreviación de: Ahí es donde está mi casa. Ahí es donde trabajo.

(c) Tu jefe, ¿dónde está?
Está ahí.
Ahí está.

Tu coche, ¿dónde está?
Está ahí.
Ahí está.

En estos casos **estar** indica situación, como en los ejemplos del Contraste C.1: encontrarse en:

Tu casa $\begin{Bmatrix} \text{se encuentra} \\ \text{está} \end{Bmatrix}$ ahí.

Tu jefe $\begin{Bmatrix} \text{se encuentra} \\ \text{está} \end{Bmatrix}$ ahí.

Tu coche $\begin{Bmatrix} \text{se encuentra} \\ \text{está} \end{Bmatrix}$ ahí.

PRACTICA

Contestar las preguntas siguientes, usando $\begin{Bmatrix} \textbf{ser} \\ \textbf{estar} \end{Bmatrix}$ + aquí, ahí, etc.

MODELO
¿Dónde se encuentra tu novio?
Está ahí.

1. ¿Dónde sucedió el accidente?
2. ¿Dónde practicas deportes?

3. ¿Dónde se encuentran tus padres?
4. ¿Dónde tendrá lugar la fiesta?
5. ¿Dónde se conocieron ustedes?
6. ¿Dónde se encuentra tu coche?

4. En + nombre + ser + donde + ...

Con esta estructura siempre se usa ser, y no hay contraste con otra estructura que use estar. Hay, sin embargo, la posibilidad de tres órdenes de palabras. Si comparamos esta estructura con la estudiada en C.2, vemos que ahora no se usa nunca aquí, allá, etc. Se incluye uno de estos casos en cada ejemplo para ver bien la diferencia.

Es aquí donde mataron a Kennedy.
Es en esta plaza donde mataron a Kennedy.
En esta plaza es donde mataron a Kennedy.
Donde mataron a Kennedy es en esta plaza.

Es aquí donde se bebe el mejor tequila.
Es en México donde se bebe el mejor tequila.
En México es donde se bebe el mejor tequila.
Donde se bebe el mejor tequila es en México.

PRACTICA

Cambiar las frases siguientes, expresando la misma idea con la estructura ser en (tres órdenes de palabras).

MODELO
En Puerto Rico hay magníficas playas.
Es en Puerto Rico donde hay magníficas playas.
En Puerto Rico es donde hay magníficas playas.
Donde hay magníficas playas es en Puerto Rico.

1. En Florida viven muchos cubanos.
2. En Luisiana sa habla francés.
3. En el sudoeste de los Estados Unidos se habla mucho español.
4. En Bolivia hubo muchas revoluciones.
5. En Perú están las ruinas de Machu Picchu.

EL ARTE DE LA COMPOSICION

PARA USAR EN LA COMPOSICION

1. El rodaje
rodar una película
la casa productora
el estudio cinematográfico
el decorado
la cámara cinematográfica
en blanco y negro
en color, a colores
la música de fondo
la banda de sonido
el doblaje
el subtítulo

el cine { mudo / sonoro

la película muda

la película { de vaqueros / del Oeste

el astro, la estrella
el, la artista de cine
el tema, el argumento
el reparto
el sonido
el guión

2. La proyección
el cine (edificio)
la pantalla
la función
el descanso, el intermedio
la taquilla, la boletería
la entrada, el boleto
hacer cola, ponerse a la cola
el revendedor
la sesión continua

las localidades { numeradas / sin numerar

el Festival Cinematográfico
el premio

3. El teatro
la representación

la obra de teatro
el entreacto
el actor, la actriz

4. Expresiones verbales
encantar
quejarse de
suponer
tener razón
referirse a
tener gracia
distraerse
valer la pena
grabar
exigir
surgir
ser un lata
fracasar
echarse a la calle
agotarse (las entradas)
doler (le algo a alguien)
lastimar(se)
herir(se)
(no) tener razón
darle la razón a alguien
estar equivocado
equivocarse de + *nombre*
confundirse de + *nombre*
usar frases equívocas, ambiguas
equivalentes españoles de
   wrong
seguir + -ando, -iendo

5. Otras expresiones
ya que
de verdad
a la vuelta de cada esquina
el gitano, la gitana
por cierto
a más no poder
de miedo

¡en paz!
¿sobre qué hora?
tú dirás

los años treinta (etc.)
tal como es
de todos modos

LA AUTOBIOGRAFIA Y LA BIOGRAFIA

Cuando escribimos una composición en la cual narramos una experiencia personal, estamos escribiendo una forma de autobiografía, limitada a un suceso determinado. Si narramos lo que le sucedió a otra persona, estamos escribiendo una biografía, también limitada a un solo suceso.

1. La autobiografía. Muchas personas que han tenido un papel importante en la historia (o que creen que lo han tenido) escriben su autobiografía, es decir, la historia de su vida. Puede titularse *Autobiografía,* o *Memorias,* o *Recuerdos,* o *La vida de X contada por sí mismo,* o cualquier otro título. Lo esencial es que el autor, o la autora, es al mismo tiempo el narrador de su propia historia, contada en primera persona. Este autor-narrador puede ser:

   a. Protagonista de su narración: Aquí voy a contar la historia de mi vida... etc.

   b. Testigo de la vida de otras personas: Aquí voy a contar la historia de mi hermano ... etc. Esta forma está muy próxima a la biografía.

2. La autobiografía ficticia, que ya es una forma de novela: el autor inventa un personaje que nos cuenta su propia historia (imaginada por el autor, naturalmente) en primera persona: Me llamo Ernestina Terrero, y voy a contar mi vida. Pero Ernestina Terrero es un producto de la imaginación del autor.

   Puede suceder que el autor, en realidad, esté contando su propia historia, aunque el nombre de su personaje sea ficticio. Este es el caso de la novela autobiográfica. Como en la autobiografía, el narrador (inventado por el autor) puede ser protagonista o testigo.

   También puede suceder que el autor, después de estudiar la vida de un personaje histórico, la escriba en forma de autobiografía, es decir, en primera persona, como si hubiera sido escrita por ese personaje histórico: Me llamo Marilyn Monroe, y ésta es la historia de mi vida...

3. La biografía. En este género literario, el autor es el narrador de la vida de algún personaje real, que aparece contada en tercera persona: Esta es la historia de Marilyn Monroe...

   Una variante es la biografía novelada, en la cual el autor se permite inventar algunos sucesos, o cambiar lo que fue la realidad, o usar su imaginación para narrar períodos desconocidos en la vida de su personaje.

4. La biografía ficticia. El autor-narrador crea un personaje imaginario, y nos cuenta su vida, o un episodio de su vida, en tercera persona. Esta es la forma más frecuente de la novela: Juan salió de su casa, y cuando vio a María . . .

Vemos, pues, que en la autobiografía, en todas sus variantes, la narración está en primera persona. En la biografía, también en todas sus variantes, la narración aparece en tercera persona.

PRACTICA

Escribir una pequeña narración 1) autobiográfica; 2) de autobiografía ficticia; 3) biográfica, y 4) de biografía ficticia.

POSIBLES TEMAS PARA UNA COMPOSICION

1. El Oeste americano, fuente inagotable de temas cinematográficos.
2. El cine mudo, arte visual puro.
3. La juventud actual ¿admira a las grandes estrellas del cine de ayer? Greta Garbo, Charlie Chaplin, Pola Negri, Rodolfo Valentino . . . ¿quiénes son?
4. El cine y su influencia sobre el público.
5. El teatro y su expresión cinematográfica.
6. Los éxitos de taquilla, ¿arte o publicidad?
7. La belleza física, ¿condición indispensable para ser artista de cine?
8. Policías y ladrones: la violencia en el cine.
9. El cine y la censura.
10. El cine, fiel reflejo de la realidad.
11. Los Estados Unidos en el cine: visión cinematográfica de una sociedad.

Lección 9 | La madre tierra

En algunos países hispánicos, la industria es más importante que la agricultura. En otros, la tierra sigue siendo la más importante fuente de riqueza.

HOWARD. ¡Hola, Pilar! ¿Qué hay[1]?

PILAR. Ya ves, estoy **echándole un vistazo**[2] al periódico. Parece que la ecología es el tema de más actualidad. Todos los días hay algo sobre **la niebla industrial**[3], o sobre algunos animalitos que están **en trance de extinción**[4]. Chico, **de creer**[5] lo que escriben ahora, parece que el mundo se va a terminar **de un momento a otro**[6].

HOWARD. Y en tus tiempos no se hablaba de eso, ¿no?

PILAR. ¡No seas sarcástico, Howard! Los jóvenes de ahora tienen la tendencia a **echarnos a nosotros la culpa de**[7] que el mundo **esté como está**[8], como si no hubiera gente de nuestra generación que se preocupa de todo eso de la ecología tanto o más que los jóvenes. Y si no, pregúntale a tu madre.

HOWARD. Sí, ya **me enteré de**[9] que está en no sé qué comité para salvar a los patos que viven en la laguna cerca del aeropuerto.

CRAIG. ¡Causa muy noble, ciertamente! ¡Imagínate! ¡Qué tragedia, si unos cuantos patos se quedan sin casa para evitar que los aviones tengan accidentes!

PILAR. ¡Otro sarcástico!

HOWARD. Es cosa de familia, Pilar, pero no hace daño a nadie.

PILAR. Bueno, hablando seriamente, ¿no creen ustedes que a veces estos ecologistas, o conservacionistas, o cómo diablos se diga, **se pasan de la raya**[10]?

CRAIG. Francamente, a mí me parece que muchos de esos defensores de la naturaleza son gente que no quiere que nadie les estropee el campo, a donde van durante sus vacaciones.

PILAR. ¡Hombre, Craig! ¡Eso me parece una simplificación muy grande!

CRAIG. Pues mira, Pilar, **en el fondo**[11] no es ninguna simplificación. ¡Fíjate! ¿Quiénes son estos defensores **a ultranza**[12] de nuestra madre naturaleza? ¿Los obreros que se ganan la vida construyendo casas? ¡Ciertamente que no! ¿Los que trabajan en los pozos de petróleo? Tampoco . . . **La cosa queda clara**[13] cuando nos damos cuenta de que los ecologistas son siempre gente de la clase media alta que no tiene intereses económicos en la industria, y que quiere que el mundo se quede tal como está.

HOWARD. Entonces tú crees que si mamá trabajara en el aeropuerto, no defendería a los patos.

[1]¿Qué hay de nuevo?
[2]leyendo ligeramente
[3]smog
[4]a punto de desaparecer como especie
[5]si creemos
[6]muy pronto
[7]a culparnos por
[8]de que el mundo esté en la condición en que está ahora
[9]ya sé; ya me han dicho
[10]se exceden; van demasiado lejos
[11]analizando con cuidado; básicamente
[12]defensores apasionados
[13]la situación se comprende fácilmente

CRAIG. **No estás muy descaminado**[14]. Si alguien le dijera: o su empleo, o los patos ¿qué crees que haría?

HOWARD. Eso se da por descontado: defender a los patos. ¿O es que no conoces a tu mujer, padre?

CRAIG. Tienes razón. Hay que reconocer que ella es sincera en sus opiniones. Pero, bueno, yo estaba hablando en términos generales.

PILAR. No, no, querido Craig, **no te desdigas**[15]. Tú pusiste un ejemplo muy concreto, y tu hijo **te lo hizo polvo**[16]. Reconócelo.

CRAIG. Está bien, está bien . . . me han ganado, pero lo que dije antes **todavía sigue en pie**[17].

HOWARD. Pilar, te voy a decir un secreto. ¿Sabes por qué a papá **le cae tan mal**[18] todo eso de la ecología? ¿No te imaginas por qué?

PILAR. **Ni idea**[19].

HOWARD. Porque toda esa historia de defender a los animalitos le ha hecho sentir **remordimientos de conciencia**[20].

PILAR. **Sigo sin comprender**[21].

HOWARD. ¿No sabes cuál es el deporte favorito de mi padre? ¡La caza!

[14] no estás lejos de la verdad

[15] no retires lo dicho

[16] te lo destruyó

[17] aún tiene valor; aún sigue siendo verdad

[18] le gusta tan poco

[19] no tengo la más ligera idea; no sé

[20] le ha hecho sentirse culpable

[21] no comprendo todavía

PRACTICA INDIVIDUAL

Cuestionario para una encuesta.

1. ¿Lees el periódico todos los días, o simplemente *le echas un vistazo?* (2)
2. En tu opinión, ¿en qué ciudad de los Estados Unidos hay más *niebla industrial?* (3)
3. ¿Qué se puede hacer para salvar a los animales que están *en trance de extinción?* (4)
4. *De creer* a algunos ecologistas, ¿hay algunas especies animales que van a desaparecer *de un momento a otro?* (5 y 6)
5. ¿Quieres que el mundo *esté como está,* o prefieres ver algunos cambios? ¿Qué cambios? (8)
6. ¿Te interesan a ti los problemas de la naturaleza? ¿*De* qué problema *te enteraste* recientemente? (9)
7. En nuestra sociedad hay muchos defensores de la naturaleza. ¿Te parece a ti que los que no quieren centrales atómicas son razonables o *se pasan de la raya?* (10)
8. Unos dicen que tener más petróleo es más importante que proteger la naturaleza. Otros dicen lo contrario. *En el fondo,* ¿con quién estás de acuerdo? (11)

9. ¿Te interesas por alguien o por algo en particular? ¿De quién o de qué eres defensor o defensora *a ultranza?* (12)
10. ¿Crees que es posible ver quién tiene razón en todas estas cuestiones? ¿Crees que algún día *la cosa quedará clara?* (13)
11. Si alguien te dice que estos problemas son insolubles, ¿*está muy descaminado?* (14)
12. ¿Eres obstinado u obstinada? ¿Te molesta tener que *desdecirte?* (15)
13. Cuando tú crees tener un buen argumento en una discusión, ¿te molesta que *te lo hagan polvo?* (16)
14. ¿Cómo ves el futuro del mundo? ¿Crees que alguna de nuestras ideas, que ahora nos parece básica, no *seguirá en pie* dentro de cincuenta o cien años? ¿Cuál idea? (17)
15. ¿Qué tipo de persona *te cae mal a ti?* (18)
16. ¿Sabes algo de la economía de tu país, o no tienes *ni idea?* (19)
17. ¿Cuándo sientes *remordimientos de conciencia?* (20)
18. Si vas a oír una conferencia sobre física atómica, ¿comprendes algo o al final *sigues sin comprender?* (21)

Comentarios sobre los resultados de la encuesta.

1. ¿Cuántos leen el periódico? ¿Cuántos le echan un vistazo? ¿Cuántos no lo leen nunca?
2. En su opinión, ¿cuál es la ciudad con más niebla industrial? ¿Los Angeles? ¿Detroit? ¿Cuál?
3. ¿Es posible salvar a los animales que están en trance de extinción? ¿Qué podemos hacer? ¿No matarlos? ¿Llevarlos a parques zoológicos?
4. ¿Exageran los ecologistas o, de creerlos, hay especies que van a desaparecer de un momento a otro?

Con otras preguntas de este tipo, los estudiantes deben practicar todas las expresiones nuevas.

PRACTICA GENERAL

1. ¿Por qué se dice «la madre tierra», y no se piensa de ella como si fuera un «padre»?
2. ¿Creen ustedes que el progreso y la naturaleza son irreconciliables?
3. Se habla mucho de proteger a los leones, los tigres, etc. ¿Por qué no habla nadie de proteger a los mosquitos?
4. Para un animal salvaje, ¿es una suerte o una desgracia tener que vivir en un parque zoológico?

AMPLIACION DE VOCABULARIO

A El **aumento** de la población, y el más alto **nivel de vida**, han creado problemas que afectan no sólo a las regiones más pobladas y más industrializadas, sino a todo el mundo en general. **La contaminación atmosférica** (**polución del aire, niebla industrial**), causada por **los escapes de gases** de los automóviles y por **las chimeneas** de **las fábricas** es sólo una parte del problema. **Las aguas residuales** de las ciudades y de las industrias contaminan las aguas de los ríos, lagos y mares, provocando cambios en la **flora** y la **fauna marina**. Cada cambio produce otro cambio, y la cadena parece no tener fin.

¿Vives en una región muy urbanizada? ¿Hay en ella mucha contaminación atmosférica? Si vives lejos de las grandes ciudades y de las zonas industriales, ¿te preocupan los problemas de la contaminación? ¿Crees que es posible solucionar el problema de la contaminación atmosférica? ¿Qué soluciones propondrías?

B En algunas ciudades se han instalado **estaciones depuradoras** de las **aguas residuales**. Todos **los desagües** y las **alcantarillas** van a un lugar donde, mediante un proceso de filtración y sedimentación, se consigue purificar **las aguas sucias** y hacerlas utilizables otra vez.

¿Crees que algún día la humanidad tendrá que beber aguas residuales depuradas? La contaminación del medio ambiente, ¿puede llegar a destruir a la humanidad?

C Los océanos no pueden absorber las fabulosas cantidades de **residuos** que llegan hasta ellos, y varios **oceanógrafos** han dado la señal de alarma. Los grandes **barcos petroleros** (**buques-tanque**) y los **pozos de petróleo** perforados en la plataforma continental han causado tragedias ecológicas. **La mancha de aceite** puede convertirse en una **marea negra** que destruye las playas, y la vida marina de las costas. **Los oleoductos** (tuberías que conducen el petróleo a grandes distancias) también pueden causar problemas.

¿Conoces algún caso de marea negra? Las playas de la región donde vives, ¿tienen petróleo? ¿Crees que debe prohibirse la explotación de los yacimientos petrolíferos submarinos?

D La madre tierra existe para todos, hombre y animales. La humanidad, sin embargo, se multiplica muy rápidamente e invade territorios hasta ahora sólo ocupados por **animales salvajes** y por la vegetación no controlada por el hombre. **El equilibrio natural** es algo muy frágil, y la intervención humana puede destruirlo fácilmente. Todos los seres tienen derecho a **la supervivencia** (derecho a sobrevivir, a vivir y a reproducirse), pero las necesidades de las diferentes especies puedan entrar en conflicto en la búsqueda de **recursos** (comida, agua y otros productos naturales necesarios para su vida).

Cuando hay competencia por los recursos naturales entre el hombre y los animales, ¿cómo solucionar ese conflicto? El aumento de población, ¿no hará inevitable la expansión hacia nuevos territorios ocupados ahora por animales salvajes, como ha ocurrido en el pasado? ¿Por qué debe el hombre proteger a los animales que están en peligro de extinción? Si no hubiera tiburones, ¿no cree que el mar sería un lugar más seguro para la gente? Si le explicas a un pescador de una región tropical que los tiburones también tienen derecho a la vida, ¿crees que te comprendería?

E Los gobiernos de los países **subdesarrollados** desean industrializar sus países para **elevar el nivel de vida** de sus habitantes. Muchos ciudadanos de esos países ven en la ecología una conspiración de los países industrializados para mantenerlos en una posición secundaria, y quieren explotar sus recursos naturales y sus **fuentes de energía** aún a costa de alteraciones en el equilibrio de la naturaleza.

¿Tienen razón en pensar así? ¿O es posible que la tecnología nos ayude a todos a explotar los recursos naturales del mundo sin destruir el mundo? ¿Crees que el progreso y la protección de la naturaleza son incompatibles? ¿O pueden la ciencia y la industria reparar el daño causado por la ciencia y la industria?

F En los últimos cien años los países industrializados han consumido enormes cantidades de **recursos naturales,** y puede llegar el momento en que la madre naturaleza ya no pueda suministrar todos los elementos básicos que las sociedades altamente industrializadas necesitan. Algunos productos, como el papel, pueden ser **recuperados** (ultilizados varias veces), pero esto no es posible con otros.

Si se secan las fuentes de energía, ¿qué sucederá? ¿Crees que en los últimos años se han **derrochado** (usado en exceso e injustificadamente) los recursos naturales? ¿Serán nuestras ciudades más habitables el día en que circulen por ellas menos automóviles? ¿Crees que en las ciudades norteamericanas los transportes públicos pueden sustituir a los automóviles? Se dice que los norteamericanos están «enamorados de sus automóviles»: ¿podrán aprender a vivir usándolos menos?

DIFICULTADES Y EJERCICIOS

USO DE: **silvestre; salvaje; cultivado; doméstico; domesticado; amaestrado**

En el bosque hay muchos animales **salvajes** y muchas plantas **silvestres.** Con los seres humanos viven los animales **domésticos,** y en los jardines crecen las plantas **cultivadas**. Algunos animales han sido **domesticados** y viven con los seres humanos. En los circos actúan animales que han sido **amaestrados** por un **domador**.

PRACTICA

En la primavera los campos se cubren de flores *que crecen sin que nadie las plante*.

En la primavera los campos se cubren de flores _____

En la selva viven muchos animales *que nunca han tenido contacto con la gente*.

En la selva viven muchos animales _____

Los gatos y los perros son animales *que viven con los seres humanos, en sus casas*.

Los gatos y los perros son animales _____

Algunos animales que fueron salvajes, como el caballo, ahora son animales *que viven con la gente*.

Algunos animales que fueron salvajes, como el caballo, ahora son animales _____

Algunos animales salvajes, domésticos o domesticados son muy inteligentes y pueden *aprender muchas cosas: andar sobre las patas traseras, saltar por un aro, etc.*

Algunos animales salvajes, domésticos o domesticados son muy inteligentes y pueden ser _____ _____

PRACTICANDO AL CONTESTAR

¿Te gustaría ser domador de leones? ¿Te gusta ver animales amaestrados, o crees que es cruel forzarles a actuar de una manera contraria a su naturaleza? ¿Cómo hacen los vaqueros norteamericanos para domar a los caballos salvajes? ¿Qué animal te gustaría domar y amaestrar?

En el lenguaje familiar norteamericano el adjetivo *wild* se utiliza de muchas maneras, unas veces en sentido despectivo, otras en sentido laudatorio. En español habrá que encontrar un adjetivo diferente para cada caso, que nunca serán **salvaje** o **silvestre**. Habrá que determinar, en primer lugar, el sentido de la palabra en inglés. ¿Qué es un *wild party*? ¿Una fiesta muy divertida? ¿Caótica? ¿Extravagante? La palabra **salvaje** también corresponde a la palabra inglesa *savage*: los exploradores encontraron una tribu de **salvajes**. (El uso de esta palabra representa un típico caso de prejuicio cultural.)

USO DE: amaestrar; entrenar; preparar(se), instruir(se); domador; entrenador

amaestrar \
             domador —— *animal trainer*
entrenar —— > to train
             entrenador —— *(sports) coach*
preparar(se) /
instruir(se)

La domadora y sus leones **amaestrados** tuvieron gran éxito. Luego hubo otro número en el que **al domador** metió la cabeza en la boca de un tigre **amaestrado**.

El entrenador les dijo a los futbolistas (jugadores de fútbol) que necesitaban más **entrenamiento** si querían estar bien **entrenados** al empezar la liga.

Estoy bien **preparado** para este trabajo: asistí a un curso especial de **preparación** (de **instrucción**) y sé todo lo que hay que saber.

PRACTICA

Lo que este equipo de fútbol necesita es un nuevo *hombre que dirija los entrenamientos.*

Lo que este equipo de fútbol necesita es un nuevo _____

En Marineland hay delfines *que saben jugar al waterpolo y hacer otras muchas cosas.*

En Marineland hay delfines _____ _____

No quisieron darme el empleo porque dicen que no estoy bien *instruido* para hacerlo.

No quisieron darme el empleo porque dicen que no estoy bien _____ _____ para hacerlo.

PRACTICANDO AL CONTESTAR

En los deportes, ¿es importante tener un buen entrenador o entrenadora? ¿Qué es más importante en un deportista, su capacidad física o un buen entrenamiento? ¿Para qué tipo de trabajo estás bien preparado? ¿Para qué tipo de trabajo te gustaría prepararte?

USO DE: echar la culpa (de algo a alguien) ⎤ *to blame (somebody for*
 culpar (poco frecuente) ⎦ *something)*

tener la culpa (de)

la culpa la + tener ...

to be somebody's fault

la culpa + ser + de

la culpa + ser + adjetivo posesivo

ser culpable (de) ⎤ *to be guilty of*
 ⎦ *to be blamed for*

Verdaderamente, nuestro amigo, Ernesto, tiene mala suerte. Siempre que sucede algo malo, todos **le echan la culpa** (a él). **Le echan la culpa** (a él) de todo, en un coro que repite la misma idea en formas diferentes: Ernesto **tiene la culpa de** todo; **la culpa la tiene** Ernesto; **la culpa es de** Ernesto; **la culpa es suya** ... ¡Pobre Ernesto! En la mayoría de los casos es no es **culpable de** nada.

PRACTICA

Pilar dice que los jóvenes *culpan* a la generación anterior de todo lo malo que hay en el mundo.

Culpan a la fábrica de papel de la contaminación del agua del río.

Tú no eres responsable de nada. No dejes que te *culpen* de lo sucedido.

Las aguas de la bahía están contaminadas. Los biólogos marinos *culpan* a las alcantarillas de la ciudad.

Los escapes de gas de los automóviles tienen la culpa de la contaminación atmosférica.

Pilar dice que los jóvenes **le echan la culpa** a la generación anterior de todo lo malo que hay en el mundo.

Le _____ a la fábrica de papel de la contaminación del agua del río.

Tú no eres responsable de nada. No dejes que _____ de lo sucedido.

Las aguas de la bahía están contaminadas. Los biólogos marinos _____ a las alcantarillas de la ciudad.

La culpa de la contaminación atmosférica la tienen los escapes de gas de los automóviles.

El petrolero que se hundió cerca de la costa tiene la culpa de la marea negra.

La _____ de la marea negra la _____ el petrolero que se hundió cerca de la costa.

La culpa de la marea negra la tienen los pozos de petróleo que hay cerca de la costa.

Los pozos de petróleo que hay cerca de la costa _____ de la marea negra.

La culpa de la desaparición de los pájaros la tiene el uso excesivo de insecticidas.

El uso excesivo de insecticidas _____ de la desaparición de los pájaros.

La culpa de la muerte de muchos animales salvajes la tiene la construcción del nuevo oleoducto.

La construcción del nuevo oleoducto _____ de la muerte de muchos animales salvajes.

Sus amigos dicen que Ernesto *tiene* la culpa de todo.

Sus amigos dicen que **la culpa de** todo **es de** Ernesto. **La culpa es suya.**

Ernesto dice que *nosotros tenemos* la culpa.

Ernesto dice que la culpa es de _____ La culpa es _____
_____

Tú tienes la culpa.
Yo tengo la culpa.
Ustedes tienen la culpa.

La culpa es _____
La culpa es _____
La culpa es _____

PEQUEÑO TEATRO

En el diálogo de esta lección se ha indicado un aspecto del problema de la protección de la naturaleza sobre el cual se discute mucho: la protección de los espacios abiertos, del campo, de los bosques, ¿favorece a toda la población? ¿Qué es más importante: la protección a la naturaleza o, la creación de nuevos puestos de trabajo? El gobierno del Brasil, por ejemplo, ha sido muy criticado por haber construido la carretera trans-amazónica que, a juicio de muchos conservacionistas, pone en peligro la ecología de la gran selva del Amazonas. El gobierno dice que necesita incorporar esa región a la economía del país, lo mismo que los Estados Unidos convirtieron las grandes praderas del Medio Oeste en zonas agrícolas. ¿Quién tiene razón? La industria y la naturaleza, ¿están en inevitable conflicto? ¿O es posible que la tecnología ayude a conservar la naturaleza, en lugar de destruirla? Las posibilidades de conversación sobre este tema, que afecta a la vida de todos, son infinitas.

SEA USTED MI INTERPRETE, POR FAVOR

1. Who is to blame for all the problems of the world?
2. Do you think that many people took it for granted that natural resources would last forever?
3. Are car exhaust fumes the main cause of air pollution?
4. Do the sewers go into the river in this city? Did sewage pollute the water?
5. Do you think the new pipe line will destroy the ecology of the forest?
6. Are off-shore oil wells a danger to the ocean?
7. What are the main sources of energy in our industrial world?
8. Do you know any woman who is a soccer coach?
9. If you love animals, do you like to see them trained in a circus?
10. When you have problems, do you blame others for them?

CUESTIONES GRAMATICALES

SER Y ESTAR (II)

CONTRASTE D: **ser + de** = origen, material, propiedad
estar + de = expresión adverbial de modo

Las tres ideas de origen (soy de Arizona), material de que está hecho algo (la casa es de madera), y propiedad (la casa es de mis padres), contrastan con un solo uso de **estar de:** La indicación de cómo está el sujeto en un cierto momento. Esta idea, en realidad, es una variante de la expresada en los contrastes A y B: cambio apreciado en la realidad, y resultado de una acción. Si digo **estoy de pie,** puedo considerar que he cambiado mi posición entre las que son posibles (estoy de rodillas, de espaldas a la ventana, etc.), o, que estoy de pie como resultado de la acción de levantarme. Por eso la lengua ofrece la posibilidad de expresar la misma idea con la estructura **estar** + palabra con función de adjetivo:

Estoy de pie = estoy levantado (México: Estoy parado).
Estoy de rodillas = estoy arrodillado.
Estoy de codos sobre la mesa = estoy acodado sobre la mesa.
Estoy de mal humor = estoy malhumorado.

Cuando nos encontramos con **estar de + profesión,** la idea del cambio está presente indicándonos que esa profesión es algo más o menos provisional:

Soy guía de turistas (= guiar turistas es mi profesión).

Estoy de guía de turistas (= no
es necesariamente mi profesión,
pero ésa es la actividad que estoy
haciendo ahora).

Veamos los contrastes:

Ser de
  origen:
  Romeo era de Verona (= nació
  o vivió en Verona).

  Las hamburguesas no son de
  Hamburgo, son de América
  (= no tiene su origen en Hamburgo, sino en América).

  material:
  El broche es de brillantes, y vale
  un Perú (= está hecho con
  brillantes).

  «La cama de piedra» es una
  canción mexicana.

  propiedad:
  El broche es de mi mujer.

Estar de:
  expresión adverbial de modo
  Romeo está de buen humor porque Julieta le sonrió.

  Esta hamburguesa está de maravilla (= está riquísima).

  Mi hermano está de agente de
  viajes en Perú (= su trabajo,
  por el momento, es ser agente
  de viajes).

  Ella es una modelo, pero ahora
  no tiene trabajo y está de em-
  pleada en unos grandes almacenes.

  Está cansada porque estuvo de
  pie todo el día.

PRACTICA

En lugar de las palabras subrayadas, vamos a usar **ser de** o **estar de**.

MODELO
Es actor de teatro, pero ahora trabaja como mesero.
Es actor de teatro, pero ahora está de mesero.

1. Este ron viene de Puerto Rico.
2. La fortaleza de San Juan está hecha con piedra.
3. No encontré trabajo en mi carrera, y trabajo como vendedor de aspira-
   doras.
4. Mira, esa casa colonial tiene las paredes construidas con adobe.
5. El caballo viene de Arabia y pertenece a un millonario.
6. Cuando termina la comida todos se quedan de sobremesa.
7. ¿A quién pertenece este libro?
8. Las patatas (las papas) y el maíz tienen su origen en América.

RESUMEN

Ser	*Estar*
A Realidad visible y aceptada: **ser** + *adjetivo* Pilar es elegante.	**A** Cambio apreciado en la realidad: **estar** + *adjetivo* Pilar está elegante.
B Voz pasiva: La película fue prohibida (por la censura).	**B** Resultado de una acción: La película está prohibida (por la censura).
C Con expresión de lugar: Referido a acciones: El desayuno es en el jardín. Aquí es + (*nombre*) + donde Aquí es donde vivo Aquí es (la casa) donde vivo. Aquí + **ser** Lugares u objetos inmóviles. Tu casa, ¿dónde es? Es ahí. En expresiones de lugar referidas a acciones: ¿Dónde trabajas? Es ahí. No se usa **ser**.	**C** Con expresión de lugar: Referido a personas u objetos: El desayuno está en el jardín: Aquí está + *nombre* + donde Aquí está la casa donde vivo. Aquí + **estar**: Lugares u objetos inmóviles. Tu casa, ¿dónde está? Está ahí. No se usa **estar**. En expresiones de lugar referidas a personas u objetos movibles: ¿Dónde estás? Estoy aquí. ¿Dónde está el taxi? Está ahí.

Ser y **estar** sin contraste

Ser

Ser + expresión de tiempo:
Es tarde para ir al teatro.
Son las siete y media.
Ser entre palabras que tienen el mismo valor gramatical: **Ser** une palabras **que funcionan** como sustantivos. Los importante es la función de las palabras, no su clasificación rígida según criterios tradicionales.

En la frase: «La vida es lucha», **ser** une dos sustantivos. En: «Vivir es luchar», **ser** une dos infinitivos que funcionan como sustantivos. En: «Esto es vivir», **ser** une un pronombre y un infinitivo que funcionan como sustantivos. Una palabra o grupo de palabras funciona como sustantivo cuando actúa de sujeto del verbo o de predicado nominal:

Mi casa es mi castillo.
Su obra de teatro fue un éxito de público.
Partir es morir un poco.
Tú eres tú.
Lo que deseo es vivir tranquilo.
Mi deseo es una vida tranquila.
Tres y tres son seis.

Estar

Estar + gerundio

Cuando se quiere expresar que una acción está siendo realizada se usa siempre **estar + gerundio:**

Estás haciendo una quijotada (= en estos momentos haces una quijotada).
Estoy diciéndote que hay moros en la costa.
Estamos hablando de expresiones idiomáticas.
Están escribiendo mucho sobre el malinchismo de algunos políticos.

RESUMEN

Ser

Con expresiones de tiempo:
Hoy no es ayer.
Es la una.

Cuando une palabras que funcionan como sustantivos:

Mi casa es tu casa.
Querer es poder.
Lo que digo no es lo que hago.
Yo soy yo y mi circunstancia.
A veces un no quizás es un sí.
El verde de sus ojos es el verde de sus lentes de contacto.

Estar

Con gerundio:
Estás fumando mucho.
¿Estoy aburriéndote?
Están jugando al póker.

PRACTICA DE LOS CASOS EN QUE NO HAY CONTRASTE ENTRE **SER** Y **ESTAR:**

Vamos a usar **ser** o **estar** en lugar de las palabras subrayadas.

1. ¿Dónde vives? Vivo ahí. (. . . ahí donde vivo)
2. En estos días te veo fumando mucho.
3. ¿Dónde puedo encontrar tu coche?
4. Cuando dices no, me parece sí.
5. Viajar quiere decir ilustrarse.
6. Tu conducta es muy extraña hoy. Tú no te conduces como tú.
7. Cinco y cinco suman diez.
8. El azul de este mar parece más bien verde.
9. ¿Dónde puedo encontrarte ahora?
10. Me parece que continúas hablando demasiado.

EL ARTE DE LA COMPOSICION

PARA USAR EN LA COMPOSICION

1. La naturaleza
   los recursos naturales
   las fuentes de energía
   la fauna
   la flora
   el medio ambiente
   la plataforma continental
   el equilibrio natural
   la supervivencia

   el animal { salvaje / doméstico / domesticado / amaestrado

   la planta { silvestre / cultivada

   las aguas residuales
   la estación depuradora de aguas
   el desagüe
   la alcantarilla
   las aguas sucias
   el producto químico
   el residuo
   el barco petrolero
   el buque tanque
   el pozo petrolífero, de petróleo
   perforar un pozo
   el petróleo crudo
   el oleoducto
   la mancha de aceite
   la marea negra

2. La contaminación
   la niebla industrial
   la polución atmosférica

   la contaminación { del aire / de las aguas

   el escape de gas
   la chimenea

3. Expresiones verbales
   echar un vistazo a
   recuperar
   estar en trance de extinción
   derrochar
   de creer lo que + *verbo*
   estar como estar

enterarse de
pararse de la raya
quedar claro
(no) estar descaminado
dar(se) por descontado
desdecirse
harcer(le) polvo algo a alguien
seguir en pie
caerle mal (algo a alguien)
(no tener) ni idea
seguir sin + *infinitivo*
elevar el nivel de vida
amaestrar
entrenar
echar la culpa de algo a alguien
culpar
tener la culpa de

la culpa la + tener
la culpa + ser + de
la culpa + ser + *adjetivo po-sesivo*
ser culpable de

4. *Otras expresiones*
¿qué hay?
de un momento a otro
en el fondo
a ultranza
el nivel de vida
el país subdesarrollado
el domador
el entrenador
el oceanógrafo, la oceanógrafa

EL PUNTO DE VISTA EN LA NARRACION

En la narración en tercera persona, que es la forma más frecuente de la novela o del cuento, hay siempre, naturalmente, un autor. Al iniciar su narración, el autor escoge, consciente o inconscientemente, un punto de vista desde el cual va a decir lo que nos quiere contar. Para hacerlo tiene varias posibilidades: el autor puede estar claramente presente en su narración; puede estar presente, pero de una manera indirecta; o puede desaparecer por completo.

A Autor presente:

1. El autor habla directamente a sus lectores, y no les deja olvidar que es él quien está contando la historia. Esta es una forma típica de muchos escritores del siglo XIX, y que ahora muchos evitan:

   «Esta historia que voy a contarles, queridos lectores, no es una historia triste . . . »

2. Otras veces, sin hablar tan directamente a sus lectores, el autor está presente con sus opiniones, expresadas con verbos en la forma *yo*:

   «Los amigos de María dicen que ella está siempre contenta porque es feliz. El problema es, digo yo, saber si está siempre contenta porque es feliz, o si es feliz porque está siempre contenta».

3. El autor empieza a desaparecer. Ya no habla en la forma *yo*, pero todavía expresa sus opiniones:

   «María siempre está contenta porque es feliz».

El autor nos dice algo que todos pueden ver: María está contenta. Pero luego añade una explicación: porque es feliz. Esta es una información que el autor nos da. Es decir, el autor se concede a sí mismo el derecho a entrar en los pensamientos de su personaje, para luego comunicarlos a sus lectores: es un autor omnisciente, lo sabe todo. Veamos un caso más claro todavía:

«María está siempre contenta. Ella sabe que es feliz, y cuando piensa en su felicidad una ligera sonrisa le alegra la cara».

B Autor ausente:
1. El autor se retira. Nunca nos da su opinión. Nunca entra en los pensamientos de sus personajes. Se limita a contarnos lo que se puede ver:

«María siempre tiene aspecto de estar contenta, y una ligera sonrisa le alegra cara».

2. El autor desaparece casi por completo. Ya ni siquiera cuenta su historia. Se limita a hacernos oír a sus personajes.

—María, tú siempre estás contenta—dijo Pepe.
—Es que soy muy feliz—explicó María.
—Se te nota en la cara. Tienes una ligera sonrisa que te la alegra toda.

Lo único que nos dice el autor es quién habla: dijo Pepe; explicó María. Y cuando ya no es necesario, como en la tercera línea, ni siquiera eso nos dice. Esta es una técnica que ya se parece mucho al teatro: el diálogo tiene más importancia que la narración.

Cuando en una composición contamos una historia, aunque sea muy breve, usamos la técnica de la novela. Podemos escoger el punto de vista desde el cual vamos a contar nuestra historia, o podemos combinar varios puntos de vista. En este caso, ¡atención!, hay que hacerlo con mucho cuidado. Si, por ejemplo, hemos estado usando la técnica del autor ausente, y después de varias páginas introducimos una opinión del autor: « . . . pero yo creo que ella mentía . . . », el lector se preguntará: ¿Quién es este *yo* que habla ahora? En la lección próxima veremos algunas de las ventajas e inconvenientes de cada uno de los posibles métodos.

PRACTICA

Escribir una pequeña historia, algo que le ha sucedido a alguien, usando dos técnicas básicas: 1) el autor presente; 2) el autor ausente. Escoger una de las varias posibilidades dentro de cada técnica.

POSIBLES TEMAS PARA UNA COMPOSICION

1. Si es cierto que la naturaleza está en peligro, ¿quién tiene la culpa?
2. La juventud actual y el renovado interés por la naturaleza.
3. Ecología y progreso: ¿conflicto o cooperación?
4. Ecología y población: la lucha por el espacio vital.
5. El derecho a la vida de los animales salvajes.
6. La caza como deporte, ¿un atentado contra la naturaleza?
7. La energía nuclear, ¿fuente de energía o fuente de peligros para el futuro?
8. El crecimiento de las ciudades y la protección de la naturaleza.
9. La polémica sobre el uso de insecticidas en la agricultura.
10. Especies animales en peligro de extinción.
11. La ecología, ¿lujo de los países ricos?
12. Los conservadores de la naturaleza, ¿conservadores políticos?
13. Los grandes espacios abiertos, ¿abiertos para quién?
14. Los océanos, futuros Mares Muertos.
15. La explotación de la naturaleza y sus límites.

Lección 10 | La gente joven

La gente joven. La juventud internacional frecuenta los pueblos y ciudades de la costa española del Mediterráneo, creando un ambiente cosmopolita.

HOWARD. Bueno, María Luisa, ¿qué te parecen[1] mis amigos? Ya has conocido a **unos cuantos**[2] desde que llegaste.

MARÍA LUISA. Pues mira, me parecen bien, excepto uno que **me presentaste**[3] ayer en **el guateque**[4] a donde fuimos. Era un fresco.

HOWARD. ¿Cuál de ellos? No recuerdo. Creo que te presenté a varios.

MARÍA LUISA. Sí, hombre, uno rubio, con barbas; no recuerdo su nombre.

HOWARD. ¡Ah, ya sé! Pero, ¿por qué dices que es un fresco? ¿Es que tuviste que **pararle los pies**[5]?

MARÍA LUISA. Hombre, los pies precisamente no: las manos. ¡Qué **pulpo**[6]! Me parece que ése es de los que se cree que cuando una chica lo mira es porque quiere **ligar**[7] con él.

HOWARD. Bueno, ser un poco agresivo no está mal. ¿No crees?

MARÍA LUISA. Verás, **ser un poco lanzado**[8] no está mal, pero hay que saber hacerlo **con gracia**[9]. Y además, ese muchacho no me gustó.

HOWARD. Entonces, si el de las barbas te hubiera gustado, ¿la cosa hubiera sido diferente?

MARÍA LUISA. ¡Hombre, **claro**[10]!

HOWARD. ¿Sabes que empiezo a pensar que no eres tan ingenua como pareces?

MARÍA LUISA. **Anda**[11], Howard, ¡que no nací ayer por la tarde! Oye, a **propósito**[12], ¿sabes si tu amigo Bill tiene novia?

HOWARD. No sé. ¿Por qué me lo preguntas?

MARÍA LUISA. No, **por nada**[13]. Es que me pareció muy tímido, pero me dio la impresión de que le gustaría ligar conmigo.

HOWARD. Es posible. Después de todo, eres muy **mona**[14].

MARÍA LUISA. Gracias por **el piropo**[15]. Bueno, mañana sabré lo que hay, porque voy a salir con él.

HOWARD. ¿Te invitó a salir?

MARÍA LUISA. No, lo invité yo, y aceptó encantado. Vendrá a buscarme a las siete.

HOWARD. ¡Qué fresca eres! Yo iré de chaperón.

MARÍA LUISA. No seas **cursi**[16], Howard. En primer lugar, eso del chaperón **ya no se estila**[17] y, en segundo lugar, sé defenderme sola.

[1] qué piensas de
[2] algunos
[3] que conocí gracias a ti
[4] la fiesta (España y algunos países de América)
[5] detenerlo; decirle que su conducta no era agradable
[6] *octopus*
[7] quiere iniciar una relación amorosa (España y algunos países de América)
[8] agresivo
[9] de una manera agradable, simpática
[10] naturalmente

[11] *come on!*
[12] ya que estamos hablando de esto; en relación con esto
[13] por ninguna razón especial

[14] muy bonita
[15] *compliment*

[16] ridículo
[17] ya no está de moda; ya es considerado ridículo

HOWARD. ¡No, si no lo decía por ti! Creo que debo ir de chaperón para defenderlo a él.

MARÍA LUISA. No te preocupes, guapo. Ya te contaré lo que pase.

HOWARD. Bueno, espero que por lo menos me cuentes si te dice que sí cuando **te le declares**[18]. [18]cuando le digas que estás enamorada de él; cuando te declares a él

MARÍA LUISA. Pero ¿en qué mundo vives, Howard? Me parece que estás muy atrasado en todas estas cosas. ¡Declararse! ¿A quién se le ocurre eso hoy en día? Eso se hacía en tiempo de nuestras abuelas.

HOWARD. Pues cuando yo estuve en Madrid y salía con . . .

MARÍA LUISA. Sí, ya sé, cuando salías con aquella cursi de Rosario, tan mona, tan seriecita y tan **tonta**[19], la pobre. Esa es de las que espera que los hombres se arrodillen delante de ella y la hablen en verso, como en el teatro. Sabes muy bien que no todas las chicas españolas son como ella. [19]estúpida

HOWARD. ¡Vaya! ¡Tendré que volver a Madrid! **Al parecer**[20], cambió mucho desde que yo estuve allí. [20]parece que

MARÍA LUISA. **No te hagas el inocente**[21]. Cuando estuviste allí conociste a otras chicas que no eran como Rosarito. ¿O es que ya no **te acuerdas**[22]? [21]no intentes hacerme creer que eres inocente [22]¿o es que ya no recuerdas?

HOWARD. Sí, mujer, sí. Estaba **tomándote el pelo**[23]. Oye, ahora que recuerdo: Bill tiene novia. [23]estaba burlándome de ti

MARÍA LUISA. Tienes un sentido del humor verdaderamente perverso.

PRACTICA INDIVIDUAL

Cuestionario para una encuesta.

1. ¿Qué *le parecen a Vd.* las ideas de María Luisa sobre las relaciones entre los jóvenes? (1)

2. ¿Conoce Vd. a todos los estudiantes de su clase, sólo conoce a *unos cuantos*, o no conoce a ninguno? (2)

3. Cuando Vd. está en una fiesta y hay personas a las que Vd. no conoce, ¿habla con ellas o espera a que alguien se las *presente*? (3)

4. ¿Tuvo alguien que *pararle los pies* a Vd. alguna vez? ¿Por qué tuvo que hacerlo? (5)

5. En sus relaciones con el sexo contrario, ¿es Vd. tímido (-a) o *lanzado (-a)*? (8)

6. ¿Le desagrada a Vd. la gente que bebe demasiado? ¿Cree que es posible emborracharse y *hacerlo con gracia*? (9)

7. ¿Son frecuentes *los piropos* en la sociedad norteamericana? (15)

8. *El declararse*, ¿es frecuente entre los jóvenes de su país, o *ya no se estila?* (18 y 17)
9. En su opinión, ¿qué es mejor, ser guapo (-a) y *tonto (-a)* o inteligente y feo (-a)? ¿Qué combinación escogería Vd.? (19)
10. ¿Cree Vd. que, *al parecer*, las costumbres cambian muy rápidamente? (20)
11. ¿En qué circunstancias prefiere Vd. *hacerse el* (la) *inocente?* (21)
12. ¿Le molesta que *le tomen el pelo?* (23)

Comentarios sobre los resultados de la encuesta.
1. ¿Qué opiniones hay sobre las ideas de María Luisa? ¿Qué les parecen sus ideas a Vds.?
2. ¿Se conocen todos ustedes? ¿Alguien sólo conoce a unos cuantos estudiantes de la clase? ¿Quién no conoce a nadie?
3. En sus fiestas, ¿cuántos consideran que es necesario que le presenten a otros antes de hablar con ellos?
4. ¿En qué circunstancias les paró alguien los pies?

Con otras preguntas por el estilo, los estudiantes deben practicar las otras expresiones nuevas.

PRACTICA GENERAL

1. ¿Cuál es la mejor edad para casarse?
2. Se habla mucho de la «revolución sexual» de los últimos años. ¿Ha tenido lugar, de verdad, o es más aparente que real?
3. ¿Creen Vds. que cada generación tiene sus propios principios morales?
4. El paso de los años, ¿hace a la gente más sabia?

AMPLIACION DE VOCABULARIO

A En los países hispánicos los jóvenes se hablan de **tú** (se **tutean**) desde que se conocen, o cuando hablan sin conocerse. El plural de tú es **vosotros** (-as), que sólo se usa en España, pero en el sur de este país es frecuente oír la forma **ustedes** como plural de tú. En las Islas Canarias nunca usan la forma vosotros. La forma vosotros tiene unas terminaciones verbales propias: Vosotros **queréis** ir a la fiesta; vosotras no **queríais** ir; ¡**bebed!**; ¡**no bebáis!** En Hispanoamérica se usa la forma ustedes. En Argentina, Uruguay y partes de Centroamérica existe la forma **vos,** que corresponde a tú, y que tiene sus formas verbales propias: Vos **tenés** muchos amigos; vos **hablás** mucho.

B Las relaciones entre los jóvenes de **ambos** (los dos) sexos varían de una cultura a otra, y cambian también según las generaciones. Dentro de un mismo país, o de una misma cultura, cada generación tiene su propio vocabulario que, iniciado entre los jóvenes, es luego adoptado por todos. En español **ligar** es una palabra que significa atar, unir, enlazar (atar con un lazo), y que ahora se usa constantemente en España en el sentido de establecer una relación que no es de simple amistad. Su significado exacto depende de las circunstancias. **El ligue** (acto de ligar) es el comienzo de algo que puede tener muchos finales diferentes, según el grado de la permisividad de cada uno de los participantes.

En la sociedad en la que Vd. vive, ¿tienen los jóvenes un dialecto especial, diferente del lenguaje común? ¿Cambia mucho ese dialecto? Ese vocabulario nuevo, ¿es adoptado por todos?

C En la cultura hispánica las relaciones que llevan al matrimonio tienen unas etapas tradicionales. Unos jóvenes pueden ser amigos, quizá dentro de una misma **pandilla** (grupo de chicos y chicas que suelen salir juntos, o encontrarse en los mismos lugares de reunión, también puede tener un sentido peyorativo: grupo de gente violenta), o ser presentados en **un guateque** (en España: una pequeña fiesta) en **una casa particular** (casa de una familia) o, simplemente, pueden conocerse (encontrarse y hablar por la primera vez) en cualquier parte. Hay que advertir que en los países hispánicos no hay leyes que prohiban a los jóvenes entrar en bares, discotecas o cualquier otro lugar donde se consuman bebidas alcohólicas, por lo cual la vida social de la juventud transcurre en lugares públicos que, en otros países, les estarían cerrados. En España, por ejemplo, todas las universidades tienen bares donde se sirven bebidas alcohólicas, sin que nadie piense que por esto la moral juvenil esté en peligro.

En su país ¿dónde y cómo se conocen los jóvenes? ¿Qué lugares frecuentan? ¿Hay leyes que prohiben a los jóvenes consumir bebidas alcohólicas? En el lugar donde Vd. estudia, ¿hay un bar donde se reunen los estudiantes? ¿Cree que la vida social de los jóvenes sería más fácil si pudieran ir a los lugares públicos donde se consumen bebidas alcohólicas?

D Cuando dos personas deciden **salir juntas**, tienen una cita (están citados: marcaron una hora y un lugar para encontrarse). **Tener una cita, estar citados, citarse**, es una acción. Una persona nunca es **una cita** (en inglés norteamericano una persona puede ser la *date* de otra persona). En español **una cita** no necesariamente tiene carácter sentimental: se puede tener una cita de negocios. Cuando dos personas se enamoran pueden decidir **hacerse novios:** hay ciertos lazos sentimentales entre ellos. Si el amor surgió de un modo repentino en el primer encuentro, hubo **flechazo** (Cupido disparó su flecha y los unió por lazos de amor). **El**

noviazgo (el hecho de ser novios) no necesariamente conduce al matrimonio. Puede ser que termine. Si **la ruptura** del noviazgo es un acto unilateral que la otra parte no desea, el que rompe el noviazgo **deja plantado**, o **plantada**, a la otra parte: Juan y María fueron novios durante seis meses, pero luego ella lo dejó plantado y se hizo novia de otro. **Dejar plantado** (o **plantada**) también puede significar no ir a una cita: teníamos una cita a las cinco, pero me dejó plantado (no vino a la cita).

Cuando tiene una cita, ¿es Vd. puntual o siempre llega con retraso (llega tarde)? ¿Cree en el flechazo? ¿Cree que es posible dejar plantada a otra persona sin herir sus sentimientos? Ser sentimental, ¿es un defecto o una virtud? ¿Cree que el cerebro puede controlar los sentimientos?

E Si los novios deciden casarse, y quieren seguir las formas tradicionales de las sociedades hispánicas, celebran una pequeña ceremonia familiar: **la petición de mano**. Los padres del novio visitan a los padres de la novia y **les piden para su hijo la mano de su hija**. Los novios intercambian regalos y ahora son **prometidos**. El día de **la boda** (el acto de casarse) se llaman otra vez **novios**: **la novia** entra en la iglesia (en las sociedades hispánicas el matrimonio civil es raro) del brazo de su **padrino**. **El novio** la espera en el altar, con **la madrina** de la boda. Después de la ceremonia ya son **marido** y **mujer** (o **esposo** y **esposa**): **están casados** (ya no son **solteros**). **El matrimonio** (la pareja formada por el marido y la mujer) firma **el acta de matrimonio**. Los padrinos y **los testigos** firman también. En algunos países hispánicos no hay **divorcio***, pero si los esposos (el marido y la mujer) quisieran **separarse** pueden conseguir **una separación legal** (ante las autoridades civiles): **están separados**, pero siguen casados y no pueden **contraer** nuevo matrimonio (no pueden casarse otra vez). También pueden pedir a las autoridades de la Iglesia Católica que su matrimonio sea **anulado** (sea **declarado nulo**), y entonces pueden casarse otra vez. **Las anulaciones**, sin embargo, son raras y muy difíciles de conseguir. En los países donde hay divorcio, tanto **el divorciado** como **la divorciada** pueden casarse de nuevo, pero no **por la Iglesia** (ante las autoridades eclesiásticas). Pueden **contraer segundas nupcias por lo civil** (ante las autoridades civiles). Si uno de **los cónyuges** (esposos: mujer o marido) muere, el que le sobrevive es **viudo** o **viuda**, y sus hijos son **huérfanos** de padre (o de madre). Si el viudo o la viuda se casan, su nuevo cónyuge es **el padrastro**, o **madrastra**, de los hijos del

---

* El verbo **divorciarse** puede usarse como verbo recíproco: mi hermano y su mujer van a **divorciarse**. Se usa también con la preposición **de**: mi hermano va a **divorciarse de** su mujer. Es frecuente que la mujer divorciada reciba de su exmarido **una pensión**.

anterior matrimonio. Si nacen más hijos, son **hermanastros o medios hermanos** de los otros.

En su sociedad, ¿hay alguna ceremonia especial cuando dos personas deciden casarse, parecida a la petición de mano de los países hispánicos? ¿Es frecuente el matrimonio civil en su país? En las bodas, ¿hay un padrino y una madrina? ¿Cómo es una boda en su sociedad? ¿Le gustaría vivir en una sociedad en la que no hubiera divorcio? ¿Conoce algún lugar donde es particularmente fácil conseguir un divorcio? En su opinión, ¿las leyes deben hacer fácil o difícil en conseguir un divorcio?

DIFICULTADES Y EJERCICIOS

USO DE: recordar, acordarse de; acordar; recordarle (algo a alguien); memoria; recuerdo; recuerdos

recordar ——\
                ——— *to remember*\
acordarse de ——

acordar ——————— *to agree to, on, upon*

recordarle (algo a alguien) ——————— *to remind*

¿**Recuerdas** (**te acuerdas de**) la boda de Isabel? Todo hacía pensar que iban a ser muy felices y ahora, cinco años más tarde, acordaron divorciarse. Su caso **me recuerda** el (caso) de mi hermano: su mujer y él también se divorciaron a los cinco años de matrimonio.

PRACTICA

María Luisa no *recuerda* el nombre del muchacho a quien conoció ayer.

María Luisa no se _____ del nombre del muchacho a quien conoció ayer.

Howard *recuerda* a Rosario.

Howard se _____ Rosario.

No *recordamos* nada.

No nos _____ nada.

Todos *recuerdan* aquella fiesta.

Todos se _____ fiesta.

Pero, ¿no *te acuerdas de* aquella chica tan mona?

Pero, ¿no _____ aquella chica tan mona?

Esta discoteca me *hace recordar* otra que vi en París.

Esta discoteca **me recuerda** otra que vi en París.

Esta casa nos *hace recordar* la casa de nuestro abuelo.

Esta casa _____ la casa de nuestro abuelo.

Dice que mi hermano y yo tenemos la misma voz, y que mi voz le *hace recordar* a mi hermano.

Dice que mi hermano y yo tenemos la misma voz, y que mi voz _____ _____ a mi hermano.

Hazme recordar que tengo que ir a la fiesta a las siete.

_____ que tengo que ir a la fiesta a las siete.

Le *hice recordar* que tenía que escribir a su madre.

Le _____ que tenía que escribir a su madre.

Decidieron divorciarse amistosamente.

Acordaron divorciarse amistosamente.

Decidimos no ir a la fiesta.

_____ no ir a la fiesta.

¿Cuándo *decidieron* separarse?

¿Cuándo _____ separarse?

Los diplomáticos se reunieron pero no consiguieron *ponerse de acuerdo sobre* nada.

Los diplomáticos se reunieron pero no consiguieron _____ nada.

PRACTICANDO AL CONTESTAR

¿Cuál es la primera experiencia infantil que recuerdas? ¿Te acuerdas del primer día en que fuiste a la escuela? ¿Recuerdas fácilmente los nombres de la gente que te presentan en una fiesta? ¿Cuándo acordaste estudiar español?

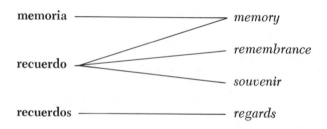

memoria —————————— *memory*

recuerdo —————————— *remembrance*

—————————— *souvenir*

recuerdos —————————— *regards*

Tengo muy buena **memoria:** cuando me presentan a alguien, nunca olvido su nombre. En mi memoria conservo muy buenos **recuerdos de** mi viaje. Todavía tengo, como **recuerdo**, las fotografías que hicimos cuando estuve con ustedes, y hoy les envió a todos muchos **recuerdos**.

PRACTICA

Nunca olvida nada: *recuerda todo como un* elefante.

Nunca olvida nada: tiene **una memoria de** elefante.

Para aprender lenguas extranjeras ¿es necesario *recordar muchas cosas?*

Para aprender lenguas extranjeras ¿es necesario tener buena _____ _____?

Edificaron una biblioteca en *recuerdo* del Presidente.

Edificaron una biblioteca en _____ _____ del Presidente.

Algunos turistas compran objetos horribles como *«souvenirs»* de su estancia en la ciudad.

Algunos turistas compran objetos horribles como _____ de su estancia en la ciudad.

En mi memoria tengo *muchas cosas agradables* de mi visita a esa ciudad.

En mi memoria tengo muy buenos _____ de mi visita a esa ciudad.

Aprovecho esta ocasión para enviarles a todos muchos *saludos*.

Aprovecho esta ocasión para enviarles a todos muchos _____

PRACTICANDO AL CONTESTAR

Cuando viajas ¿te gusta comprar recuerdos de las ciudades que visitas ¿Tienes buena memoria para recordar las caras y los nombres de la gente que te presentan? Los recuerdos de tu infancia, ¿son buenos o malos?

USO DE: **saber, conocer; encontrar; saber (a); saber** + infinitivo

saber, conocer ——————————————— *to know*

conocer ——————————————— *to meet for the first time*

——————— *to meet*

encontrar (hallar) ———————

——————— *to find*

saber (a) (tener sabor a) ——————— *to taste (like)*

saber + infinitivo ——————— *to know how to . . .*

No sabía que **conoces** a mi hermano. ¿Dónde lo **conociste?** Yo, hace tiempo que no lo veo. La semana pasada fui a su casa, pero no lo **encontré allí.** Luego lo **encontré** en la calle, por casualidad, y cenamos juntos en un restaurante donde nos dieron una sopa de tomate que sabía a cebolla. El cocinero de ese restaurante no **sabe cocinar.**

Saber indica:
tener noticia de algo: **Sé** que estuviste en México.
ser docto (versado) en algo: ¿**Sabes** inglés?

Conocer indica:
tener contacto social con alguien: **Conozco** a tu hermano.
estar familiarizado con: **Conozco** esa ciudad.

PRACTICA

Todos *tienen la noticia de* que tu hermano se va a casar con una divorciada.

Todos _____ que tu hermano se va a casar con una divorciada.

Este abogado *está muy familiarizado con* la Ley de Divorcio.

Esta abogado _____ muy bien la Ley de Divorcio.

Me presentaron a tu hermano en una fiesta.

_____ a tu hermano en una fiesta.

No buscaba a mis amigos, pero los *hallé* por casualidad en el café.

No buscaba a mis amigos, pero los _____ por casualidad en el café.

Busqué a mis amigos por todas partes, y no los *hallé.*

Busqué a mis amigos por todas partes, y no los _____

Este vino es muy malo. *Tiene sabor* a vinagre.

Esté vino es muy malo _____ vinagre.

La sopa *tiene* muy *buen sabor.*

La sopa _____ muy bien.

Le gusta mucho ir a las fiestas, aunque no *es capaz de* bailar.

Le gusta mucho ir a las fiestas, aunque no _____ bailar.

Puede hablar inglés muy bien, sin acento extranjero ninguno.

_____ hablar inglés muy bien, sin acento extranjero ninguno.

PRACTICANDO AL CONTESTAR

Cuando te presentan a alguien, ¿sabes inmediatamente si esa persona es inteligente o no? Para saber si una persona es inteligente, ¿hay que conocerla bien? En la vida social, ¿qué es más importante, saber hablar o saber escuchar? Las comidas congeladas, ¿saben lo mismo que las comidas hechas con alimentos frescos?

PEQUEÑO TEATRO

En la sociedad actual hay una innegable división entre las generaciones, cuyas causas son muy complejas. En algunas sociedades esta división es más notoria que en otras. En Estados Unidos, por ejemplo, la expresión *generation gap* forma parte del vocabulario de todos los días, y el culto a la juventud en la publicidad, el cine y otros medios de información, comunicación y entretenimiento, es muy marcado. Es interesante observar que en España, donde el fenómeno existe también, la división no es tan clara, sin embargo, ni tiene un nombre determinado: unos hablan de **la división entre las generaciones**, otros del **conflicto generacional**, otros de su **separación**. Como las leyes no prohiben a los jóvenes entrar en los establecimientos públicos donde se consume alcohol, se produce inevitablemente una coexistencia entre las varias generaciones que en países como los Estados Unidos, por ejemplo, es imposible a causa de las leyes contra el consumo de bebidas alcohólicas. Adolescentes, jóvenes y personas mayores pueden frecuentar los mismos locales. Un grupo de padres puede encontrarse con un grupo de hijos en la misma terraza de café a la hora del vermut, o en la misma **tasca** (taberna popular) tomando unos vasos de vino. Esto no impide que haya lugares más o menos monopolizados por cada generación, pero es una división impuesta por las preferencias personales o de grupo, no por la ley. Todo esto lleva a una pregunta: el *generation gap* norteamericano, del cual muchas personas mayores se lamentan, ¿no ha sido, en cierto modo, provocado por esas mismas personas mayores que han creado leyes que los aislaron de sus hijos en la vida social? La explicación de este fenómeno de la vida social de la segunda mitad del siglo XX no puede ser simplista, pero vale la pena analizar y hablar de algunos de sus muchos aspectos, sin que, quizá, se llegue nunca a una explicación satisfactoria.

En la clase de conversación todos tendrán algo que decir sobre este tema, así como sobre las actitudes generacionales ante la moral individual y colectiva, la política, las formas de vida y, en general, el concepto de lo que la vida debe ser en esta nuestra sociedad tan compleja.

SEA USTED MI INTERPRETE, POR FAVOR

1. Do you like to meet new people?
2. By the way, do you have a steady girl friend (or boy friend)?
3. I am a foreigner, and I don't know much about America. Do universities here have bars where students can drink wine or beer?

4. I did not know you were engaged. When are you going to get married?
5. Do you date often?
6. Do you remember the names and faces of people you met only once?
7. How would you explain to a foreigner what is a best man and a maid of honor in an American wedding?
8. Do you think that alimony laws reflect a sexist prejudice?
9. Why do stepmothers have such a terrible reputation in fairy tales and other children's stories?
10. Can you cook?

CUESTIONES GRAMATICALES

LA EXPRESION DEL PASADO: IMPERFECTO O PRETERITO

El español, como el inglés, tiene varios tiempos verbales para expresar el pasado:

Pasado inmediato: **He hablado** con él (presente perfecto).
Pasado completo: **Hablé** con él. **Estuve hablando** con él (pretérito).
Pasado repetido o continuo: **Hablaba** con él todos los días. **Estaba hablando** con él cuando sonó el teléfono (imperfecto).
Pasado del pasado: Ya te dije ayer que **había hablado** con él antes de ayer (pluscuamperfecto). Cuando **hube hablado** con él (= después de haber hablado con él) me marché (pretérito perfecto). El pretérito perfecto se usa muy poco.

El problema para el estudiante extranjero está en el pretérito y el imperfecto, pero es un problema más aparente que real. El uso de estos tiempos está determinado por dos factores, que actúan aislados o en combinación:

El que la acción pasada esté completa (pretérito) o esté sin terminar (= acción continua o repetida) en el pasada (imperfecto).
El punto de vista del que habla, siempre subjetivo.

A Acción pasada completa y acción pasada continua o repetida. Si aprendemos a ver claramente cuando una acción pasada está completa (por ejemplo: el principio o el final de una acción) y cuando es continua (está entre su principio y su final) o es repetida, gran parte del problema desaparece. Veamos el uso de estos dos tiempos en estas frases:

María **entró** en la casa donde **vivían** sus amigos.

> **entró:** Tan pronto como María pasó de la calle a la casa, el acto de entrar está completo.
> **vivían:** ¿Dejaron de vivir allí? No sabemos. Acción incompleta.

Saludó a los que **conocía,** y también **conoció** a otros chicos que le **presentaron.**

saludó: Al terminar de decir ¡Hola! la acción de saludar está completa.
conocía: Su amistad era anterior a la fiesta. Acción continua.
conoció: Habló con ellos por primera vez. Después de cruzar con ellos unas palabras, el acto de conocerlos está completo.
le presentaron: Terminado el rito social de las presentaciones, el acto está completo.

Bailó con un chico que **tenía** barbas.

bailó: Acción completa. Luego dejó de bailar.
tenía: Acción continua. Durante todo el tiempo, el muchacho tiene barbas.

Con este enfoque se elimina el problema de una pequeña lista de verbos (saber, conocer, tener, querer, poder, haber) que, dicen muchas gramáticas, cambian de significado según se usen en pretérito o en imperfecto. Lo que sucede, en realidad, es que expresan acciones completas (pretérito) o continuas (imperfecto). El inglés, al no tener dos tiempos verbales con los que expresar este matiz, usa palabras diferentes, o no hace la sutil distinción.

Yo **sabía** la noticia. (*I knew the news.*) El saber la noticia es parte de mis conocimientos.
Yo **supe** la noticia. (*I found out about the news.*) Cuando alguien terminó de darme la noticia, la acción de recibirla está completa.
Conocía a tu hermano. (*I knew your brother.*) Eramos amigos.
Conocí a tu hermano. (*I met your brother.*) Alguien me lo presentó.
Mi padre **tenía** dinero. (*My father had money.*) No sabemos si lo perdió, o si murió rico.
Mi padre **tuvo** dinero. (*My father had money.*) Y lo perdió.
Yo **no quería** ir. (*I didn't want to go.*) No se menciona el final de la acción de no querer ir.
Yo **no quise** ir. (*I refused to go.*) Dije que no, y la acción de negarme está completa.
Yo **podía** ir. (*I could go.*) No se menciona el final de la posibilidad.
Yo **pude** ir. (*I was able to go.*) Y fui. El acto de poder ir está completo.
En el verano no **había** agua. (*There was no water during the summer.*) Día tras día sin agua.
En el verano no **hubo** agua. (*There was no water during the summer.*) Un verano considerado como una unidad, completa y terminada, sin agua.

B El punto de vista del hablante. En muchos casos, el uso del pretérito o del imperfecto no es una cuestión gramatical, sino que depende del punto de vista del que habla. La frase estará gramaticalmente bien con cualquiera de los dos tiempos, aunque habrá una sutil diferencia de significado.

El pretérito establece una cierta distancia entre el que habla y la acción pasada. El hablante informa de algo que ocurrió.

El imperfecto acerca el pasado al presente, lo hace más vivo. El hablante describe el pasado como si él fuera un participante o testigo presencial de la acción.

Veamos dos posibilidades para comenzar un cuento de niños:

Una vez **hubo** un rey que **tuvo** una hija que **fue** muy bonita.	Una vez **había** un rey que **tenía** una hija que **era** muy bonita.

Sin duda alguna, los niños se sienten más atraídos por la narración en imperfecto. Les parece más próxima al presente, a les hace sentirse transportados al pasado. Veamos otros casos:

El año pasado yo **estaba** en España. Simón Bolívar **era** un gran militar.	Sicológicamente me traslado al pasado, me veo a mí mismo allí.
El año pasado **estuve** en España. Simón Bolívar **fue** un gran militar.	Yo informo sobre algo pasado.

C Combinación de los dos factores. Los hispanohablantes continuamente combinan estos dos factores, el concepto de acción completa o continua y el punto de vista personal, como elementos que determinan el uso del pretérito o del imperfecto. En muchos casos, como hemos visto, el problema no es gramatical (los dos tiempos están bien) sino sicológico. El estudiante extranjero debe concentrar su atención en los casos en que no hay opción, es decir, cuando uno de los dos tiempos hace que la frase sea gramaticalmente inaceptable. Veamos un caso en el que hay opción, según lo que el hablante quiera decir:

Cuando **llegué** a casa, **sonó** el teléfono.	Dos acciones completas.
Cuando **llegué** a casa, **sonaba** el teléfono.	Una acción completa y otra continua.
Cuando **llegaba** a casa, **sonaba** el teléfono.	Dos acciones incompletas, o dos acciones repetidas frecuentemente.
Cuando **llegaba** a casa, **sonó** el teléfono.	Una acción incompleta y otra completa.

Veamos ahora un texto en el que no hay opciones:

Yo **nací** en Argentina, en una pequeña ciudad que **estaba** cerca de una montaña que **era** muy alta. Allí **viví** hasta los diez años, cuando mis padres me **mandaron** a Buenos Aires. Yo **no quería** ir, pero ellos me **explicaron** que **era** necesario, porque en Buenos Aires **iba** a ingresar en un colegio mucho mejor que los que **había** en nuestra pequeña ciudad provinciana. **Fui**, pues, y cuando **llegué** allí mis tíos me **llevaron** a su casa. Allí **conocí** a mis primos, a los que no **conocía**, y recuerdo que poco después me **enamoré** de una amiga de ellos, que **tenía** tres años más que yo. Pero todo esto **ocurrió** hace mucho tiempo, cuando yo **sabía** muy poco de la vida.

PRACTICA

Completar este párrafo usando el imperfecto o el pretérito de los verbos indicados entre paréntesis, y explicar por qué se usa cada uno de esos tiempos.

Yo (ser) una niño de diez años cuando mis padres (vender) la casa de la ciudad y (comprar) otra en un pueblo que (ser) muy pequeño, y que (estar) cerca del mar. Ellos (pagar) muy poco por aquella casa, que (ser) muy vieja, y que (tener) fama de tener fantasmas.

Una noche de verano yo (salir) al jardín y (ser) a un niño que (tener), más o menos, mi edad. Yo le (decir) ¡Hola! y le (preguntar) quién (ser). El me (contestar) que (llamarse) Daniel, y después me (contar) una historia muy complicada. Al final me (preguntar): «¿Tú crees en fantasmas»? Yo le (decir) que no (saber) si (creer) o no. El (sonreírse) con tristeza y me dijo: «No somos malos, ¿sabes? Somos . . . diferentes». Yo lo (oír) bien claramente. El había dicho: «somos», es decir, nosotros. ¿Cómo (poder) yo interpretar aquello? Nosotros . . . ¿(ser) él y yo, o «nosotros» (ser) ellos, los fantasmas? Nunca (llegar) a comprenderlo, y aún ahora, muchos años más tarde, sigo sin comprenderlo todavía. Pero nunca (olvidar) la sonrisa triste de aquel niño.

EL ARTE DE LA COMPOSICION

PARA USAR EN LA COMPOSICION

1. El noviazgo
  el ligue, ligar (España)
  la presentación
  presentarle alguien a alguien
  el guateque (España)
  la fiesta
  salir juntos
  tener una cita con alguien
  estar citados
  citarse
  la cita
  el flechazo
  declararse a alguien

hacerse novios
la ruptura
dejar plantado, (-a)
la petición de mano
el prometido, la prometida

2. El matrimonio
casarse $\begin{cases} \text{por la Iglesia} \\ \text{por lo civil} \end{cases}$
el día de la boda
el novio, la novia
el padrino, la madrina
el marido, la mujer

el esposo, la esposa

estar { casado / soltero

el acta de matrimonio
el, la testigo
contraer matrimonio

3. *La separación*
divorciarse
el divorcio
el divorciado, la divorciada
la pensión
separarse
la separación
el separado, la separada
anular el matrimonio
la anulación

el matrimonio { nulo / anulado

la declaración de nulidad
contraer segundas nupcias

4. *La familia*
el padrastro, la madrastra
el hijastro, la hijastra
el hermanastro, el medio hermano

5. *Expresiones verbales*
ser mona

parecerle algo a alguien
pararle los pies a alguien
ser (un poco) lanzado(-a)
hacer (algo) con gracia
hacerse el inocente
tomarle el pelo a alguien
recordar
acordar
acordarse de
recordarle algo a alguien
saber
saber a
saber + *infinitivo*
tutearse

6. *Otras expresiones*
unos cuantos (cuantas)
¡claro!
¡anda!
a propósito
por nada
el piropo
cursi
tonto, (-a)
al parecer
la memoria
el recuerdo
recuerdos

POSIBILIDADES DE LOS DIFERENTES PUNTOS DE VISTA

Cada uno de los puntos de vista estudiados en la lección anterior tiene ventajas e inconvenientes. Unos dan al autor infinitas posibilidades, otros limitan su libertad. Si partimos de la base de que el autor quiere hacer su narración lo más creíble y verosímil posible, debe considerar las posibilidades y las limitaciones que cada enfoque le ofrece.

A **Narración en primera persona:** Tiene la ventaja de que puede parecer muy natural. ¿Quién mejor que uno mismo para contar su propia historia? Hay que tener cuidado, al mismo tiempo, de que el lenguaje sea apropiado al personaje que habla en la forma yo. Si este personaje, por ejemplo, es una persona ignorante, el autor no debe hacerle hablar en un lenguaje culto y elevado. El punto de vista de este tipo de narración es fijo: todo está visto por los ojos del narrador. El autor no puede ser omnisciente; no puede escribir: «Cuando ella me dijo que vendría a verme, pensó que no iba a hacerlo». ¿Cómo lo sabe el narrador, si no puede entrar en los pensamientos de otra persona? El autor, por el contrario, podría escribir: «Cuando ella me dijo que vendría, me dio la impresión de que no tenía la intención de hacerlo». También, si el narrador quiere contar algo que sucedió en un lugar en el cual él no estaba, tiene que acudir a un cambio de punto de vista que sea lógicamente aceptable; «Todo lo que sucedió mientras yo no estaba allí me lo contó, más tarde, mi primo».

B Narración en tercera persona: Es la más frecuente en el cuento y la novela. Sus variantes ofrecen diferentes posibilidades:

a. **Autor presente:** Como ya hemos visto, hay diferentes grados de presencia del autor.

1. Autor-narrador que habla directamente a los lectores: «. . . esta historia que les voy a contar . . .» El autor-narrador establece una barrera, su persona, entre el lector y la narración. El autor, que no se esconde en absoluto, puede tomarse toda clase de libertades: cambios de lugar («. . . y mientras Ernesto estaba en casa, sus amigos estaban en el café y hablaban de él. Uno de ellos dijo: . . .»); omnisciencia («. . . y él pensó que . . .»); cambios de tiempo («. . . vamos a ver lo que había sucedido dos años antes . . .») y otras.
2. Autor-narrador que interviene de vez en cuando con sus opiniones: «. . . y el niño, con la crueldad típica que yo veo en todos los niños, le dijo: Estás muy gordo». La idea de que los niños son crueles es del autor, que interviene indirectamente para darnos sus opiniones. El autor pone todo en bandeja de plata para que el lector lo absorba. El problema está en que el resto de la narración debe probar que las opiniones del autor-narrador están justificadas. Si el autor nos dice que un personaje es tonto, pero la conducta de ese personaje no nos hace pensar que lo sea, nosotros, como lectores, encontramos una contradicción que nos hace difícil aceptar la narración.
3. Autor-narrador que expresa sus opiniones sin usar la forma yo: «. . . y el niño, con la crueldad típica de todos los niños, le dijo: Estás muy gordo». El autor todavía nos da su opinión, pero sin introducir la forma yo. El autor, en este caso, es menos visible que en el caso 2) y, ciertamente, su presencia se nota mucho menos que en el caso 1). Esta es la forma más frecuente en el cuento y en la novela actuales; el autor está en libertad de dar su opinión, puede ser omnisciente, puede introducir cambios de lugar y de tiempo y puede presentarnos el mismo suceso desde diferentes puntos de vista.

b. **Autor ausente:** Un enfoque más difícil para el autor: en lugar de darnos sus opiniones, tiene que hacer que los lectores se formen las suyas propias juzgando lo que dicen, o como actúan, los personajes. El autor ya no puede decirnos: «Juan es tonto», sino que tiene que hacer que Juan se porte de una manera tal que nosotros, los lectores, terminemos diciendo que Juan es, verdaderamente, tonto. El autor tampoco puede ser omnisciente, aunque todavía le queda la libertad de indicar brevemente los cambios de lugar o de tiempo. Llevada a su último extremo, esta técnica hace que un cuento o novela se convierta en una conversación grabada; podríamos llamarle la novela magnetofón: no hay descripciones, sino conversaciones, y a través de ellas el autor tiene que presentarnos la intriga de su novela. Estas son algunas de las posibilidades que cada técnica nos ofrece. Hay otras muchas, y cualquier breve composición puede convertirse en un experimento de creación literaria, por modesta que sea.

PRACTICA

Escoger un episodio cualquiera (puede ser una experiencia personal) y escribirlo con cuatro técnicas diferentes.

POSIBLES TEMAS PARA UNA COMPOSICION

1. La revolución sexual, ¿mito o realidad?
2. Los valores morales, ¿cambian con las generaciones?
3. La barrera generacional: padres e hijos.
4. El arte de envejecer.
5. ¿Cuándo termina la juventud?
6. La gente joven y su visión del pasado.
7. La gente joven y su visión del presente.
8. La gente joven y su visión del futuro.
9. La glorificación de la juventud.
10. La sociedad actual y su obsesión con la juventud.
11. La vejez en la sociedad actual.
12. La juventud y la política.
13. ¿Cómo seré yo a los cuarenta y cinco años?
14. La familia en la sociedad.
15. ¿Es verdad que hay ideas nuevas sobre el matrimonio?
16. La estructura familiar norteamericana, ¿fuerte o débil?
17. El divorcio, ¿solución o tragedia?
18. El sexismo en la vida familiar.
19. El arte de educar a los hijos.
20. El arte de educar a los padres.

Lección 11 | Los conflictos culturales

La corrida de toros. Para unos, un arte. Para otros, un acto de crueldad.

MARÍA LUISA. Oye, Howard, esos amigos de tus padres que han enviado una invitación **son un poco mal educados**[1]. ¿No crees?

HOWARD. ¿Mal educados? ¿Por qué lo dices?

MARÍA LUISA. Hombre, te diré: En la invitación dicen que vayamos todos a tomar cócteles de seis a ocho de la tarde. Eso es una **grosería**[2].

HOWARD. **Chica**[3], no te entiendo. A mí me parece muy amable por su parte el invitarnos. Mis padres les hablaron de ustedes, y quieren conocerlos.

MARÍA LUISA. Pero hombre, ¿no te das cuenta? Dicen que vayamos de seis a ocho, así, bien claro, poniendo un límite al tiempo que podemos pasar en su casa.

SHEILA. No tiene nada de extraño, María Luisa. Es una costumbre de aquí.

MARÍA LUISA. Pues yo **me quedé fría**[4] cuando leí eso de «vengan a nuestra casa por dos horas, pero no más». ¡Eso no se ha visto en ninguna parte!

SHEILA. Mira, niña, cada país tiene sus costumbres, y tú que has vivido en tantos países diferentes debieras de comprender esto mejor que nadie.

MARÍA LUISA. Tienes razón, Sheila. En español tenemos **un refrán**[5]. «A donde fueres, haz lo que vieres», y debo aplicármelo a mí misma.

HOWARD. Aquí decimos que cuando estés en Roma debes de hacer lo que hacen los romanos. Pero, ¿qué es eso de «fueres» y «vieres»? Lo entiendo, pero nunca oí esas formas verbales.

PILAR. Es el futuro de subjuntivo. Casi no se usa, pero todavía queda en refranes y en algunas fórmulas legales.

MARÍA LUISA. Bueno, volviendo a nuestro tema: Debo confesar que hay algunas costumbres de aquí que me sorprenden. En **las presentaciones**[6] hay mucha gente que no da la mano. Se limitan a hacer una inclinación de cabeza, y a decir «*nice meeting you*», o **algo por el estilo**[7]. A mí eso me parece muy frío.

HOWARD. Y en cambio **yo quedé muy mal**[8] cuando me presentaste a la señora **de no sé cuántos**[9], en Madrid, y no le besé la mano. **En confianza**[10], eso de besarles la mano a las señoras me parece ridículo.

PILAR. Depende de la situación, Howard, y de las personas. Esa señora de quien hablas **es muy apegada**

[1] no tienen buenas maneras

[2] es un acto de mala educación, de malas maneras

[3] muchacha

[4] desagradablemente sorprendida

[5] proverbio

[6] primeros encuentros sociales

[7] o algo así

[8] causé mala impresión

[9] de no sé qué nombre

[10] entre amigos

a[11] ciertos formulismos sociales que van desapareciendo.

MANUEL. Este problema de las diferentes costumbres de cada país es un lío. A veces **se mete la pata**[12] **sin querer**[13].

MARÍA LUISA. Como hiciste tú en España, Howard, cuando fumabas sin ofrecer cigarrillos a los que estaban contigo.

HOWARD. Sí, lo recuerdo. Y un día uno de tus amigos me preguntó si los cigarrillos ya salían encendidos del bolsillo.

MANUEL. En general, me parece que la sociedad hispánica es más formalista que la norteamericana.

PILAR. Mira, querido, hay de todo en todas partes.

[11]tiene inclinación a, es aficionada a

[12]se comete una grosería, se dice algo que no se debe decir

[13]involuntariamente

PRACTICA INDIVIDUAL

Cuestionario para una encuesta.

1. ¿Qué conducta de otra persona le hace pensar a Vd. que esa persona es un poco *mal educada?* (1)
2. En la vida social, ¿qué tipo de conducta le parece a usted una *grosería?* (2)
3. Cuando alguien usa palabras groseras delante de Vd., ¿*se queda Vd. frío (-a)* o no le importa? (4)
4. ¿Sabe Vd. algún *refrán* en español o en inglés? ¿Cree Vd. que los refranes contienen una profunda sabiduría popular? (5)
5. Cuando Vd. está en una fiesta donde hay gente que Vd. no conoce, ¿espera Vd. que un amigo común se *la presente* (haga la presentación), o le habla Vd. aunque no la conozca? (6)
6. ¿Cree Vd. que una *presentación,* o *algo por el estilo,* es necesaria en la vida social? ¿O prefiere Vd. conocer a la gente directamente, sin *presentaciones?* (6 y 7)
7. ¿*Quedó Vd. muy mal* alguna vez? ¿Qué dijo o hizo para *quedar mal?* (8)
8. ¿Tiene Vd. buena memoria para los nombres? ¿Cree Vd. que sería una *grosería* presentar a alguien diciendo: Le presento a Vd. al señor *no sé cuántos?* (2 y 9)
9. *En confianza,* díganos Vd. si se considera una persona *tímida.* (10)
10. ¿Es Vd. muy *apegado (-a)* a los formulismos sociales? (11)
11. ¿*Metió Vd. la pata* alguna vez, *sin querer?* ¿Qué dijo, y en qué circunstancias lo dijo? (12 y 13)

Comentarios sobre los resultados de la encuesta.

1. ¿Qué opiniones tenemos en clase sobre el concepto de lo que es una grosería?

2. ¿Cuántos se quedan fríos cuando alguien usa palabras groseras, y por qué? ¿A cuántos no les importa que alguien use palabras groseras, y por qué?
3. ¿Cuántos consideran que las presentaciones son necesarias en la vida social, y por qué?
4. ¿Hay muchos aquí apegados a los formulismos sociales? ¿Por qué los consideran importantes?
5. Todos metemos la pata alguna vez. ¿En qué circunstancias la metieron Vds.?

PRACTICA GENERAL

Preguntas dirigidas a toda la clase.
1. El concepto de la buena educación, ¿varía de una sociedad a otra? Dentro de la misma sociedad, ¿varía de una clase social a otra?
2. ¿Creen Vds. que besarles la mano a las señoras es una costumbre ridícula?
3. Si les presentaran a Vds. al Presidente de un país y a su señora, ¿cómo los saludarían Vds.?
4. Si Vds. fueran a vivir a un país extranjero, con costumbres muy diferentes de las de su país, ¿procurarían aprender esas costumbres diferentes, o seguirían actuando como si vivieran en su propio país?
5. Comparando las costumbres de diferentes países, ¿cree Vd. que unas son mejores que otras? ¿Cree Vd. que son, simplemente, diferentes, ni mejores ni peores?

AMPLIACION DE VOCABULARIO

A En una sociedad muy diversificada, como la de los Estados Unidos, en la que coexisten muchos grupos étnicos diferentes, se habla mucho de las diversas culturas, utilizando esta palabra en un sentido muy técnico, tal como la usaría un antropólogo. En español se puede usar esta palabra en la misma forma y con el mismo sentido pero, en general, en la conversación se prefiere usar la palabra **costumbre.** Así se dice: La poligamia forma parte de **las costumbres** musulmanas. La palabra **cultura** se usa, generalmente, para indicar un nivel elevado de conocimientos, sensibilidad artística y refinamiento intelectual. Para un hispanoparlante, una persona **culta** es alguien que ha leído mucho, que ha recibido una buena instrucción. Una persona **educada,** por otra parte, es alguien que tiene lo que la sociedad llama **buenas maneras.** Por eso es perfectamente posible decir en español: Es una persona muy bien **educada** pero **sin cultura** ninguna. Es decir, tiene buenas maneras, pero es muy ignorante.

¿Cuál es su concepto de «una persona culta»? ¿Qué entiende Vd. por «una ciudad con un alto nivel cultural»? ¿Cree que la ciudad donde vive puede ser llamada «una ciudad culta»? Usando el concepto cultura en su sentido técnico, ¿cuántos grupos culturales ve Vd. en la sociedad en la que vive?

B Las reglas de la buena educación (de la etiqueta) cambian de una sociedad a otra. Así es posible ser bien educado (estar bien educado, ser cortés, tener buenas maneras, tener buenos modales) en una sociedad, y ser un mal educado (estar mal educado, ser descortés, no tener buenas maneras, o buenos modales) en otra. Estas diferencias se notan, por ejemplo, comparando lo que se considera de buena educación (correcto) o de mala educación (incorrecto) en la mesa. En el mundo hispánico no es correcto (no es de buena educación), por ejemplo, tener la mano izquierda debajo de la mesa durante las comidas, algo perfectamente aceptable en otras sociedades. Los adjetivos correcto e incorrecto se usan, generalmente, en la forma en que han sido utilizados más arriba, para indicar de buena (o de mala) educación, es decir, cuando se está hablando de las normas de corrección social. Cuando se habla de la corrección gramatical de una frase se prefiere decir, para evitar confusiones, que la frase está bien (o está mal). Así, se considera incorrecto (socialmente) decirle a una señora: ¡Qué gorda está usted! Gramaticalmente esta frase está bien (es gramaticalmente correcta).

Hay ciertos platos de la cocina árabe que se comen con los dedos. ¿Considera que esto es de mala educación? ¿Cree que la única manera correcta de comer es usando cuchillo y tenedor? ¿Cómo le explicaría a un amigo extranjero cuáles son las reglas más generales de la cortesía en su país?

C Cuando una persona es muy cosmopolita, y está acostumbrada a moverse en sociedad, se dice de ella que tiene mundo. La persona que no tiene mundo, que es lo contrario de un hombre (o una mujer) cosmopolita, es una persona provinciana o pueblerina. Si se dice de ella, por otra parte, que es mundana, se está diciendo que es frívola. Si es seria y digna de confianza, es una persona formal. Una persona poco seria, por el contrario, que siempre llega tarde y que nunca hace lo que ha prometido hacer, es una persona informal. Una fiesta de noche, en la que las señoras y señoritas llevan traje de noche (un traje que no se usa en la calle, o en fiestas que tienen lugar durante el día) y los caballeros llevan smoking (tuxedo) o frac (tails), es una fiesta de etiqueta. Si la fiesta no es de etiqueta, aunque sea de noche, todos van vestidos de calle: trajes (los caballeros) y vestidos (las señoras y señoritas) que se usan durante el día. Con todo esto se ve que las palabras formal e informal son dos falsos cognados que pueden crear problemas al angloparlante cuando las oye o las usa en español. Una fiesta en la que todos están muy formales es una fiesta en la que todos están muy serios y circunspectos y que, muy posiblemente, resulte, bastante aburrida. En **una fiesta de etiqueta**, o un **baile de etiqueta**, los asistentes llevan, como se indicó antes, *evening clothes*. En la sociedad norteamericana un *formal party* no es necesariamente una **fiesta de etiqueta**. La expresión puede indicar, simplemente, que las mujeres están vestidas elegantemente, y que los hombres llevan chaqueta y corbata.

Cuando los adjetivos ingleses *formal* e *informal* se aplican a una persona, se puede decir en español: Es una persona muy **etiquetera** (que da mucha importancia a las reglas de la etiqueta, a los uso y costumbres que la sociedad considera elegantes), o, por el contrario: Es una persona poco **etiquetera** (que no da importancia a esas reglas).

Los conceptos explicados anteriormente, ¿le parecen válidos para toda la sociedad, o cree que reflejan simplemente los criterios de cierta clase social? Actualmente hay una gran libertad en las formas de vestir; ¿cree que estas ideas no tienen valor en la sociedad de ahora? ¿Cree que los formalismos sociales hacen la vida más agradable, o que son simples expresiones de la hipocresía colectiva? ¿Qué aspectos de la etiqueta de su sociedad le parecen vacíos de contenido? ¿O, por el contrario, le parecen todos significativos y dignos de conservarse? ¿Se considera una persona etiquetera? ¿Cree que el obedecer ciegamente las reglas de la etiqueta refleja inseguridad personal en la vida de sociedad?

DIFICULTADES Y EJERCICIOS

uso de: **dar la mano, darse la mano**

dar la mano ⟍

⟩ *to shake hands*

darse la mano ⟋

Manuel encontró a Craig y **le dio la mano**.
Los dos amigos **se dieron la mano**.

Dar la mano es un acto unilateral que otra persona recibe y contesta dando, a su vez, la mano. **Darse la mano** es un acto recíproco.

PRACTICA

Vamos a pasar a la forma recíproca.

Manuel nos encontró y nos dio la mano.

Manuel nos encontró y **nos dimos la mano**.

Los presentaron al Presidente y *él les dio* la mano.

Los presentaron al Presidente y ellos _____.

Después del concierto te presentaron al pianista y *él te dio* la mano.

Después del concierto te presentaron al pianista y ustedes _____.

La conocí ayer en el baile, y cuando la vi hoy en la calle *le di* la mano.

La conocí ayer en el baile, y cuando la vi hoy en la calle nos _____.

USO DE: **confiar; confiar en, tener confianza en; tener confianza, tener confianza con; ser de confianza**

confiar ——————————— *to entrust*

confiar en
tener confianza en — *to trust*

tener confianza (con) ——— *to be very close friends with*

ser de confianza —— *to be reliable, trustworthy*
to be a very close friend

«**Te confío** este secreto porque sé que eres un buen amigo, y que no se lo dirás a nadie. **Confío en** ti, y **tengo confianza en** que me guardarás el secreto. Mira, hace muchos años que somos amigos y **tenemos confianza:** Yo tengo confianza contigo y tú la tienes conmigo».
«¡Bueno, hombre, dilo de una vez! ¿Cuál es ese terrible secreto»?
«No compres lo productos que fabrica mi compañía: No son **de confianza**».
«Querido amigo, eso es un secreto a voces. Todo el mundo lo sabe».

PRACTICA

Confío en mis amigos.
Mi mujer *confía* en mí.

Tengo confianza en mis amigos.
Mi mujer _____ en mí.

Confiamos en nuestros hijos.
¿*Confían* en ese médico?

_____ en nuestros hijos.
¿_____ en ese médico?

No *confíes* en ese hombre.
Te digo lo que pienso porque *tengo confianza contigo.*

No _____ en ese hombre.
Te digo lo que pienso porque **tenemos confianza.**

Tener confianza con alguien indica un cierto grado de reciprocidad. Esta reciprocidad está implícita en la expresión **tener confianza** (yo contigo y tú conmigo, etc.).

Les cuento este secreto porque *tengo confianza con ustedes.*

Les cuento este secreto porque nosotros _____.

Ellos entran y salen de su casa (de él) porque *tienen confianza con él.*

Ellos entran y salen de su casa (de él) porque ellos _____.

El los visita todos los días porque *tiene confianza con ellos.*

El los visita todos los días porque ellos _____.

Te hago esta crítica porque *tengo confianza contigo.*

Te hago esta crítica porque nosotros _____.

Ser de confianza se aplica a personas o cosas para indicar fe, familiaridad o seguridad.

Tengo un secretario *en quien confío,* que conoce todos los secretos de la compañía.

Tengo un secretario **de confianza,** que conoce todos los secretos de la compañía.

Puedes hablar delante de él: *Confiamos en él.*

Puedes hablar delante de él: Es _____.

Puedes confiar en este producto.

Este producto es _____.

Es una firma comercial *en la que se puede confiar.*

Es una firma comercial _____.

En esta tienda nunca te engañarán: *Puedes confiar en ellos.*

En esta tienda nunca te engañarán: Son _____.

PRACTICANDO AL CONTESTAR

¿Confías en tus amigos? Si tuvieras algún problema serio, ¿tienes confianza en que te ayudarían? ¿Hay alguien con quien tienes tanta confianza que le puedes decir siempre lo que piensas?

PEQUEÑO TEATRO

1. Si algunos miembros de la clase han viajado por países extranjeros, pueden contar sus experiencias y sus descubrimientos de nuevas costumbres y actitudes sociales. Los demás no deben limitarse a escuchar, sino que tendrán que hacer preguntas y pedir aclaraciones.
2. La gran variedad de orígenes étnicos y culturales en los Estados Unidos es, también, una fuente inagotable de conversación. El famoso crisol americano (*melting pot*), por ejemplo, ¿es una realidad o un mito? ¿Todos los grupos de la sociedad norteamericana tienen las mismas costumbres? ¿Cómo coexisten las varias tradiciones culturales?
3. La clase puede convertirse en un grupo de antropólogos y sociólogos que estudia la sociedad norteamericana. ¿Cómo son las costumbres tribales en cuanto al noviazgo, el matrimonio, las relaciones entre vecinos, la muerte? ¿Cómo reacciona el norteamericano medio ante

una costumbre nueva, de otro grupo que no es el suyo? ¿Es cierto que en la sociedad norteamericana hay una fuerte presión hacia la uniformidad? ¿Cuál es la reacción de la sociedad ante los que son diferentes? ¿Qué es «ser diferente»?

SEA USTED MI INTERPRETE, POR FAVOR

1. Do you always shake hands with your friends when you see them?
2. When you light up a cigarette, do you always offer cigarettes to the others first? (Don't answer that you don't smoke, please.)
3. Will you bring up your children the same way you have been brought up?
4. Do you consider yourself an educated person?
5. Do you think that the idea of what is polite and what is not polite changes from one social class to another?
6. Thank you for inviting me to your party. Is it going to be formal or informal?
7. Do you always do what you have to do? Are you a responsible person?
8. Why don't you trust me? You know very well I will keep the secret.
9. Do you have any good friends that you trust?

CUESTIONES GRAMATICALES

LOS PRONOMBRES DE OBJETO DIRECTO

En su conversación con Howard (Lección 10), al hablar de un muchacho que María Luisa conoció el día anterior, ella dice: «lo invité a salir», y: vendrá a buscarme a las siete». Los pronombres **lo** y **me** indican los objetos directos de las dos acciones.

A El objeto directo de un verbo puede ser una persona o un objeto, y se identifica fácilmente, en caso de duda, poniendo la frase en voz pasiva. El objeto directo de la frase en voz activa se convierte en el sujeto del verbo en voz pasiva:

Yo invité a Wayne. = Wayne fue invitado por mí.
Tú viste a Paula. = Paula fue vista por ti.

B Formas. Los pronombres de objeto directo tienen una forma corta y una forma larga. En los ejemplos siguientes las formas largas aparecen entre paréntesis:

(a mí) ——————— me	invitaron a la fiesta.
(A ti) ——————— te	vieron en el cine.
(A él) ——————— lo	citaron para mañana a las dos.
(A usted)	
(A ella) ——————— la	invitaron al teatro.
(A nosotros) ——— nos	dejaron plantados.
(A ellos) ——————— los	invitaron a la boda.
(A ustedes)	
(A ellas) ——————— las	conocieron en la fiesta.
(A vosotros) ——— os	llevaron al cine.

C Problema. En España las formas **lo** y **los** coexisten con las formas **le** y **les**, creando así una confusión entre los pronombres de objeto directo y los de objeto indirecto. Esta alternativa no existe en Hispanoamérica. Es posible, por lo tanto, que un español exprese la misma idea con estas formas:

(A él) { lo vi en la fiesta.
         { le vi en la fiesta.

(A ellos) { los invité a la fiesta.
           { les invité a la fiesta.

Este uso de **le** y **les** como pronombres de objeto directo es típico de España, como lo es el uso de **vosotros**, plural de **tú**, en lugar de usar sólo la forma **ustedes** como plural de **tú** y de **usted**.

D Posición. En los ejemplos anteriores los pronombres de objeto directo preceden al verbo. Hay dos casos en los cuales los pronombres pueden estar unidos al final del verbo, o pueden precederlo, separados de él:

1. Cuando el verbo está en **infinitivo**:

¿Quieres llamar a tu madrina? { ¿Quieres llamarla?
                                { ¿La quieres llamar?

2. Cuando el verbo está en **gerundio**:

Están anulando el matrimonio. { Están anulándolo.
                               { Lo están anulando.

Hay un caso en que el pronombre siempre sigue al verbo: cuando el verbo está en la **forma afirmativa del imperativo**:

Firma estos documentos. = Fírmalos.

Pero no en su **forma negativa**:

No firmes estos documentos. = No los firmes.

Se puede ver que, al añadir una sílaba más al verbo, un acento puede ser necesario para mantener la acentuación adecuada en la forma verbal.

E Cuando una frase empieza por el objeto directo en forma no pronominal, la forma pronominal corta debe seguirlo:

A tu novio lo vi en la calle ayer.
A mis amigos ella los dejó plantados.
A la viuda de tu hermano la vi ayer en la iglesia.

PRACTICA

Vamos a suprimir las palabras subrayadas y usar en su lugar el pronombre de objeto directo que corresponda. Cuando el verbo esté en tercera persona, usar también la forma larga para evitar confusiones.

MODELO
María Luisa invitó a sus amigos a la fiesta.
María Luisa los invitó a ellos a la fiesta.
A ellos los invitó María Luisa a la fiesta.

1. Los invitados felicitaron a los novios.
2. Dejó plantadas a sus amigas.
3. Por favor, no leas esas cartas.
4. ¿Es verdad que estás estudiando el árabe?
5. No olvides la cita.
6. Voy a terminar esta novela hoy.
7. ¿Cuándo vas a comprar cigarrillos?
8. Llamaron a la testigo para que declarara.
9. ¿Conoces al padrino?
10. No repitas esos rumores.

LOS PRONOMBRES DE OBJETO INDIRECTO

Howard habla de sus pequeñas meteduras de pata en España, y dice que en una ocasión quedó muy mal porque «no le besó la mano a una señora», y luego añade que eso de «besarles la mano a las señoras» a él «le parece ridículo». En estos comentarios Howard usa las palabras **le** y **les**, que son pronombres que indican el objeto indirecto de una acción.

A Cuando enviamos una invitación a un amigo o a una amiga, el objeto directo de nuestra acción es la invitación (= la invitación es enviada por nosotros), y quien recibe ese objeto directo es el objeto indirecto de nuestra acción: un amigo o una amiga, y siempre va precedido de la preposición **a**.

B Los objetos indirectos de una frase pueden estar representados por pronombres.

1. Estos pronombres tienen una **forma corta** (**me, te, le, nos, les, os**) y una **forma larga** (**a mí, a ti, a él, a ella, a usted, a nosotros, a ustedes, a vosotros, a ellos, a ellas**).
2. Las formas cortas **me, te, nos** y **os** son iguales a las que representan a los objetos directos.
3. La forma corta aparece siempre; la forma larga puede acompañarla o no.

C Vamos a estudiar los pronombres de objeto indirecto que representan a las terceras personas:

Envié una invitación { a Howard. / a Pilar. / a usted. } = **Le** envié una invitación { a él. / a ella. / a usted. }

Dijo una grosería { a sus amigos. / a sus amigas. / a ustedes. } = **Les** dijo una grosería { a ellos. / a ellas. / a ustedes. }

Las formas **le** y **les** son ambiguas y muchas veces van acompañadas de las formas largas (**a él, a ella, a usted**) para evitar confusiones. Esto no es necesario con las otras formas.

D Las formas cortas **me, te, nos, os** pueden estar acompañadas por la forma larga (**a mí,** etc.) para dar más fuerza a la frase, pero no para evitar ambigüedades; en todos los casos la forma larga puede ir delante o detrás de la forma corta:

Nos explicaron las costumbres locales.
A nosotros nos explicaron las costumbres locales.
Nos explicaron las costumbres locales a nosotros.

E Un ejemplo para cada persona:

A mí	**me**	explicaron el refrán.
A ti	**te**	dijeron que eres muy cortés.
A él		
A usted	**le**	hablaron en confianza.
A ella		
A nosotros	**nos**	enviaron la invitación
A ellos		
A ustedes	**les**	enviaron una nota de agradecimiento.
A ellas		
A vosotros	**os**	enseñaron la casa.

F Posición de los pronombres de objeto indirecto
En los ejemplos anteriores, el pronombre siempre precede al verbo.

Hay dos casos en que siguen al verbo, unidos a él, o lo preceden, separados; hay un caso en que siempre lo sigue:

1. Cuando el verbo está en infinitivo:

   Voy a decirle la verdad.
   Le voy a decir la verdad.

2. Cuando el verbo está en gerundio:

   Estoy diciéndole la verdad.
   Le estoy diciendo la verdad.

3. Cuando el verbo está en la forma afirmativa del imperativo, el pronombre siempre lo sigue:

   Dile la verdad a tu hermano.

   Pero si está en la forma negativa, el pronombre precede al verbo:

   No le digas la verdad.

PRACTICA

Vamos a completar las frases siguientes, añadiendo a ellas el objeto indirecto indicado entre paréntesis.

MODELO
Di la verdad. (a mí)
Dime la verdad.

1. Explica esta costumbre. (a nuestros amigos)
2. No digas groserías. (a mí)
3. Estás contando algo increíble. (a nosotros)
4. Pidieron un favor. (a ti)
5. Siempre estás escribiendo. (a ellas)
6. El policía puso una multa. (a usted)
7. Dio una buena educación. (a su hija)
8. Dio la mano. (a ustedes)

FRASES CON PRONOMBRES DE OBJETO DIRECTO Y DE OBJETO INDIRECTO

Los dos pronombres pueden aparecer juntos en una frase. En ese caso, el pronombre de objeto indirecto precede al de objeto directo: La invitación, **nos la** mandaron ayer.

A Si incluimos en un solo cuadro estos dos tipos de pronombres, vemos cuáles sirven para indicar tanto el objeto directo como el indirecto, y cuáles son exclusivos de uno o de otro:

Objeto directo	Objeto directo Objeto indirecto	Objeto indirecto
	me, a mí te, a ti	
lo ⟨ a él / a usted / la ⟨ a ella		le ⟨ a él / a ella / a usted
	nos, a nosotros	
los ⟨ a ellos / a ustedes / las ⟨ a ellas		les ⟨ a ellos / a ellas / a ustedes
	os, a vosotros	

B Posición de los pronombres

Cuando en una frase hay un objeto directo y otro indirecto, los dos en forma pronominal, el objeto indirecto siempre precede al directo, y sufre un cambio en la tercera persona: Las formas **le** y **les** se convierten en **se**.

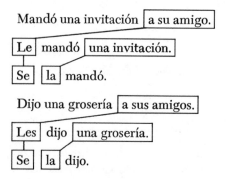

Mandó una invitación a su amigo.

Le mandó una invitación.

Se la mandó.

Dijo una grosería a sus amigos.

Les dijo una grosería.

Se la dijo.

PRACTICA

Siguiendo los tres pasos de los ejemplos anteriores, vamos a cambiar las frases siguientes añadiendo la forma pronominal del objeto indirecto indicado entre paréntesis.

MODELO
Explicaron la costumbre. (a Howard)
Le explicaron la costumbre.
Se la explicaron.

1. Dieron una fiesta. (a sus amigos)
2. La antropóloga explica la cultura hispánica. (a nosotros)
3. El dio la mano. (a mí)
4. El niño dijo una frase incorrecta. (a la señora)
5. Trajeron los periódicos. (a ti)
6. Vendió un traje de noche. (a la chica)

C Posición
Como en los casos en que sólo hay un objeto en la frase, los pronombres de objeto directo y de objeto indirecto pueden preceder o seguir al verbo cuando éste está en:

infinitivo:
Voy a contártelo todo. = Te lo voy a contar todo.
gerundio:
Estoy contándotelo todo. = Te lo estoy contando todo.

Siempre siguen al verbo cuando éste está en la forma afirmativa del imperativo, y siempre lo preceden cuando el imperativo está en la forma negativa:

Cuéntamelo.
No me lo cuentes.

PRACTICA

Las frases siguientes incluyen un objeto directo. El objeto indirecto está indicado entre paréntesis. Vamos a cambiar las frases incluyendo los dos objetos en forma pronominal. Cuando el verbo esté en infinitivo o en gerundio, hay que dar las dos formas posibles.

MODELO
Voy a besar la mano. (a esa señora)
Voy a besársela.
Se la voy a besar.

1. Por favor, explica esa costumbre. (a mí)
2. No digas groserías. (a tus amigos)
3. Los padres quieren dar una educación muy buena. (a su hijo)
4. Estás diciendo muchas cosas frívolas. (a nosotros)
5. Di algún refrán. (a ellas)
6. No traigas el smoking. (a mí)

EL ARTE DE LA COMPOSICION

PARA USAR EN LA COMPOSICION

1. *Las buenas maneras*
   la buena (mala) educación
   ser de buena (mala) educación
   la grosería
   la costumbre
   la cultura
   correcto, incorrecto
   dar(se) la mano
   la presentación

2. *Conducta*

   ser $\left\{\begin{array}{l} \text{bien (mal) educado} \\ \text{cortés, descortés} \\ \text{grosero} \\ \text{formal, informal} \\ \text{frívolo, -a} \\ \text{pueblerino, -a} \\ \text{provinciano, -a} \\ \text{etiquetero, -a} \\ \text{apegado (-a) a} \end{array}\right.$

   tener $\left\{\begin{array}{l} \text{mundo} \\ \text{confianza (en, con)} \end{array}\right.$

   confiar en
   quedar bien (mal)
   meter la pata
   quedarse + *adjetivo*

3. *El vestido*

   el traje $\left\{\begin{array}{l} \text{de calle} \\ \text{de noche} \\ \text{de etiqueta} \end{array}\right.$

   el smoking, frac
   la fiesta de etiqueta
   el baile de etiqueta

4. *Otras expresiones*
   el chico, la chica
   el refrán
   haber de todo
   por el estilo
   en confianza
   sin querer

LA NARRACION EN CULTURAS BILINGÜES

Hay muchos países en los cuales se habla más de un idioma. En el mundo hispánico hay varios casos: además del español, que es la lengua oficial de España, algunas regiones españolas tienen otra lengua, también oficial dentro de la región: el catalán en Cataluña, el vasco en Euzkadi y el gallego en Galicia; en Paraguay coexisten el español y el guaraní; en Perú y Bolivia el quechua y el aymara; en México todavía se hablan algunas lenguas indígenas, y lo mismo sucede en Guatemala. En Estados Unidos hay un gran número de personas que consideran el español como su lengua materna, o que tienen el privilegio de vivir con dos idiomas, el español y el inglés.

En los países con dos o más lenguas puede suceder que la población se divida según el idioma que hable (en Suiza, donde predominan el francés y el alemán, hay suizos que sólo hablan una de las dos lenguas), o que toda la población tenga una lengua común, con minorías que tienen, además de esa lengua común, otra propia. En España, por ejemplo, aunque es cierto que hay vascos, catalanes o gallegos que no hablan español, se puede decir que, en general, el español es la lengua común, en la que todos se entienden. Hay muchas personas que hablan, además del español, su propia lengua catalana, vasca o gallega; y muchas veces, al hablar en español, introducen palabras o giros de su otro idioma. Esto ocurre también en los Estados Unidos, donde el inglés y el español se mezclan, a veces, en la conversación de la gente que habla las dos lenguas.

Al escribir sobre una sociedad bilingüe, intentando reflejar su manera de hablar, hay varias posibilidades. Imaginemos el dilema de un escritor gallego que quiere escribir un cuento con tema y personajes gallegos. El tiene varias posibilidades:

1. Escribir en español, la lengua de la mayoría del país y de otros veinte países, con la esperanza de encontrar lectores en toda España e Hispanoamérica: «—Ya baja la niebla por el pinar—dijo el muchacho».
2. Escribir en gallego, una lengua hablada por unos cuatro millones de personas en todo el mundo. El autor tiene así la satisfacción de contribuir a la literatura de su pequeño país, pero su posible número de lectores se ha reducido muchísimo: «—Xa baixa a bretema polo piñeiral—dixo o rapaz».
3. Escribir, básicamente, en uno de los dos idiomas, usando de vez en cuando palabras y expresiones del otro. En este caso tiene varias opciones:

    a. Escribir las descripciones (es decir, cuando habla el autor) en una de las lenguas (en este ejemplo, el español) en una forma gramaticalmente buena, y mezclar los dos idiomas cuando hablan los personajes, reflejando así un hecho de la sociedad gallega: «—Ya baja la bretema por el piñeiral—dijo el muchacho».
    b. Mezclar los dos idiomas en las descripciones y en los diálogos: «—Ya baja la bretema por el piñeiral—dijo el rapaz».

    En los dos casos el autor corre el riesgo de que lo critiquen por escribir en una lengua que no es ni español ni gallego; además reduce el número de lectores a las personas que hablen los dos idiomas. En el ejemplo dado, los lectores que sólo hablen español llegarán a cansarse de encontrar muchas palabras gallegas que no comprenden, y dejarán de leer.
4. Publicar una versión bilingüe de su obra. Esto es relativamente fácil en un libro de poesía, y mucho más difícil en una novela larga.

Este ejemplo del escritor gallego se puede aplicar a los Estados Unidos, donde hay ahora una literatura de la gente de habla hispana, en la cual se han explorado todas las posibilidades mencionadas. Todas ellas son válidas, y la elección depende de quien escribe. Si lo que el autor, o la autora, quiere es tener el mayor número posible de lectores, las opciones 3a y 3b son las menos atractivas. Al usar los dos idiomas, el público lector se limita a la población bilingüe. El problema se reduce si la mezcla de los dos idiomas es limitada, de forma que no impida comprender el conjunto de la obra.

PRACTICA

Escribir una breve narración según los casos 3a o 3b, escogiendo una de estas situaciones:

1. Lugar: Un país hispánico. Protagonista: Una persona que habla español, pero cuya lengua materna es el inglés.
2. Lugar: Un país de lengua inglesa. Protagonista: una persona que habla español y un poco de inglés.
3. Lugar: Un país de lengua inglesa. Protagonista: Una persona que habla los dos idiomas, pero que prefiere usar el español.

POSIBLES TEMAS PARA UNA COMPOSICION

1. La buena educación, un concepto relativo.
2. La buena educación, ¿hace la coexistencia más fácil?
3. Buenos modales o buen corazón: ¿Qué es más importante?
4. Los choques de culturas.
5. La cortesía, ¿puede estar en conflicto con la verdad?
6. Unos antropólogos de otro planeta escriben sobre las costumbres de este país.
7. La juventud actual, ¿más espontánea que la generación anterior?
8. Una fiesta en mi casa: personajes famosos a quienes invitaría.
9. El conformismo: presiones de grupo.
10. El matrimonio de dos personas de culturas diferentes.
11. La cultura hispánica en los Estados Unidos.
12. Choques de culturas en la historia de los Estados Unidos.
13. La experiencia personal de un(-a) niño(-a) hispano(-a) en una escuela norteamericana.

Lección 12 | La violencia

*En muchos países hispánicos las fuerzas armadas han intervenido
frecuentemente en la política. ¿Son garantía del orden público o
fuente de violencia institucionalizada?*

HOWARD. Oye, María Luisa, dice el periódico que ayer hubo **una pelea**[1] en la playa donde estuvimos por la tarde.

MARÍA LUISA. ¿Una pelea? Yo no vi nada.

HOWARD. Es que fue por la noche. Llegaron unos grupos de chicos, se pusieron a beber, y luego **se pelearon** todos **unos con otros**[2].

MARÍA LUISA. **¿A tiros**[3]**?**

HOWARD. ¡No, mujer! **A puñetazos**[4].

MARÍA LUISA. Y, ¿por qué **se pegaron**[5]? Sería por algo, digo yo.

SHEILA. No me extrañaría nada que lo hubieran hecho **nada más que por divertirse**[6]. Es típico de la violencia de estos tiempos.

MARÍA LUISA. Siempre están hablando de eso de la violencia, y yo nunca veo nada.

SHEILA. **Ni falta que te hace**[7].

PILAR. No digas tonterías, María Luisa. Sabes muy bien que la violencia es un problema aquí, y en España también.

CRAIG. Yo creía que en España no teníais ese problema.

PILAR. ¡Ay, Craig! Eso era antes. Ahora también existe, aunque quizá no sea tan grave como aquí.

MANUEL. Sí, España ha cambiado mucho en los últimos años. Se convirtió en una sociedad industrializada, con todos los problemas que eso significa.

SHEILA. ¡Qué pena! Howard nos contó que cuando estuvo en Madrid con ustedes, a veces toda la familia salía de noche a tomar una café en una **terraza**[8].

PILAR. Sí, y todavía se hace, pero menos que antes. Ahora las calles están menos animadas de noche. Hay muchos navajeros.

CRAIG. Muchos . . . ¿qué?

PILAR. Navajeros, gente que roba amenazando con una **navaja**[9]. Y a veces, en pleno día, vas por la calle tan tranquila, y te dan el tirón.

SHEILA. ¿Qué es eso de dar el tirón?

PILAR. Pues, prácticamente te arrancan el bolso de las manos. Creo que aquí le llamáis *purse snatching*.

MARÍA LUISA. Tienes razón, mamá. Dije que yo nunca vi nada, pero ahora recuerdo que a una amiga mía le dieron el tirón un día.

MANUEL. **De todas maneras**[10], me parece que el problema no es tan serio como aquí. En España tenemos

[1]*fight*

[2]lucharon todos unos con otros
[3]¿con pistolas o rifles?
[4]con los puños
[5]¿por qué se pelearon?
[6]sólamente por divertirse

[7]no necesitas verla

[8]terraza de café: *sidewalk cafe*

[9]*pocket knife, switch blade*

[10]*anyway*

una larga tradición de salir de noche, como en todos los países mediterráneos.

PILAR. Pero ahora en España hay más libertad que antes, y hay mucha gente que le perdió el miedo a la policía, y así pasan esas cosas.

MANUEL. ¡Ay, Pilar! Me parece que estás diciendo que la violencia es una consecuencia de la libertad política.

PILAR. Mira, Manuel, tú sabes tan bien como yo que la cuestión es muy compleja, y que no es fácil encontrar una explicación sencilla. **Te apuesto**[11] algo a que tú mismo no podrías dar una lista de las causas de la violencia que hay en las calles.

MANUEL. Y ganarías la apuesta, Pilar.

[11]te juego dinero

PRACTICA INDIVIDUAL

Cuestionario para una encuesta.

1. ¿Has visto alguna *pelea* en la realidad, o sólamente en el cine? (1)
2. En los periódicos, ¿has leído alguna noticia de gente que *se haya peleado a tiros* o *a puñetazos?* (2, 3 y 4)
3. Cuando estabas en la escuela, ¿era frecuente que los muchachos *se pegaran* unos con otros? (5)
4. ¿Tú crees que haya gente que se pegue *nada más que por* divertirse? (6)
5. ¿Crees que es útil saber karate, o crees que *ni falta que te hace?* (7)
6. ¿Hay *terrazas de café* en la ciudad donde vives? (8)
7. ¿Qué harías si alguien te atacara con una *navaja?* (9)
8. Saber karate es útil, quizá. Pero, ¿crees que, *de todas maneras,* es más útil poder correr muy rápidamente? (10)
9. ¿Hay mucha gente que *apuesta* dinero al fútbol, o a los caballos? ¿Es legal en el estado donde vives? (11)

Comentarios sobre los resultados de la encuesta.

1. ¿Cuántos han visto una pelea en la realidad, y cuántos han visto peleas sólamente en el cine?
2. ¿Había muchas peleas en sus escuelas?
3. ¿Creen ustedes que la gente siempre se pelea por algo, o que algunas veces se pelea nada más que por divertirse?
4. ¿Cuántos saben karate, o alguna otra forma de defensa personal?
5. ¿Cuántos creen que hay mucha gente que apuesta? ¿Por qué creen que la gente apuesta?

PRACTICA GENERAL

Preguntas dirigidas a toda la clase.

1. ¿Crees que la violencia es el problema más importante de la sociedad en la cual vives?

2. El pasado de tu país, ¿ha sido particularmente violento?
3. ¿Crees que los medios de difusión exageran la violencia existente?
4. ¿Es peligroso andar de noche por las calles de tu ciudad?
5. ¿Crees que en el cine y en la televisión ha habido una indirecta glorificación de la violencia?
6. En tu opinión, ¿debiera prohibirse la venta y posesión de armas de fuego, sobre todo de pistolas y revólveres?
7. La violencia en las calles, ¿es un fenómeno particular de las grandes ciudades?
8. Un gran aumento las fuerzas de policía, ¿puede solucionar el problema de la violencia?
9. Si fueras alcalde de una ciudad con grandes problemas de violencia en las calles, ¿qué harías para solucionar esos problemas?
10. ¿Hay alguna relación entre el uso de las drogas y la existencia de la violencia?

AMPLIACION DE VOCABULARIO

A Mucha gente está preocupada con los problemas de la violencia en la vida moderna. La violencia se puede expresar de muchas maneras, y una de ellas es **la delincuencia urbana** (el cometer delitos en las ciudades). Continuamente se cometen **delitos** (quien comete un delito es **un delincuente**) de todas clases: **robos** (**robar:** tomar lo que es de otros, con violencia o sin ella; el que roba es **un ladrón**), **atracos** (**atracar:** robar el dinero, la cartera, el reloj, etc., de alguien que pasa por la calle; el que atraca es **un atracador**), **crímenes** y **asesinatos** (matar a alguien; el que mata es **un criminal** o **un asesino**; la distinción entre **crimen** y **asesinato** es una distinción legal, pero en conversación se usan estas palabras como si fueran sinónimos, aunque en realidad no lo sean), **robos de pisos** o de casas (entrar en un piso, apartamento o casa y robar objetos de valor; quien comete este delito es **un ladrón de pisos**), **violaciones** (**violar:** poseer a una mujer por la fuerza; el que viola es **un violador**) y, a veces, simples ataques sin sentido, con **arma de fuego** o **arma blanca** (cuchillos, navajas) que no tienen por objeto el robo de la víctima, sino el perverso placer de causar mal a alguien. **Los raptos** de personas y **los secuestros** de aviones también son frecuentes en la actualidad.

¿Se cometen muchos delitos en la ciudad donde tú vives? ¿Se cometen muchos crímenes? ¿Cuál es el delito más frecuente? ¿Te han atracado alguna vez en la calle? ¿Conoces a alguien que haya sido atracado? ¿Qué harías si fueras atracado?

B ¿Qué puede hacer la policía ante una situación semejante? Sus coches **patrullan** las calles, y los policías **hacen** sus **rondas a pie,** solos o **en**

parejas, pero todo es inútil: La delincuencia continúa. Cuando la policía atrapa a alguien en el acto de cometer el delito puede **detenerlo** y llevarlo al **cuartelillo de policía** (**la estación de policía**) para **interrogarlo** (hacerle **un interrogatorio,** hacerle preguntas). Después de un cierto plazo de tiempo, que varía según las leyes de cada país, la policía tiene que entregar al detenido al juez para **ser procesado** (acusado ante los tribunales) o tiene que **soltarlo** (dejarlo en libertad). El juez puede dejarlo en **libertad bajo fianza** (depósito de una cierta cantidad de dinero para garantizar que comparecerá, se presentará, ante el tribunal). Cuando nadie sabe quién cometió un delito, la policía investiga el caso, detiene a **los sospechosos,** los interroga, y los suelta si tienen una buena **coartada** (*alibi*) o si **las sospechas** contra ellos resultan **infundadas.** Para descubrir a los autores de delitos la policía **cuenta con** una red de **confidentes** (personas que conocen **el hampa,** los bajos fondos, el mundo de los delincuentes) y con sus **ficheros** (archivos de fichas con datos biográficos, fotografías, **huellas dactilares,** etc., de muchas personas que han tenido que ver con la justicia). Cuando alguien tiene **antecedentes penales** (un historial de haber estado en prisión) también **está fichado** por la policía.

¿Crees que la policía es eficaz para luchar contra la delincuencia? ¿Qué es el *habeas corpus*? ¿Crees que la policía real tiene tantas aventuras interesantes como la policía de las películas? ¿Te gustaría ser policía? ¿Crees que es posible el crimen (el asesinato) perfecto? En tu opinión, ¿los jueces son demasiado blandos con los delincuentes? ¿Todos los acusados tienen derecho a ser puestos en libertad bajo fianza?

C Cuando alguien es **procesado** (llevado ante los tribunales), es **juzgado** por **un juez,** o por **un jurado** (grupo de personas, de ciudadanos). **El fiscal** (abogado acusador) defiende la ley y acusa a la persona que la ha **infringido** (**infringir:** quebrantar la ley, hacer algo ilegal, contrario a la ley). **El procesado** (la persona que está ante el tribunal) es defendido por **un abogado defensor;** puede ser **absuelto** (**absolver:** declarar inocente) o **condenado** (declarado culpable) a una **pena de reclusión** (condenado a ir a la cárcel, a la prisión, al presidio) o, si el delito es muy grave, en algunos países puede ser condenado a **la última pena** (**pena de muerte**). Cuando está en **el presidio,** es **un preso** (**un presidiario**). Después de algún tiempo, antes de cumplir su **condena** (tiempo que tiene que pasar en la prisión) puede ser puesto en **libertad provisional. Los sistemas penitenciarios** cambian de un país a otro, lo mismo que cambia el código penal, pero en todas partes se busca **mantener el imperio de la ley.**

¿Te gustaría ser juez, o fiscal? ¿Te parece fácil juzgar a otras personas? ¿Eres partidario de la pena de muerte? ¿Crees que la pena de muerte hace que haya menos delincuentes? ¿Eres partidario de la abolición

de la pena de muerte? ¿Se habla mucho en los periódicos de
los problemas del sistema penitenciario? La cárcel, ¿es para castigar
o para reformar a los delincuentes? Cuando alguien tiene antecedentes
penales, ¿le es fácil encontrar trabajo? ¿Hay un prejuicio social contra
los que han estado en la cárcel? ¿Cómo se puede ayudar a un
ex-presidiario a reintegrarse a la sociedad?

DIFICULTADES Y EJERCICIOS

USO DE: **pegar**

$$
\textbf{pegar} = \begin{cases}
\text{adherir, encolar} & \text{—— } \textit{to glue together} \\
\text{golpear} & \text{—— } \textit{to hit} \\
\text{poner en una pared} & \text{—— } \textit{to post} \\
\text{contagiar} & \text{—— } \textit{to infect with}
\end{cases}
$$

Para **pegar** las fotografías en el álbum necesitas un poco de goma (cola,
substancia adhesiva).

Los gamberros lo atacaron, **le pegaron,*** y le robaron la cartera.

Estaba **pegando** unos carteles cuando vi que en aquella pared había un
cartel que decía: Prohibido fijar (**pegar**) carteles.

Cuando mi hijo mayor se enfermó **pegó** la enfermedad a todos sus hermanos.

PRACTICA

Rompí la tetera, y ahora voy a ver
si puedo *encolar* los trozos.

Rompí la tetera, y ahora voy a ver
si puedo _____ los trozos.

Me dijeron en la tienda que esta
goma lo *encola* todo: papel, cuero,
madera y cristal.

Me dijeron en la tienda que esta
goma lo _____ todo: papel,
cuero, madera y cristal.

¿Crees que esta goma es buena
para *encolar* porcelana?

¿Crees que esta goma es buena
para _____ porcelana?

Lo atacaron en la calle, le robaron
el dinero y *lo golpearon.*

Lo atacaron en la calle, le robaron
el dinero y le _____.

Es un hombre cruel que *golpea* a
su perro sin razón.

Es un hombre cruel que (le)
_____ a su perro sin razón.

Hubo un escándalo muy grande
cuando un periodista acusó a la
policía de *golpear* a los detenidos.

Hubo un escándalo muy grande
cuando un periodista acusó a la
policía de _____ a los detenidos.

* Obsérvese que **pegar** lleva el pronombre en su forma de objeto indirecto, pues
indica que alguien le pega (golpes) a otro:

Lo atacaron y lo golpearon.　　　Lo atacaron y **le** pegaron.

Puedes colgar fotografías en la pared, si quieres, pero no las *encoles* a la pared.

Puedes colgar fotografías en la pared, si quieres, pero no las _____ _____ a la pared.

Prohibido *fijar* carteles.

Prohibido _____ carteles.

El médico nos dijo que el niño puede *contagiar* su enfermedad a sus hermanos.

El médico nos dijo que el niño puede _____ su enfermedad a sus hermanos.

¡No te acerques a mí! No quiero que me *contagies* tu catarro.

¡No te acerques a mí! No quiero que me _____ tu catarro.

PRACTICANDO AL CONTESTAR

¿Te gusta la arqueología? ¿Crees que tendrías paciencia para pegar los trozos de un vaso, o de un ánfora, encontrados en unas excavaciones? Para educar a un niño ¿crees que es necesario pegarle? Cuando hay elecciones, ¿ejercen alguna influencia sobre ti los carteles de propaganda electoral que ves pegados en las paredes? Cuando visitas a algún amigo enfermo, ¿tienes miedo de que te pegue su enfermedad? ¿Trabajarías con gusto con enfermos que tienen enfermedades que se pegan (contagiosas)?

USO DE: **pegarse, pegarse a; pelearse; pelear, luchar**

pegarse = {	golpearse, darse un golpe con, contra ————	*to hit oneself*
	golpearse, darse de golpes con ————	*to fight, to hit each other*
	contagiarse ————	*to be catching*
pegarse a ————		*to stick, to glue oneself to*
pegarse / **pelearse** } con = tener una pelea ————		*to fight (brawl) with*
pelearse = reñir ————		*to quarrel with*
pelear / **luchar** } = combatir ————		*to fight (combat)*

Al salir corriendo de casa **me pegué contra** la puerta, y ahora me duele el brazo izquierdo.

Los dos muchachos **se pegaron** detrás de la escuela.

Parece ser que la violencia es una enfermedad que **se pega**.

Las estampillas estaban húmedas y **se pegaron** (unas a otras).

Es un hombre violento y cuando bebe **se pelea** (se pega) **con** todo el mundo.

Mi novia y yo **nos peleamos** ayer, pero ya hicimos las paces.

Los soldados **lucharon** (pelearon) con gran heroísmo.

PRACTICA

Me caí y me *di* un golpe en la rodilla, pero no me rompí ningún hueso.

Me caí y me _____ un golpe en la rodilla, pero no me rompí ningún hueso.

Iba en su carro a toda velocidad y se *dio un golpe* contra un árbol. Murió en el acto.

Iba en su carro a toda velocidad y se _____ contra un árbol. Murió en el acto.

Los dos muchachos empezaron a *darse de golpes,* pero sus amigos los separaron.

Los dos muchachos empezaron a _____ pero sus amigos los separaron.

Se *golpearon* con furia.

Se _____ con furia.

¿Es cierto que el tifus se *contagia?*

¿Es cierto que el tifus se _____ ?

Tuve una pelea y me rompí la chaqueta.

Me _____ y me rompí la chaqueta.

Los dos se quieren mucho, pero siempre están *riñendo.*

Los dos se quieren mucho, pero siempre están _____ .

Todos *lucharon* hasta el último hombre.

Todos _____ hasta el último hombre.

PRACTICANDO AL CONTESTAR

¿Crees que en las películas de vaqueros hay una glorificación de las peleas a puñetazos? Las peleas que se ven en las películas de la tele, ¿influyen en los niños y hacen que se peleen entre ellos? ¿Crees que el pelearse es una afirmación de la masculinidad? En una guerra, ¿te parece heroico seguir peleando cuando se sabe que todo está perdido?

USO DE: **exponer; exponerse a; arriesgar**

exponer = { exhibir ——————————— *to exhibit*
{ arriesgar ——————————— *to risk* + *noun*

exponerse a = { arriesgarse a { *nombre*
{ correr el + { *infinitivo* ——— *to risk* + *-ing*
{ riesgo de { *que* + *subjuntivo*

El pintor abrió **una exposición** en la que **expone** su obra de los últimos diez años. Sus cuadros son muy discutidos, y se puede decir que en esta exposición **expone** su obra y **expone** su reputación artística. Los críticos de arte son muy duros, y el pintor **se expone a un fracaso. Se expone a fracasar** y **se expone a que le digan** que ya no pinta tan bien como antes.

PRACTICA

Tus fotografías son muy buenas. ¿Por qué no las *exhibes?*

Tus fotografías son muy buenas. ¿Por qué no las _____?

Hay tanta violencia en las calles, que hay quien dice que salir de noche es *arriesgar* la vida.

Hay tanta violencia en las calles que hay quien dice que salir de noche es _____ la vida.

Arriesgó su vida por salvar a un niño.

_____ su vida por salvar a un niño.

Si sales de noche te *arriesgas* a un atraco.

Si sales de noche te _____ a un atraco.

Si dejas las llaves en el coche, *corres el riesgo* de que te lo roben.

Si dejas las llaves en el coche, _____ te lo roben.

No debes *arriesgar* todo tu dinero en una sola operación financiera.

No debes _____ todo tu dinero en una sola operación financiera.

Si lo haces, te *arriesgas* a perderlo todo.

Si lo haces, _____ perderlo todo.

Los policías *arriesgan* su vida todos los días.

Los policías _____ su vida todos los días.

PRACTICANDO AL CONTESTAR

¿Crees que exageran los que dicen que salir a la calle de noche es exponerse a un atraco? ¿Te gustaría tener un trabajo en el que tuvieras que arriesgar la vida cada día? ¿Tienes espíritu aventurero? ¿Estás dispuesto a exponerte a toda clase de riesgos? ¿Te gustan los viajes arriesgados? Si tuvieras que participar en una expedición peligrosa, ¿preferirías exponerte a los peligros de una selva tropical, o a los de las grandes superficies heladas del polo norte?

PEQUEÑO TEATRO

El tema de la violencia recibe frecuente atención por parte de los periódicos, las revistas y la televisión. En la clase se puede hablar de:

1. La influencia del ambiente familiar sobre los individuos, y su adaptación o inadaptación a la sociedad.
2. ¿Son los delincuentes seres inadaptados?
3. ¿Es cierto que la sociedad norteamericana tiene una tradición de violencia, desde la época de la expansión hacia el Oeste?
4. La movilidad de la sociedad norteamericana, con la consiguiente falta

de raíces en sus miembros, ¿ayuda a explicar la existencia de la violencia en el país?

5. ¿Cómo se explica que el Canadá, un país con un desarrollo muy parecido al de los Estados Unidos, tenga menos delincuencia?
6. ¿Es el aburrimiento una de las causes de la delincuencia juvenil?
7. ¿Es el robo el motivo más frecuente de los delitos que se cometen?
8. ¿Disminuiría la delincuencia si se prohibiera la posesión de armas de fuego?

La clase puede convertirse en un cuartelillo (una estación) de policía, en el que se interroga a un sospechoso. Puede convertirse también en un juzgado, en el que se celebra un proceso contra uno o varios procesados. Los estudiantes harán los papeles de juez, abogado defensor, fiscal, testigos, jurado, etc.

SEA USTED MI INTERPRETE, POR FAVOR

1. Is crime a problem in your city? Are there many murders?
2. Do you believe they had a fist fight just for fun?
3. Is it safe to walk in the street at night?
4. Has your house or your apartment ever been burglarized?
5. Have you ever been mugged?
6. Do fingerprints help police to find criminals?
7. Do people with a police record have trouble in finding a job?
8. Which would you prefer to be: a prosecutor or a defense lawyer?
9. What do you think of capital punishment?
10. Can convicted murderers be paroled?

CUESTIONES GRAMATICALES

LOS DISTINTOS TIPOS DE SE

Howard dice que, en la playa, unos muchachos «se pelearon todos unos contra otros», y Craig aconseja que de noche «no se debe andar por la calle». Por el contrario, Manuel dice que en España «a nadie se le ocurre que eso (andar de noche por la calle) pueda ser peligroso», y su mujer, Pilar, comenta que en el barrio residencial donde viven «no se ve ni un alma».

En todas estas frases aparece la palabra **se**, pero no siempre tiene las mismas funciones. Vamos a ver sus diferentes tipos.

A En la lección anterior hemos visto como el pronombre de objeto indirecto (**le, les**) se convierte en **se** cuando precede al pronombre de objeto directo:

Se lo conté todo, pero no me creyó.
Se las traje, las revistas, y empezaron a leerlas.

Esta forma **se**, producto de un cambio de las formas **le** y **les**, no tiene nada que ver con las formas que vamos a estudiar ahora, y no hay que confundirla con ellas.

B Se reflexivo
1. Cuando la acción expresada por un verbo recae sobre la misma persona que realiza esa acción, decimos que el verbo es reflexivo. Podemos identificar un verbo reflexivo cuando podemos añadirle la expresión: **a sí mismo, a ti mismo**, etc.

En estos casos, cuando el verbo está en tercera persona, **se** nos indica que el verbo es reflexivo. En las otras personas, la idea reflexiva está indicada por las formas **me, te, nos, os.**

Reflexivo	*No reflexivo*
Howard se afeita (a sí mismo).	Howard afeita a su padre.
Ellos se bañaron (= se dieron un baño a sí mismos).	Ellos bañaron al perro.
Yo me lavo (a mí mismo).	Yo lavo la camisa.
Nos conocemos bien (a nosotros mismos).	Conocemos bien a nuestros amigos.
Te preguntas (a tí misma) qué debes hacer.	Preguntas a tu padre qué debes hacer.
Vosotros os vestisteis (a vosotros mismos) para la fiesta.	Vosotros vestisteis a los niños para la fiesta.

2. Hay muchos verbos que no aceptan añadirles las formas **a sí mismo, a nosotros mismos**, etc., pero que son también reflexivos, pues la acción indicada por el verbo cae sobre el sujeto de ese verbo. Así, si Howard dice que se aburrió en la fiesta, no quiere decir que se aburrió a sí mismo con su propia conversación estúpida, sino que sintió aburrimiento, no necesariamente causado por él mismo.

Del mismo modo, hay verbos reflexivos que, por su significado, no indican que el sujeto tuvo la voluntad de realizar la acción. Esta acción, sin embargo, ocurrió, y el sujeto sufrió sus consecuencias. Si digo que el ladrón se cayó del tejado de la casa, no estoy diciendo que él tenía la intención de caerse. Un caso diferente sería si yo dijera que el ladrón se tiró del tejado de la casa: Lo hizo voluntariamente.

Reflexivo	*No reflexivo*
Ella se divirtió mucho en la fiesta.	Ella divirtió a todos con sus chistes.
El preso se despertó a las ocho.	El policía despertó al preso a las ocho.

Reflexivo	*No reflexivo*
El policía se cansó en la pa-trulla.	La patrulla cansó al policía.
El criminal se ahogó en el río.	El criminal ahogó a su víctima en el río.
El barco se hundió en el mar.	Hernán Cortés hundió sus bar-cos.
El niño se cayó.	El perro hizo caer al niño.

PRACTICA

Vamos a hacer frases en forma reflexiva usando los verbos de las frases siguientes. El objeto directo de la frase dada se convertirá en sujeto de la frase reflexiva.

MODELO
La tempestad me asustó. Yo . . .
Yo me asusté.

1. El ruido te despertó. Tú . . .
2. La medicina la calmó. Ella . . .
3. Sus problemas lo preocupan (a usted). Usted . . .
4. La fiesta nos aburrió. Nosotros . . .
5. El paseo las cansó (a ustedes). Ustedes . . .

3. Hay algunos verbos que sólo existen en forma reflexiva, pues su propio significado hace imposible que tengan una forma no-reflexiva: **arrepentirse, suicidarse, abstenerse** (**de**), **quejarse** (= lamentarse), **dignarse, atreverse** (**a**), y algunos otros. Estos verbos expresan acciones o sentimientos que, inevitablemente, caen sobre el sujeto: Yo puedo suicidarme (= matarme a mí mismo), pero no puedo «suicidar a otro»; puedo arrepentirme de mis propios pecados, o puedo influir sobre otro para que él se arrepienta de los suyos, pero no puedo «arrepentir a otro». En la tercera persona estos verbos usan la forma **se:**

El pobre hombre se suicidó.
En el momento de votar, él decidió abstenerse.

4. Algunos verbos tienen un significado cuando funcionan como reflexivos, y otro significado cuando funcionan como verbos no-reflexivos:

Reflexivo	*No reflexivo*
Un miembro del jurado se dur-mió (= se quedó dormido, empezó a dormir).	Un miembro del jurado durmió (= estuvo dormido).

Reflexivo

El juez se casó ayer (= contrajo matrimonio).

El procesado se despidió de su familia (= dijo adiós a su familia, y se fue).

El policía se fue a su casa (= empezó a ir hacia su casa, salió hacia su casa).

El procesado se negó a confesar (= rehusó confesar).

No reflexivo

El juez casó a los novios (= usó su autoridad legal para declarar que los novios quedan casados).

Su familia despidió al procesado (= la familia le dijo adiós, y luego él se fue).

El procesado despidió a su abogado defensor (= le dijo que ya no quería usar sus servicios legales).

El policía fue a su casa (= salió hacia su casa y estuvo en ella).

El procesado negó cuando el abogado le hizo una pregunta (= dijo que no).

C Se recíproco

1. Algunos verbos indican una relación mutua entre dos o más personas: El padre quiere a su hijo, el hijo quiere a su padre. En menos palabras: El padre y el hijo se quieren (el uno al otro). Sabemos que una acción es recíproca cuando podemos añadir a la frase las expresiones: **mútuamente** o **el uno al otro, el uno a la otra,** y otras posibles combinaciones.

Recíproco

El novio y la novia se prometieron fidelidad (el uno a la otra).

Los dos cómplices se acusaron el uno al otro.

No recíproco

El novio prometió fidelidad a la novia, y ella la prometió al novio.

Un cómplice acusó al otro, y viceversa.

PRACTICA

Vamos a hacer frases en forma recíproca usando como punto de partida las frases siguientes.

MODELO

Mi hermano no me escribe a mí, y yo no le escribo a él.
Mi hermano y yo no nos escribimos.

1. Tú no quieres a tu marido, y tu marido no te quiere a ti.
2. Hay una barrera generacional: Los padres no hablan a los hijos y los hijos no hablan a los padres.

3. Nosotros no entendemos a nuestros hijos, y nuestros hijos no nos entienden a nosotros.
4. El la insultó, ella lo insultó.
5. El novio besó a la novia, la novia besó al novio.

2. Algunos verbos que pueden funcionar como recíprocos, ofrecen la posibilidad de ser usados también con la estructura **forma reflexiva** + **con.** En estos casos la actitud de una de las partes en la relación recíproca adquiere más importancia que la actitud de la otra parte:

Mi hermano y yo no nos hablamos.	Yo no me hablo con mi hermano.
Mis hijos y yo no nos entendemos.	Yo no me entiendo con mis hijos.
Ella y su familia no se escriben.	Ella no se escribe con su familia.
Los dos amigos se pelearon.	El se peleó con su amigo.

D Se emotivo

Algunos verbos pueden adquirir un sentido más emotivo y personal, aunque sin cambiar de significado, tomando la forma reflexiva. Si el verbo tiene un objeto directo, lo conserva.

Se emotivo	*Sin se*
Ese delincuente se merece la condena que le dieron.	Ese delincuente merece la condena que le dieron.
Se bebió una botella de whisky y se murió.	Bebió una botella de whisky y murió.
Se fumó mis cigarrillos.	Fumó mis cigarrillos.
Se comió toda la comida.	Comió toda la comida.

Otros verbos que pueden tomar el **se** emotivo: tomarse, esperarse, pasarse, subirse, bajarse, temerse, reírse, andarse.

E Se pasivo

1. Una frase en voz activa indica un sujeto, una acción y un objeto de esa acción:

El juez condenó al procesado.

2. La misma idea puede ser expresada en voz pasiva:

El procesado fue condenado por el juez.

En esta frase hay dos sujetos: el procesado, sujeto pasivo de **fue condenado** y el juez, sujeto activo, pues él, en realidad, fue el que condenó.

3. Muchas veces la idea principal (el procesado fue condenado) es la que verdaderamente interesa a la persona que habla; el sujeto activo

(el juez que condenó) le parece menos importante, y no lo menciona en la frase. Aparecen entonces dos opciones:

a. Usar la forma activa, con un sujeto «ellos» indeterminado:

Condenaron al procesado.

b. Usar el **se pasivo**, típico del español:

Se condenó al procesado.

RESUMEN

1. Voz activa: El juez condenó al procesado.
2. Voz pasiva: El procesado fue condenado por el juez.
3. «Ellos»: Condenaron al procesado.
4. Se pasivo: Se condenó al procesado.

El inglés tiene las formas 1, 2 y 3; el español tiene una forma más, la que usa el **se pasivo**. En esta forma hay que distinguir cuando se refiere a personas determinadas, o a objetos o personas indeterminadas.

a. Personas determinadas: **se + verbo siempre en singular**

Se interrogó { al atracador.
{ a los atracadores.

b. Objetos o personas indeterminadas: **se + verbo en singular o plural**

Se necesita secretario.
Se necesitan secretarios.

Se vende una casa.
Se venden dos casas.

Los hispanos confunden a veces estas dos formas, o las simplifican usando siempre el verbo en singular:

Se vende coches usados.
Se alquila habitaciones.

Cuando se trata de varios objetos, lo que sucede es que se omite la repetición del verbo:

Se habla inglés y (se habla) francés.

Este **se** pasivo puede ser llamado también **se aparentemente impersonal**. Se distingue del verdadero **se impersonal** (ver apartado G) en que la frase con **se aparentemente impersonal** siempre puede ser convertida en una frase en voz pasiva, en la cual el sujeto activo es «alguien» que puede hacer la acción. Esta forma en **se pasivo** es típica de los letreros en los lugares públicos:

Se necesita mesero.	= Un mesero es necesitado por este restaurante.
Se prohibe estacionar.	= Estacionar es prohibido por la autoridad municipal.
Se prohibe fumar.	= Fumar es prohibido por la autoridad.
Se ruego no hablar al conductor.	etc.

Se prohibe pisar la hierba.
Se cambia moneda extranjera.
Se venden periódicos extranjeros.
No se aceptan propinas.
Se prohibe fijar carteles.

PRACTICA

Con las ideas indicades en las frases siguientes, vamos a hacer frases en **se pasivo.**

MODELO
Los ladrones son enviados a la cárcel.
Se envía a los ladrones a la cárcel.

1. El arma usada en el crimen fue encontrada.
2. Los ladrones fueron detenidos.
3. La pena de muerte fue suprimida.
4. Las sospechas fueron confirmadas.
5. Los procesados fueron absueltos.
6. El delito fue descubierto.
7. La coartada fue probada.
8. La delincuencia urbana fue eliminada.
9. El confidente fue asesinado.
10. Las condenas fueron apeladas.

F Este **se pasivo** puede combinarse con los pronombres:
1. de objeto directo:

Se condenó al procesado a cinco años de cárcel.
Se lo condenó a cinco años de cárcel.
Se indultó a las presas.
Se las indultó.

2. De objeto indirecto:

Se dió una condena de cinco años al procesado.
Se le dio una condena de cinco años.
Se explicó la ley a las detenidas.
Se les explicó la ley.

PRACTICA

En las frases siguientes, vamos a poner en forma pronominal el objeto directo y el indirecto.

MODELO

Se detuvo al secuestrado. (*objeto directo*)
Se lo detuvo. (El uso de **le** en lugar de **lo** es frecuente en este caso: **Se le detuvo.**)
Se enviaron los papeles al fiscal. (*objeto indirecto*)
Se le enviaron los papeles.

1. Se leyó la sentencia a los procesados.
2. Se publicó la sentencia.
3. Se descubrió a los secuestradores.
4. Se encontraron las armas de fuego.
5. Se explicaron sus derechos al detenido.
6. Se absolvió a la procesada.
7. Se leyó el articulo del Código Penal a los miembros del jurado.
8. Se concedió libertad bajo fianza a la detenida.

G Se impersonal

Hay frases que usan **se** y que, en realidad, no tienen sujeto, por lo cual no pueden ser convertidas en frases en voz pasiva. Estas frases siempre tienen, expresa o tácita, una idea adverbial de modo o manera unida al verbo, que siempre está en tercera persona del singular:

Se duerme bien en una cama de agua.
Se come bien en Francia.
Cuando se fuma mucho, se tose mucho.

En conversación descuidada hay una forma que expresa la misma idea utilizando como sujeto del verbo las palabras **uno** o **una**; si se quiere destacar la idea del plural, se pueden usar las palabras **todos** y **todas,** con el verbo en plural:

Se anda mal con zapatos nuevos.   Uno anda mal con zapatos nuevos.
Se bebe mucho en ese país.   Todos beben mucho en ese país.

PRACTICA

Vamos a utilizar el **se impersonal** para expresar las ideas indicadas en las frases siguientes, cambiando las palabras subrayadas.

MODELO

En esa tienda hay que pagar en dólares.
En esa tienda se paga en dólares.

1. Todos bailan bien en Hispanoamérica.
2. En Argentina es posible esquiar en julio.
3. En ese país todos manejan muy rápidamente.
4. En ese país es posible vivir con poco dinero.

EL ARTE DE LA COMPOSICION

PARA USAR EN LA COMPOSICION

1. *La delincuencia*
   el delito
      el, la delincuente
      cometer un delito
   el crimen
      el, la criminal
      matar
   el asesinato
      el asesino, la asesina
      asesinar
   la violación
      el violador
      violar
   el rapto
      el raptor, la raptora
      raptar
   el robo
   el ladrón, la ladrona
      robar
   el secuestro
      el secuestrador, la secuestra-
         dora
      secuestrar
   el atraco
      el atracador, la atracadora
      atracar
   el arma de fuego
   el arma blanca

2. *La policía*
   la patrulla
      patrullar
      hacer la ronda
   el cuartelillo ⎫
   la estación   ⎬ de policía

el sospechoso, la sospechosa
   la sospecha (fundada, infun-
      dada)
el detenido, la detenida
   detener
   la detención
el interrogatorio
   interrogar
   el interrogado, la interrogada
la prueba
la coartada
el, la confidente
la confidencia
el fichero
   la ficha
   estar fichado
los antecedentes penales
las huellas dactilares

3. *La justicia*
   procesar
      ser procesado
      el procesado, la procesada
   la libertad bajo fianza
      ser puesto en libertad bajo
         fianza
   el juzgado
   el tribunal
   el, la juez
   el, la fiscal
   el abogado defensor, la abogada
      defensora
   el jurado
   el miembro del jurado

condenar
  la condena
  la pena $\begin{cases} \text{de muerte} \\ \text{capital} \end{cases}$
  la cadena perpetua (máximo
    período en la cárcel)
absolver
  ser absuelto
sentenciar
  la sentencia
la cárcel
el presidio
  el preso
  el presidiario

el sistema penitenciario
la libertad provisional

4. *Otras expresiones*
pegar(se)
pelear(se)
luchar
a tiros
a puñetazos
exponer(se a)
arriesgar(se a)
divertirse
apostar(le algo a alguien)
ni falta que te hace

LA CULTURA Y LA LENGUA

La historia, la religión, la literatura y, en general, las formas de vida de una sociedad, ayudan a la creación de **expresiones idiomáticas** que entran a formar parte del vocabulario de todos los días. El origen de estas expresiones puede llegar a olvidarse, pero su significado es perfectamente claro para el que las usa. La expresión idiomática está viva, llena de significado, aunque el suceso que le dio origen ya pertenezca a un pasado lejano, incluso a un pasado olvidado. El pasado entra así a formar parte de nuestra vida diaria, integrándose en las formas vivas de la cultura a la cual pertenecemos. Para indicar que hay peligro, un español puede decir que **hay moros en la costa,** sin que esto signifique que conozca el origen de la expresión: los ataques de los piratas turcos y del norte de Africa, que tanto obsesionaron a los españoles de los siglos XVI y XVII. También puede decir que **es obra de romanos** un trabajo difícil, que lleva mucho tiempo, sin que al decirlo esté pensando en los grandes e impresionantes monumentos dejados por los romanos en toda la región mediterránea. Cuando lleva a cabo algo muy difícil, puede decir que **puso una pica en Flandes,** clara referencia a los problemas de las guerras que los españoles sostuvieron con los belgas y holandeses en los siglos XVI y XVII, y cuando toma una decisión muy importante, de la cual ya no se puede volver atrás, puede decir que **quemó las naves, como Hernán Cortés.** Las legendarias riquezas de las Américas dieron origen a la expresión **valer un Perú,** que se aplica a cualquier cosa, o persona, de mucho valor: **Mi mujer vale un Perú,** puede decir orgullosamente un marido hispánico para indicar que tiene una esposa muy buena, que lo hace feliz. En la España medieval coexistieron tres sociedades: la de los cristianos, que hablaban castellano o cualquiera de las otras lenguas peninsulares derivadas del latín; la de los musulmanes, que hablaban árabe; y la de los judíos, que hablaban hebreo. De este hecho viene la expresión **hablar en cristiano**, es decir, hablar una lengua que se pueda comprender. «Si no me hablas en cristiano, no te entiendo», quiere decir «háblame con claridad, sin ambigüedades ni obscuridades». En México, cuando se quiere acusar a alguien, generalmente a un político, de estar vendido a intereses extranjeros, se le acusa de **malinchismo**, clara referencia a la Malinche, la hermosa india que ayudó a Hernán Cortés en la destrucción del imperio azteca.

Lo mismo que la historia, la literatura hace sus aportaciones al vocabulario que usamos todos los días. Una persona que sirve de intermediaria en amores clandestinos es **una celestina**, en recuerdo del inolvidable personaje creado por Fernando de Rojas en su *Tragicomedia de Calisto y Melibea*, mejor conocida bajo el título de *La Celestina*. Y Don Quijote, idealista y soñador, nos da su nombre en las expresiones **ser un quijote** o **hacer una quijotada**: la acción de un hombre exageradamente altruista. **Los pícaros** de las novelas picarescas viven todavía en el vocabulario hispánico, como personas que viven de su ingenio, siempre al borde de la ley, aunque nunca violentos o terriblemente peligrosos. Y Don Juan, el amante irresponsable y frívolo, que seduce y abandona con gran facilidad, hace que su nombre circule, convertido en una sola palabra: **Un donjuán** es un hombre que tiene gran éxito con las mujeres, con muchas mujeres.

La cultura católica de los países hispánicos ha hecho que se use en la conversación todo un vocabulario tomado del lenguaje de la Iglesia, o relacionado con los diversos aspectos de la religión. En la cultura hispánica no se considera una falta de respeto el usar el nombre de Dios, o de Jesucristo y los santos, fuera de un contexto religioso. Así, cuando alguien estornuda, se le dice ¡**Jesús**!; exclamaciones como ¡**por Dios**!, ¡**por todos los santos del cielo**!, ¡**por los clavos de Cristo**!, son frecuentes, y no se consideran irreverentes. Cuando alguien se ha dado un golpe muy grande, se dice que **se ha roto la crisma**, una referencia a la ceremonia del bautismo, y cuando una comida o una bebida cualquiera sabe muy bien, se dice que **sabe a gloria**, referencia a la gloria, al cielo. La patena es una lámina de metal sobre la que se pone la hostia durante la misa, y de algo que está muy limpio se dice que **está limpio como una patena**, o que **está más limpio que una patena**. Al lado de estas expresiones, perfectamente aceptables, hay otras que ya entran en el campo de lo que se consideran blasfemias, que toda persona de buen gusto, aunque no sea religiosa, debe evitar para no herir los sentimientos religiosos de los demás.

Como las costumbres cambian de un país a otro es difícil, y a veces imposible, encontrar una palabra que corresponda exactamente a la que en el otro idioma se usa para indicar esa costumbre. Los habitantes del mundo hispánico son muy aficionados a reunirse con sus amigos en un determinado café, para charlar. El grupo forma **una tertulia** en la que se habla de todo, desde política y arte hasta deportes. Las exigencias de la vida moderna están destruyendo esta agradable costumbre, pero aún hay tertulias literarias que se resisten a desaparecer. En la vida familiar es costumbre **quedarse** (o **estar**) **de sobremesa,** al terminar las comidas, para satisfacer así una necesidad hispánica: conversar. En las grandes ciudades la vida es tan agitada como en cualquier otra gran ciudad del mundo, pero los hispanos no renuncian a la larga pausa del mediodía, para almorzar (comer) con su familia. Cuando termina la jornada de trabajo, descansan, pero no han sentido la necesidad de expresar la idea de que están aflojando los resortes que los han mantenido en tensión todo el día: No hay una expresión paralela a *to unwind.* Esto a pesar de que en las grandes ciudades, como México, Buenos Aires o Madrid, la vida es bastante complicada. Y, ciertamente, aunque la vida moderna es muy competiva, aunque en ella hay mucha competencia, en español no se habla de la *rat race.*

PRACTICA

Escribir un breve ensayo explicando algunas expresiones idiomáticas norteamericanas. Si en la clase hay estudiantes que conocen otros idiomas y culturas, pueden escribir sobre algunas expresiones idiomáticas de esas lenguas y culturas que ellos conocen.

Como punto de partida, aquí se dan algunas expresiones idiomáticas frecuentes en el inglés hablado en los Estados Unidos. ¿Cómo explicarían su significado a unos amigos extranjeros?

a carpetbagger
a big shot
to give the red carpet treatment
to have the blues
to paint the town red
to feel like a million dollars
to be a playboy
to be a centerfold girl, man
to get on the band wagon
skid row
to be square
a party, gate crasher
a little old lady in tennis shoes
to live on the wrong side of the tracks
from rags to riches
to throw the book at somebody

to keep up with the Joneses
an apple polisher
to be off base
puppy love
to pass the buck
to be a name dropper
a self-made man
to promise pie in the sky

POSIBLES TEMAS PARA UNA COMPOSICION

1. La violencia urbana, ¿dónde tiene sus causas?
2. La causa de los rebeldes sin causa.
3. La violencia, tradición norteamericana.
4. La glorificación de la violencia en el cine y en la televisión.
5. La violencia, ¿inevitable en una sociedad industrial?
6. La justicia, ¿igual para todos?
7. Crimen y castigo: el sistema penitenciario.
8. La violencia en las cárceles.
9. La violencia y las drogas.
10. Los secuestros de aviones, ¿arma política?
11. Las cárceles, ¿castigo o rehabilitación?
12. La jungla urbana.

Vocabulario

Incluye solamente los significados utilizados en el texto.

A

abierto *open*

abogado *lawyer, attorney;*
 —**defensor** *attorney for the defendant*

aborto *abortion, miscarriage*

abreviatura *abbreviation*

abrir *to open*

absoluto, en *at all*

abuelo, -a *grandfather, grandmother*

aburrido *boring, bored*

aburrimiento *boredom*

aburrir(se) *to bore, to be bored*

acabar *to finish*
 —**de** *to have just + —ed*

acción *action, share*

acento gráfico *written accent*
 —**tónico** *stress*

acera *sidewalk*

acercar(se) *to approach, to get near*

acertar *to guess right, to hit the target*

aclaración *clarification*

aclarar *to clarify*

acompañar *to accompany, to keep company*

aconsejar *to advise*

acontecer *to happen*

acordar *to agree*
 acordarse de *to remember*

acostumbrarse a *to get used to*

actriz *actress*

actual *present*

actualidad *present moment*

acudir *to have recourse to*

acuerdo *agreement*
 de— *agreed*

estar de—con *to agree with*
 estar de—en *to agree*

acusado *defendant, accused*

adelantar *to advance, to progress*

adelante *before*
 por . . . adelante *all over . . .*

además *besides*

adulación *flattery*

afirmación *statement*

aflojar *to loosen*

afuera *outside*

afueras (las) *suburbs*

agarrar *to grab*

agencia de viajes *travel agency*
 —**de prensa** *news service*

agotar(se) *to exhaust, to run out of*
 —**las entradas, los boletos** *to sell out*

agradar *to please*

agua *water*
 aguas residuales *sewage*
 estación depuradora de aguas *sewage treatment plant*

aguantar *to bear, to stand*

agudo *acute*

ahí *there*
 —**están** *there they are*

ahogar(se) *to drown*

ahora *now*

aire *air*
 —**libre** *open air*

aislar *to isolate*

ajeno *alien, belonging to somebody else*

al revés *the other way around*

ala *rim of a hat*

alcalde, alcaldesa *mayor*

alcantarilla *sewer*
alegrarse *to rejoice*
alegre *cheerful*
alejarse de *to get away from*
alemán *German*
algo *something;*
  —así *something like that*
algún, alguna *some*
aliado *allied*
alma (el) *soul*
almacén *warehouse;*
  grandes almacenes *department store*
alojamiento *housing*
alquilar *to rent*
alto *tall, stop;*
  señal de— *stop sign*
alrededor de *around*
alza *ups (in stock market)*
  —s y bajas *ups and downs*
allá *there;*
  más— *farther*
ama de casa *housewife*
amable *pleasant, kind*
amaestrar *to train animals*
amante *lover*
amañar (elecciones) *to rig (elections)*
amarillo *yellow*
amenazar *to threaten*
amigo *friend*
amistad *friendship*
amor *love*
ampliador *amplifying*
andar *to walk*
angloparlante *English speaker*
animar *to encourage, to enliven*
animado *lively*
anotar *to note*
antecedentes penales *criminal record*
anterior *before, previous*
antes (de que) *before*
anticonceptivo *contraceptive*
antiguo *old; ancient; former*
anulación *annulment*
anunciar *to advertise*

anuncio *ad, commercial*
añadir *to add*
año *year*
apagar *to extinguish, to put out, to turn off*
aparato de televisión *television set*
aparcar *to park*
aparecer *to appear*
aparte *aside*
apelación *appeal*
apelar *to appeal*
apellido *last name*
aplicar *to enforce (laws)*
apostar *to bet*
aprender *to learn*
aprendizaje *training*
aprobar *to approve, to pass (exam)*
aprovechar *to take advantage of*
apuesta *bet*
apunte *note*
aquí *here*
árbol *tree*
argumento *plot*
aro *ring*
arrancar *to pull out*
arrastrar *to drag*
arrastre, estar para el— *to be exhausted*
arreglo *repair;*
  no tener— *to be hopeless*
arrepentirse *to repent*
arriesgado *risky*
arrodillarse *to kneel down*
artículo *article, column*
artista (el, la) *actor, actress; artist*
asegurar *to assure*
así *so*
así como *the same way as*
asignatura *course*
asistencia de divorcio *alimony*
asistir *to attend*
asombrar(se) *to astonish, to be astonished*
aspiradora *vacuum cleaner*
astro de cine *movie star*
asunto *affair, business, question*
atar *to bind, to tie*

atraer   *to attract*
atracar   *to hold up*
atrasado, estar—   *to be late, not to be in touch with the times*
atravesar   *to cross*
atreverse a   *to dare to*
aumentar   *to increase*
aun   *even*
aún   *yet*
ausencia   *absence*
ausente   *absent*
autopista   *freeway*
aventura   *adventure;*
   —amorosa   *love affair*
avión   *airplane*
avisar   *to warn, to tell*
ayudar   *to help*
ayuntamiento   *city council, city hall, municipality*
azul   *blue*

B

bachiller   *high school graduate, high school studies*
bachillerato   *high school studies*
bahía   *bay*
bailar   *to dance*
baja   *drop (stock market)*
bajar   *to go down*
bajo   *short, under;*
   —s fondos   *underworld*
bala   *bullet*
ballena   *whale*
banda de sonido   *sound track*
bandeja   *tray*
   —de plata   *silver platter*
bandera   *flag*
banqueta   *sidewalk* (México)
barato   *cheap, inexpensive*
barba   *beard*
barbaridad   *cruel stupidity*
barbarismo   *foreign word*
barco   *ship;*
   —petrolero   *tanker*
barrera   *barrier*
barrio   *neighborhood, section of town*

basar(se) en   *to base in, to be based in*
bastardilla   *italics*
batalla   *battle*
bautizar   *to baptize*
beato, -a   *person with very narrow religious ideas*
bebé   *baby*
beber   *to drink*
bebida   *drink*
beca   *scholarship*
bello   *beautiful*
belleza   *beauty*
besar   *to kiss*
biblioteca   *library*
bien   *well*
billete   *ticket, bill*
blanco   *white; target*
blando   *soft*
boca   *mouth;*
   dejar con la—abierta   *to leave speechless*
boda   *wedding*
boleto   *ticket*
Bolsa   *Stock Exchange*
bolsa de viaje   *grant to study abroad*
bolso   *hand bag*
bonito   *pretty*
borde   *edge*
borracho   *drunk*
bosque   *forest*
bota   *boot*
botella   *bottle*
breve   *brief, short*
brillar   *to shine*
broma   *joke;*
   dejarse de—s   *to stop joking;*
   estar de—   *to be joking*
bueno   *good*
buque   *ship;*
   —tanque   *tanker*
buscar   *to look for*
búsqueda   *search*

C

caballo   *horse;*
   estar a—de   *to straddle*

caber *to fit*
cabeza *head*
  quebradero de— *headache (problem)*
cada *each*
cadena *chain, channel (TV)*
caer *to fall*
  caérsele algo a alguien *to drop;*
  caerle mal algo a alguien *to dislike*
café *coffee, coffee house*
calentar *to heat, to warm*
  —se la cabeza *to dream*
calvo *bald*
calzada *street*
callar(se) *to be quiet*
calle *street*
  —s tiradas a cordel *checker board pattern*
cama *bed*
cámara *chamber, camera*
cámaraman *cameraman*
cambiar *to change*
cambio *change*
  en— *on the contrary*
camino *road, path, way*
camión *bus (México), truck*
camisa *shirt*
campaña *campaign*
campesino *peasant*
campo *countryside, field*
canal *channel*
cansar *to tire*
cantar *to sing, song*
  ser otro— *to be another story*
capaz *able*
  ser—de *to be able to*
capricho *whim, caprice*
cara *face*
carácter *personality*
cárcel *jail*
cargar *to load*
  cargado de *full of*
carne *meat*
caro *dear, expensive*
carrera *career*
carretera *highway*

carro *car*
carta *letter, card*
cartelera *movie guide, poster board*
cartera *wallet*
cartero *mailman*
casa *house, home*
casar(se) *to marry off; to officiate in a wedding; to get married*
casero *landlord*
casi *almost*
caso *case*
  hacer—de *to pay attention to*
  no hacer—de *to ignore*
castañuelas *castanets*
castillo *castle*
casualidad *chance*
  ¡qué—! *what a coincidence!*
catalán *Catalonian*
catarro *cold*
cátedra *chair (in a university)*
catedrático *full professor*
caza *hunting*
celebrar *to celebrate, to take place*
celoso *jealous*
cenar *to have dinner*
censo *census*
  —electoral *register of voters*
censura *censorship*
censurar *to censor*
centro *center, downtown*
  —comercial— *shopping center*
cerca— *near, close to*
cerebro *mind, brains*
ciego *blind*
ciencia *science*
científico *scientific*
cierto *certain, true*
  es— *it is true*
  por— *by the way, certainly*
ciertamente *certainly*
cine *movie theatre, movie industry*
cinematográfico *movie (adj.)*
circulación *traffic*
círculo *circle*
cita *date, quotation*
citar *to quote; to mention; to have an appointment with*

ciudad   *city*
—universitaria   *campus*
ciudadano   *citizen*
claro   *clear*
—que   *of course*
pués—   *of course*
clase   *class, kind*
—acomodada   *well-to-do class*
¿qué—de . . . ?   *what type of . . . ?*
claustro   *cloister*
—de profesores   *faculty*
clavar   *to nail*
clave   *key (to a problem)*
clavo   *nail*
coche   *car*
cocina   *kitchen; cooking; kitchen range, stove*
cocinar   *to cook*
cocinero, -a   *cook*
codo   *elbow*
cohecho   *bribe*
cola   *tail; line; glue*
hacer—   *to queue, to stand in line*
ponerse a la—   *to queue, to stand in line*
coleccionar   *to collect*
colectivo   *bus* (Arg)
colegio   *private high school*
—electoral   *polling place*
colocación   *location, placing*
colocar   *to place*
colonia   *housing development*
colono   *colonist*
colorado   *red*
comenzar   *to begin*
cometer   *to commit*
comida   *food, lunch*
comillas   *quotation marks*
como   *how, since*
comparecer ante   *to come before (a court)*
compartir   *to share*
competencia   *competition*
competir   *to compete*
complejo   *complex*
completar   *to complete*
comprar   *to buy*

comprender   *to understand*
comprensión   *understanding*
comprensivo   *understanding*
común   *common*
—y corriente   *everyday* (adj.)
comunistoide   *pinko*
con   *with*
conceder   *to grant*
concejal   *city councillor*
conciencia   *conscience*
concordar   *to agree*
concurso de belleza   *beauty contest*
condena   *sentence*
conducir   *to drive, to lead*
conducta   *behavior*
conferencia   *lecture;. conference; long distance call*
confiar   *to confide, to trust*
confidente   *informer*
confuso   *confusing*
congelar   *to freeze*
conjunto   *group*
el—   *the whole of*
conocer   *to know; to meet for the first time*
conocimiento   *knowledge*
conquistador   *a Don Juan, a skirt chaser*
conseguir   *to get*
consejero   *advisor, counselor*
consejo   *advise*
conservar   *to preserve*
conservador   *conservative*
conservar   *to keep*
consiguiente, con (el, la)—   *with the resulting . . .*
constructor   *builder*
construir   *to build*
consultorio sentimental   *lonely hearts page*
contaminación   *polution*
contar   *to count; to tell*
contener   *to contain, to include*
contenido   *content*
contentar   *to please*
contestar   *to answer, to contest*
contra   *against*

contradecir *to contradict*
contraer matrimonio *to get married*
contrario *contrary*
   por el— *on the contrary*
converso *convert*
convertirse en *to turn into, to become*
convincente *convincing*
cónyuge *spouse*
copa *glass, drink*
copiar *to copy*
corazón *heart*
corbata *tie*
cordel *twine*
cordero *lamb*
coro *choir*
corrector de pruebas *galley proof reader*
corregir *to correct, to edit*
correr *to run*
corresponsal *correspondent*
corriente, estar al—de *to be up to date*
corromper *to corrupt*
cosa *thing*
   no hay— *there is nothing . . .*
costa *coast*
   a—de *at the expense of*
costar *to cost*
   —trabajo *to be difficult*
costumbre *custom, habit*
crear *to create*
crecer *to grow*
crecimiento *growth*
creer *to believe*
creíble *believable*
crimen *crime*
criminal *criminal*
crisol *melting pot*
cristal *glass*
crítica *review, criticism*
criticar *to criticize, to review*
crítico *reviewer, critic*
crónica *chronicle, article*
crónico *permanent*
cruce *street crossing*
crueldad *cruelty*
cruzar *to cross, to exchange*

cuadra *city block* (Hispanoamérica)
cuadro *picture, painting*
cualquier, -a *any*
cuando *when*
cuánto *how much*
   en cuanto a *with regard to*
   unos cuantos *a few*
cuartelazo *military revolt, barracks revolt*
cuarto *room; fourth*
   —de estar *living room*
cubrir *to cover*
cuchillo *knife*
cuenta *bill*
   darse—de *to realize*
   tener en— *to consider*
cuento *story, tale*
   traer a— *to bring into the conversation*
cuerda *string (in musical instruments)*
cuerno *horn*
cuero *leather*
cuerpo *body*
cuidado *care*
cuidadosamente *carefully*
cuidar *to take care of, to watch*
culpable *guilty*
culto *educated, cultivated*
curar(se) *to cure*
curso *course, academic year*
cuyo *whose*

CH

chamaco *child*
chamba *job*
chaqueta *jacket*
chico, -a *boy, girl*
chispa *drunk* (familiar); *spark*
chiste *joke*
chocar con *to crash against, to collide*
choque *crash*

D

daño *damage, harm*
   hacer— *to harm*

dar *to give*
—con *to find*
—se cuenta de *to realize*
—de comer *to feed*
—la razón *to agree that the other person is right*
—por descontado *to take for granted*
—un paseo *to take a walk*
—un rodeo *to take a roundabout course*
darle a alguien por ser *to decide to be*
darse *to grow*
dato *data*
deber *must; to owe*
débil *weak*
decepción *disappointment*
decir *to say; to tell*
es— *that is to say*
tú dirás *it is up to you, you decide*
declaración *statement*
declarar(se) *to declare (one's love)*
decorado *(movie, theatre) set*
dedicar *to dedicate*
—se a *to devote oneself to*
dedo *finger*
dejar *to allow, to drop*
—de + infinitivo *to stop + -ing*
—plantado, -a *to stand up (not to go to a date), to break up*
delante *before*
—de *in front of*
delfín *dolphin*
delincuente (el, la) *criminal*
delito *crime*
demás (los, las) *the others*
todo lo—*all the rest*
demasiado *too (much)*
deponer *to demote*
deporte *sport*
hacer— *to practice sports*
deportista (el, la) *sportsman, sportswoman*
derecho *right, law*
facultad de— *law school*
tener—a *to have a right to*

todo— *straight ahead*
—s *fees*
—s de matrícula *registration fees*
derogar *to repeal (a law)*
derribar *to tear down, to shoot down*
derrochar *to waste, to squander*
desagradar *displease*
desagüe *drain*
desandar *to walk back*
desaparecer *to disappear*
desarrollar(se) *to develop*
descaminado, estar— *to be mistaken, way off the truth*
descansar *to rest*
descanso *rest, intermission*
desconfianza *mistrust*
desconocido *unknown; stranger*
descontado, dar por— *to take for granted*
describir *to describe*
descubrimiento *discovery*
descubrir *to discover*
desde *since, from*
desdecirse *to backtrack*
desear *to wish*
desempeñar *to perform*
desempleo *unemployment*
deseo *wish, desire*
deseoso *willing*
desgracia *misfortune*
desgraciadamente *unfortunately*
desierto *desert, deserted, empty*
desigual *unequal*
desigualdad *inequality*
despectivo *derogatory*
desperdigar *to scatter*
despistado *lost*
desplazado *displaced*
despreciar *to despise*
después (de que) *after*
destacar *to point out*
destruir *to destroy*
detalle *detail, trait*
detener *to stop, to arrest*
detenido, -a *under arrest*
día *day*
diablo *devil*
diario *daily paper*

dibujo *drawing*
—s animados *cartoons (films)*
dicho *saying*
dictablanda *mild dictatorship* (humorístico)
dictadura *dictatorship*
dictar *to dictate;*
—una lección *to lecture*
difícil *difficult*
difusión, medios de— *media*
dignarse a *to deign to*
dinero *money*
diputado *deputy, member of parliament*
dirección *address;*
—única *one way traffic*
dirigir *to direct*
disco *record*
discutir *to argue*
disminuir *to decrease, to diminish, to lessen*
disolver *to dissolve, to disperse*
disparar *to shoot*
dispuesto *ready*
distraer(se) *to entertain, to amuse oneself, to forget problems*
distribuir *to distribute*
director de un periódico *editor-in-chief*
diurno *day* (adj.)
divertir(se) *to amuse, to enjoy oneself*
doblaje *dubbing (of a film)*
doblar *to dub (a film)*
domador *animal trainer*
domar *to tame*
dominante *bossy*
domingo *Sunday*
dorado *golden, gilded*
dormir *to sleep;*
—se *to fall asleep*
dormitorio *bedroom*
dosis *dose*
duda *doubt*
dueño *owner*
durante *during*
durar *to last*

E
echar *to throw;*
—se a la calle *to go to the streets*
edad *age;*
—media *Middle Ages*
editar *to publish*
editor *publisher*
editorial (el) *editorial;*
—(la) *publishing house*
editorialista (el, la) *editorial writer*
educar *to bring up (a child), to educate*
educativo *educational*
eficaz *efficient*
ejemplar *issue, copy*
ejército *army*
elector *voter*
elegir *to elect*
elevar *to raise, to lift*
elogiar *to praise*
elogio *praise*
embargo, sin— *however*
emborracharse *to get drunk*
embotellamiento de tráfico *traffic jam*
emisora de radio *radio station*
empeorar *to worsen*
empezar *to begin*
empleo *job, employment*
empresa *enterprise, company;*
—constructora *building company*
en sí mismo *by itself*
enamorarse de *to fall in love with;*
enamorado, -a, estar—de *to be in love with*
encantar *to charm, to like*
encantado, -a *delighted, glad to meet you*
encargarse de *to be in charge of;*
encargado de *person in charge of, manager*
encender *to light, to switch on*
encerado *blackboard*
encerrar *to enclose*
encima *over, above, on top of*
encolar *to glue*
encontrar *to find*

encuadernar   to bind (a book)
encuesta   poll
enfermedad   sickness, disease
enfermo   sick, ill
enfocar   to focus, to look (at a problem)
enfoque   focus
enfrentarse con   to face
enfurecerse   to get angry, furious
engañar   to deceive
enlazar   to tie
enloquecer   to go mad
enriquecer(se)   to get rich
ensartar   to string (beads); to include
ensayo   essay
enseñar   to teach, to show
entender   to understand;
   ¿qué entiendes tú por . . . ?   what do you mean by . . . ?
enterarse de   to find out, to be informed
entero   entire, whole
enterrar   to bury
entonces   then
entrada   entry, ticket;
   —de coches   driveway
entrar   to go in
entreacto   intermission
entregar   to hand over
entrelazado   interwoven
entrenador   coach
entrenamiento   training
entrenar   to train (people)
entrevistador   interviewer
envejecer   to grow old
enviar   to send
envidia   envy
época   time, era
equilibrio   balance
equipaje   luggage
equipo   team
escaso   scarce
escapar   to escape, to flee
escoger   to choose
esconder   to hide
escribir   to write
escritor   writer

escrutinio de votos   ballot counting
escuchar   to listen
escuela   school
esforzarse   to make an effort
esfuerzo   effort
espacio   space;
   —s abiertos   open areas
espalda   back (of human body);
   a —s de   behind the back of
especializarse en   to major
especie, una—de   a sort of
espectáculo   show
esperanza   hope
esperar   to hope; to wait; to expect
esquina   corner
estación   station; season
estacionar   to park
establecer   to establish
estampilla   postage stamp (México)
estancia   stay
estar   to be
estatal   state (adj.)
estatura   height
estrechar   to tighten;
   —lazos de amistad   —bonds of friendship
estrecho   narrow
estrella de cine   movie star
estrenar   to wear for the first time, to show for the first time;
   —se como   to act as . . . for the first time
estreno   premiere
estropear   to ruin, to spoil, to break
estudiar   to study
estudio   study;
   —cinematográfico   movie studio
estudioso   studious
etapa   stage
evitar   to avoid
exacerbado   exaggerated
exaltarse   to get very excited
exigencia   demand
exigente   demanding
exigir   to demand
éxito   success
explicación   explanation

explicar   *to explain*
explicativo   *explanatory*
explotar   *to explode, to exploit*
exposición   *exhibition*
expulsar   *to expel*
extranjero   *foreigner*
extrañar   *to miss*
extraño   *strange*

F

fábrica   *factory*
fácil   *easy*
facultad   *school (of a university)*
faldero   *skirt chaser*
falso   *false*
  —testimonio   *perjury*
falta de ortografía   *misspelling*
faltar   *to miss, not to be there, not to have arrived*
  hacer falta   *to be necessary*
fama   *fame, reputation*
familia   *family*
  —numerosa   *large family*
fantasma   *ghost*
fecha   *date*
feliz   *happy*
fenómeno   *case, phenomenon*
feo   *ugly*
ferrocarril   *railway*
ficha   *card*
fichero   *file cabinet*
fiel   *faithful*
fiesta   *party*
fijarse en   *to look at*
filo   *fixed*
fila   *row*
fin   *end*
final   *end*
  al—de   *at the end of*
financiero, -a   *financier*
  sección—a   *business pages*
firma   *signature, firm*
firmar   *to sign*
fiscal (el, la)   *prosecutor*
flechazo   *love at first sight*
flor   *flower*
fondo   *bottom; subject*
  en el—   *in the end, at heart*
  música de—   *background music*

forastero   *stranger*
formal   *serious, responsible*
fracasar   *to fail*
francamente   *frankly, to be frank*
francés   *French*
franchute   *French* (despectivo)
frecuente   *frequent*
  —mente   *often*
frente   *forehead, front*
  —a—   *face to face*
fuente   *source*
fuerte   *strong, thick (accent)*
fuerza   *strength, force*
  —bruta   *brute force*
  —de voluntad   *will power*
fumar   *to smoke*
función   *performance*
funcionar   *to function, to work*
funcionario   *civil servant*
fundación   *founding*

G

gabinete   *cabinet* (government)
gachupín   *Spaniard* (despectivo)
  (México)
gallego   *Gallician*
gamberro   *hoodlum*
ganar   *to win, to earn*
garantizar   *to guarantee*
gas, escape de—   *exhaust (in cars);*
  —es lacrimógenos   *tear gas*
gato   *cat*
genero (literario)   *genre*
gente (la)   *people*
giro   *idiomatic expression*
gitano, -a   *gypsy*
gobernar   *to govern, to rule*
gobernante   *ruler*
gobierno   *government*
golpe   *stroke, blow*
  —de estado   *coup d'état*
goma   *glue*
gordo   *fat*
grabar   *to record (sound)*
gracia   *grace*
  tiene—   *it is funny*
  —s a   *thanks to*
gracioso   *funny*

grado *degree*
gran *great*
grande *big, great*
granja *farm*
gratuito *free*
grave *serious*
griego *Greek*
gris *grey*
grosería *rude word, remark*
guagua *bus* (Cuba, Puerto Rico, Islas Canarias)
guapo *handsome*
guardia *policeman*
guerra *war*
guión *script, outline*
guionista (el, la) *script writer*
gustar *to like*
gusto *pleasure*
  para todos los—s *for all sorts of opinions*

H
habitación (la) *room*
habitante (el, la) *inhabitant*
hablador *talker, talkative*
hablante *speaker*
hablar *to speak, to talk*
hace *ago*
  —tiempo + que + verbo *to have been —ing for + time*
hacer *to do, to make*
hacia *towards*
halagador *flattering*
hallar *encontrar*
hambre *hunger*
hambriento *hungry*
hampa (el) *underworld*
harto, -a *fed up*
hay *there is, there are*
  —que + infinitivo *it is necessary to*
hecho *fact*
heredar *to inherit*
herencia *inheritance*
herida *wound*
herir *to hurt*
hermandad *brotherhood*
hermano, -a *brother, sister*

—s *brothers and sisters*
hermoso *beautiful*
hierba *grass*
hierro *iron*
hijo, -a *son, daughter*
  —s *children*
  —único *only child*
himno *anthem*
hispanoparlante *Spanish speaker*
historia *history, story*
hojear *to skim through a book, magazine*
hombre *man*
hombro *shoulder*
homenaje *homage*
honrado *honest*
hora *hour*
  —punta *peak hour*
hostia *wafer*
hubo *there was, there were*
huella *trace*
  —s dactilares *fingerprints*
huérfano, -a *orphan*
hueso *bone*
  ser un— *to be demanding*
huevo *egg*
humilde *humble*

I
ida y vuelta *round trip*
idioma (el) *language*
iglesia *church*
igual *similar, equal*
igualdad *equality*
ilustrado *illustrated*
imagen *image*
impedir *to prevent*
imponer *to impose*
impresión *feeling, impression*
impuestos *taxes*
inagotable *inexhaustible*
inaguantable *intolerable*
incendio *fire*
inclinación de cabeza *nod*
incluir *to include*
incomodarse *to get angry*
incomodo *moment of bad mood*
inconveniente *inconvenient*

increíble *incredible*
índice *index*
inesperado *unexpected*
inevitable *unavoidable*
influir *to influence*
informal *irresponsible*
infringir (la ley) *to break (the law)*
ingenuo *naive*
ingresar *to enter*
innegable *undeniable*
insalvable *unsurmountable*
inscribir(se) *to register*
insoportable *unbearable*
instalar *to install;*
 —se en *to settle down*
instituto *high school, institute*
instruir *to teach, to train*
intercambio *exchange*
interior, política— *domestic politics*
intermedio *intermission*
interrogar *to question*
intransigente *intolerant*
inutilizar *to render useless*
inversa, a la— *in reverse*
ir *to go*
 —a pie *to walk*
 —de compras *to go shopping*
 —en coche *to drive*
 —se *to depart*
izquierda *left*
izquierdista (el, la) *leftist*

J
jardín (el) *garden*
 —de infancia *kindergarten*
jefe (el, la) *boss*
joven *young*
jubilarse *to retire (from a position)*
judaizante *a Jew converted to Ca-
 tholicism who secretly practiced his
 former religion (in past times)*
judicial *judiciary*
judío, -a *Jewish, Jew*
juicio *judgment; trial*
 a—de *in the opinion of*
juntos *together*
jurado *jury*
jurar *to swear, to give oath*

juventud (la) *youth*
juzgar *to judge*

L
lacrimógenos, gases— *tear gas*
lado *side*
 por todos— *everywhere*
ladrón *thief*
lago *lake*
laguna *small lake, pond*
lámpara *lamp*
lanzar *to launch, to throw*
lápiz *pencil*
largo *long*
lata *can*
 ser una— *to be a bore*
lavar *to wash*
lazo *bow*
lealtad *loyalty*
lector *reader*
leer *to read*
lengua *tongue, language*
lento *slow*
león *lion*
letra *letter (a, b, c, etc.); handwrit-
 ing; words (of a song); draft (bank-
 ing)*
letrero *sign*
levantar(se) *to lift, to raise, to get
 up*
 —el vuelo *to take off, to depart*
ley (la) *law*
libertad *freedom*
 —bajo fianza *bail*
 —de palabra *freedom of speech*
 —de prensa *freedom of the press*
 —provisional *parole*
libre *free (in freedom)*
 aire— *open air*
libresco *bookish*
libro *book*
licenciarse *to graduate*
liceo *high school*
lidiar (toros) *to fight (bulls)*
ligero *light, slight*
limpiar *to clean*
limpio *clean*
lío *mess*

localidad   seat (in theatre); ticket
loco   mad, crazy
luces de tráfico   traffic lights
luego   afterwards
lugar   place
  en—de   instead of·
  tener—   to take place
lujo   luxury
luz   light

LL

llamada   call
llamar   to call; to knock; to ring
  (doorbell)
llave   key
llegar   to arrive
llegar a + inf   to end up by + —ing
llenar   to fill
lleno   full
llevar   to take, to carry
llorar   to cry, to weep
lluvia   rain

M

machismo   male chauvinism
machista   male chauvinist
macho   male
madera   wood
madrastra   step-mother
madre   mother
madrina   godmother
maduro   ripe
maestro   teacher
magistralmente   with a master stroke,
  very well
magnetofón   tape recorder
mal   bad
  caerle—algo a alguien   to dislike
  ¡maldita la gracia!   it is darned
  funny!
malhumorado   in a bad mood
malo   bad
mancha   spot
  —de aceite   oil spill
manejar   to drive, to handle
manera   manner, way
  —de ser   personality
manga   sleeve

manifestación   demonstration
mano (la)   hand
  —de obra   labor force·
  dar la—   to shake hands
manso   tame
mantener   to keep, to support
manzana   apple; city block (Spain)
mañana   tomorrow, morning
maquillaje   makeup
máquina   machine
mar (el, la)   sea
maravilla   marvelous thing
  estar de—   to be very beautiful,
  tasty
marcar (un número)   to dial
  —la hora   to show time
marcha   departure, progress
marchar(se)   to leave
marea   tide
  —negra   oil spill
margen   margin
marido   husband
marroquí   Moroccan
mas   but
más   more
  a lo—   at most
matar   to kill
matasellos   stamp cancellation
materia   matter, subject
matricularse   to register
matrimonio   marriage, married couple
mayor   bigger, older
  persona—   adult
mayúscula   capital letter
mediados, a—de   in the middle of
  examen de—de curso   midterm
  exam
medias, a—   half and half
médico, -a   physician, doctor
medida   measurement
medio   average
medio, —ambiente   environment
  —de transporte   means of transportation
  en—de   in the midst of
medios   means
mejor   better

mejorar *to improve*
menos *less;*
  al— *at least;*
  por lo— *at least*
menosprecio *contempt, scorn*
mensaje *message*
mensual *monthly*
mentir *to lie*
mercado *market*
mercante, barco— *merchant ship,*
  freighter
merecer *to deserve*
mesa *table*
mesero *waiter* (México)
meta *goal*
meter *to put into;*
  —se *to go, to be, to put oneself*
  into
metro *subway*
mezclar *to mix, to mixture*
miedo *fear;*
  película de— *thriller*
miembro *member*
mientras *while;*
  —tanto *in the meanwhile*
mirar *to look*
mismo *same;*
  lo— *the same thing*
mito *myth*
moda *fashion*
  estar de— *to be in fashion*
modales *manners*
modo *way, manner*
mojar *to wet;*
  —se *to get wet*
molestar *to bother, to disturb*
molido *exhausted*
momentáneo *temporary*
moneda *coin, currency*
montaña *mountain*
montón *heap, pile*
mordida *bribe*
morir(se) *to die*
mostrar *to show*
mover(se) *to move*
muchacho, -a *boy, girl*

mudo *mute;*
  cine— *silent film*
mueble *piece of furniture*
muela *tooth*
muerte *death*
muerto *dead*
muestra *sample*
mujer *woman; wife*
multa *fine, ticket;*
  poner una— *to give a ticket*
mundial *world* (adj.), *world-wide*
mundo *world;*
  todo el— *everybody*
municipio *municipality*
muralla *wall*
música de fondo *background music*
muy *very*

N

nacer *to be born*
nacido *born;*
  recién— *newly born*
nacimiento *birth*
nada *nothing*
nadie *nobody, anybody*
nariz (la) *nose*
natalidad, control de la— *birth con-*
  trol
naturaleza *nature*
navaja *pocket knife*
nave *boat*
necesidad *need*
negar (niego) *to deny;*
  —se a *to refuse to*
negocio *business*
negro *black*
ni . . . ni *neither . . . nor*
niebla *fog;*
  —industrial *smog*
nieve *snow*
ninguno, -a *either, neither*
niñez *childhood*
niño, -a *child*
nivel *level;*
  —de vida *living standard*
nombrar *to appoint*

nombre   *name*
nota   *grade, note*
notar   *to notice*
noticia   *news*
notorio   *obvious*
novedad   *novelty*
noviazgo   *going steady*
novio, -a   *boy friend, girl friend;*
   groom, bride
nuestro   *our*
nuevo   *new;*
   —rico   *nouveau riche*
número   *number*
nunca   *never*

O

obedecer   *to obey*
obligar   *to force*
obligatorio   *compulsory;*
   curso—   *required course*
obra   *work;*
   —de teatro   *play*
obrero   *worker;*
   barrio—   *worker's section of town*
obtener   *to get*
occidental   *western*
ocultar   *to hide*
ocupar   *to occupy;*
   —se de   *to be about, to take care*
   of
ocurrir   *to happen;*
   —sele algo a alguien   *(something)*
   to occur to somebody
odiar   *to hate*
oeste   *west*
ofrecer   *to offer*
oír   *to listen, to hear*
ojalá   *I wish . . . !*
ojo   *eye*
oleoducto   *pipeline*
olvidar(se)   *to forget*
ordenar   *to command, to order;*
   —se   *to receive holy orders*
orgulloso   *proud*
ortografía   *spelling*

oso   *bear*
otoño   *autumn*
otro   *other, another*

P

padrastro   *stepfather*
padre   *father*
   los—s   *parents*
padrino   *godfather*
pagar   *to pay*
país   *country, nation*
paja   *straw*
palabra   *word*
palco   *box (theatre)*
palo   *stick*
pandilla   *group, gang*
pantalón   *trousers;*
   —vaquero   *blue jeans*
pantalla   *screen*
papel   *paper; part;*
   hacer el papel de   *to play the part*
   of
papeleta   *ballot*
para   *for, in order to*
parachoque   *bumper*
parada   *stop*
parar(se)   *to stop; to stand up*
   (México)
parecer   *to seem, to look;*
   al—   *apparently;*
   —se   *to look alike;*
   —se a   *to look like*
parecido   *resemblance, likeness*
pared (la)   *wall*
pareja   *couple, pair*
pariente (el, la)   *relative*
paro   *unemployment*
párrafo   *paragraph*
parte   *part;*
   en todas—s   *everywhere;*
   por una—, por otra   *on the one*
   hand, . . . on the other
partidario, ser—de   *to be for*
partir   *to depart, to leave*
párrafo   *paragraph*
pasado   *past*

pasar   *to happen, to pass*
—a máquina   *to type*
pasear   *to stroll, to take a walk*
paseo   *walk*
dar un—   *to take a walk*
paso   *step*
pastar   *to browse*
partido   *(political) party*
pata   *leg (animal or furniture)*
—trasera   *hind leg*
patio de butacas   *orchestra (theatre)*
pato   *duck*
patrullar   *to patrol*
paz (la)   *peace*
en—   *that is that*
peatón (el, la)   *pedestrian*
paso de—es   *street crossing*
pecado   *sin*
pedir   *to ask for, to request*
peinado   *hairdo, hair style*
pelear(se)   *to fight*
película   *film*
peligro   *danger*
poner en—*to endanger*
peligroso   *dangerous*
pelota   *ball*
pena   *sorrow; sentence*
—de reclusión   *prison sentence*
última—   *death sentence*
—de muerte   *death sentence*
valer la—   *to be worthwhile*
¡qué pena!   *what a pity!*
pensamiento   *thought*
pensar   *to think*
pensión   *alimony*
penúltimo   *before last*
peor   *worse*
lo—   *the worst*
pequeño   *small, little*
perder   *to lose; to waste; to miss*
perdida   *loose woman*
perforar   *to drill*
periódico   *newspaper*
periodista (el, la)   *reporter*
permitir(se)   *to allow*
perro   *dog*

persecución   *persecution*
perseguir   *to persecute, to follow*
personaje   *character*
pertenecer   *to belong*
pesado   *boring, too insistent*
pesar   *to weigh, to be weighty*
a—de   *in spite of*
pescador   *fisherman*
pésimo   *very bad*
peso   *weight*
razón de—   *important reason*
piadoso   *pious*
mentira—a   *white lie*
pie   *foot*
ir a—   *to walk*
creer a—s juntillas   *to believe completely*
seguir en—   *to still stand*
piel (la)   *leather*
píldora   *pill*
pinar   *pine grove*
pintor   *painter, artist*
pintura   *paint, painting*
pipa   *pipe (smoking)*
piso   *flat, floor*
plagiar   *to plagiarize*
plano   *map (of a city)*
planta   *plant*
—baja   *ground floor*
plato   *dish; course; plate*
playa   *beach*
plazo   *deadline*
población   *population*
pobre   *poor*
pobreza   *poverty*
poco   *little*
—s   *few*
poder   *can, may, to be able to; power*
a más no—   *a lot*
poesía   *poetry*
policía (la)   *police force; policewoman*
—(el)   *policeman*
policiaca, película—*detective story, film*

política   *politics*
político (el, la)   *politician*
— *political* (adj.)
polvo   *dust*
hacer—   *to destroy*
pomposidad   *pomposity*
poner   *to put*
—en escena   *to stage*
—se a + infinitivo   *to start—ing*
—un anuncio   *to run an advertise-ment*
popularizar   *to make popular*
por   *for*
—cierto   *by the way, certainly*
—el estilo   *of that sort*
—eso   *for that reason*
—lo tanto   *therefore*
—mucho que + subjuntivo   *no matter how much . . . , no matter what . . .*
—tanto   *therefore*
porcentaje   *percentage*
¿por que?   *why*
porque   *because*
portarse   *to behave*
pozo   *well*
—de petróleo
—petrolífero   *oil well*
pradera   *prairie*
precioso   *very beautiful*
precipitación   *haste*
preferir   *to prefer*
pregunta   *question*
preguntar   *to ask*
—se   *to wonder*
prejuicio   *prejudice*
premio   *prize*
prensa   *press*
agencia de—   *news service*
preocupar   *to worry*
presencial (testigo)   *eyewitness*
presentar   *to introduce, to show (movie)*
—se en sociedad   *to be a debu-tante*
presidiario   *convict*

presidio   *prison*
presión   *pressure*
prestar   *to lend*
—atención a   *to pay attention to*
prestarse a confusiones   *to lend itself to confusion*
pretender   *to try*
primavera   *spring (season)*
primo, -a   *cousin*
principalmente   *mainly*
principio   *beginning; principle*
privar   *to deprive*
pro, en—   *for, in favor*
probar   *to prove, to test, to taste*
procesado   *defendant*
procesar   *to indite, to indict*
procurar   *to try*
profesorado   *faculty*
prohibir   *to forbid, to ban*
promedio   *average*
—de vida   *life expectancy*
prometer   *to promise*
prometido, -a   *engaged; fiancé, fiancée*
pronto   *soon*
pronunciamiento   *military revolt*
propaganda   *publicity, political liter-ature, propaganda*
propenso a   *prone to*
propiedad   *property*
propina   *tip*
proporcionar   *to supply, to provide*
propósito   *purpose*
a—   *by the way; on purpose*
proteger   *to protect*
provinciano   *provincial*
provocar   *to cause*
próximo   *next; close*
proyectar   *to project, to show (movie)*
proyecto   *project*
—de ley   *bill*
prueba   *test; taste; proof, evidence*
publicar   *to publish*
pucherazo, dar el—   *to rig an elec-tion*

pueblo *people; small town*
pues *because, since, well*
puesta de largo *debut*
puesto *job, position*
punta *nail*
punto *point*
  —**débil** *weak point*
  —**de vista** *point of view*
  —**y coma** *semicolon*
  —**y aparte** *full stop*
  —**y seguido** *stop*
  —**s suspensivos** *dots*
  dos— *colon*
puñetazo *a blow given with a fist,*
  fisticuff
pureza *purity*

Q

quebradero de cabeza *headache*
  (problem)
quebrantar *to break*
quedar *to remain*
quedar(se) *to remain, to stay*
  —**a +** distancia *to be + distance*
  + away
quejarse *to complain*
querer *to want, to love*
querido *dear*
quicio *door hinge*
  sacar de quicio *to irritate, to*
  make somebody hit the ceiling
química (la) *chemistry*
químico (el, la) *chemist*
quizá(s) *perhaps*

R

rabioso *rabid*
raíz *root*
rápido *fast*
raro *strange, rare*
rato (ratito) *little while*
raya *line; dash*
  pasarse de la— *to go too far*
raza *race (human)*
razón *reason*
  darle la—**a alguien** *to agree that*
  somebody else is right
  tener *to be right*

realidad *reality*
  en— *in fact*
  en la— *in real life*
recaer sobre *to fall upon*
recámara *bedroom* (México)
recibir *to receive*
recientemente *recently*
reconocer *to recognize*
recordar *to remember*
recorrer *to cover (distance)*
recuerdo *memory, remembrance*
recto *straight*
recuperar *to recuperate, to recycle*
recurso *resource*
rechazar *to reject*
red *net*
  —**de transportes urbanos** *city*
  transportation system
redactar *to write*
referirse a *to mean*
reflejar *to reflect*
regalo *gift*
regla *rule, ruler*
regresar *to return*
reina *queen*
reinar *to reign*
reír(se) *to laugh*
relacionar *to connect*
reloj *watch, clock*
relucir *to shine*
  sacar a— *to bring into the con-*
  versation
remordimiento *remorse*
  —**de conciencia** *bad conscience*
renglon *line*
renovar *to renew*
reñir *to fight*
repartir *to share, to divide*
reparto *cast (theatre)*
repaso *review*
representar *to play (theatre)*
reprimir *to suppress*
reprobar *to fail (exam)*
reprochar *to reproach*
requisito *requirement*
residencia *residence, dormitory*
residuo *waste*
resistirse a *to refuse to*

resorte *spring*
respiración *breath*
respuesta *answer*
resultado *results, returns*
resultar *to result*
  —que *to come out that, to turn out that*
resumir *to sum up, to edit*
retrasado *late*
  llegar— *to be late*
retraso *delay*
retrato *portrait*
reunión *meeting*
reunirse con *to get together, to meet*
revendedor *(ticket) scalper*
revés *reverse side*
  al— *the other way around*
revista *magazine; musical review*
rey *king*
rico *rich*
  nuevo— *nouveau riche*
riesgo *risk*
rifa *raffle*
rima *rhyme*
río *river*
riqueza *wealth*
risa *laughter*
ritmo *rate, rhythm*
rito *rite*
robar *to steal, to rob*
robo *theft*
  —de pisos *burglary*
rodaje (de una película) *shooting (of a movie)*
rodar *to shoot a movie*
rodear *to surround, to go around*
rodeo *roundabout way*
  dar un— *to go around an obstacle*
rodilla *knee*
rojo *red*
romper *to break*
ronda *round*
  hacer la— *to make the rounds*
ropa *clothes, laundry*
rubio *blond*
ruido *noise*
ruptura *break up*

S

saber *to know*
  —a *to taste like*
sabio *wise*
sabor *taste*
  tener—a *to taste like*
sacar *to take out, to get*
  —a relucir *to bring into the conversation*
  —de quicio *to irritate, to make somebody hit the ceiling*
  —entradas *to buy tickets*
  —notas *to receive grades*
  —una conclusión *to draw a conclusion*
sacerdote *priest*
sala *room, parlor*
  —de fiestas *night club*
salario *wage*
salir *to go out*
  — + adj. *to come out + adj.*
  —se con la suya *to have one's way*
saltar *to jump*
  —se a la torera *to disregard (a rule)*
salud (la) *health*
saludar *to greet*
saludo *greetings*
salvaje (el, la) *savage, wild*
secar *to dry*
secreto a voces *well-known secret*
seguir *to follow*
según *according to*
seguro *sure, safe*
selva *forest, jungle*
sello *post stamp, seal*
  —de goma *rubber stamp*
  —de correos *mail stamp*
semáforo *traffic light*
semana *week*
semejante *similar*
senado *senate*
sencillez *simplicity*
sencillo *simple*
sensación *feeling*
sentarse *to sit down*

sentencia   *sentence*
sentido   *sense, meaning*
  ¿en qué—?   *in what sense? in what way?*
  tener—   *to have meaning, to make sense*
sentimientos   *feelings*
sentir   *to feel, to regret*
señal   *signal*
  —de tráfico   *traffic sign*
ser   *to be, being*
  —lo a conciencia   *to really be (something)*
servir   *to serve*
  —de   *to be used as*
sesión continua   *continuous performance*
sicológico   *psychological*
siempre   *always*
siglo   *century*
significar   *to mean*
signo   *sign*
  —de puntuación   *punctuation mark*
  —de interrogación   *question mark*
siguiente   *following*
silvestre   *wild (plant)*
silla   *chair*
simpatía   *charm*
simpático   *nice, charming*
simplemente   *simply*
sin   *without*
  —embargo   *however*
siquiera   *at least*
  ni—   *not even*
sirviente   *servant*
situar   *to place, to locate*
sobornar   *to bribe*
sobra, de—   *more than enough*
sobrar   *to be in excess, to be more than enough*
sobre   *envelope; on*
  ¿—qué hora?   *around what time?*
sobrevivir   *survive*
sociedad   *society*
  crónica de—   *society pages*
socio   *member, partner*
sociólogo, -a   *sociologist*

sol   *sun*
solamente   *only*
solar   *empty lot*
soldado   *soldier*
soler   *to usually* + inf.
solicitar   *to apply*
solicitud   *application form*
solo   *alone; single*
  ni un—   *not even one*
sólo   *only*
soltar   *to let loose, to free*
soltero, -a   *bachelor, single*
solucionar   *to solve*
sombra   *shade, shadow*
sombrero   *hat*
sonar   *to sound, to ring*
sonido   *sound*
sonoro, cine—   *sound films*
sonreír   *to smile*
sonrisa   *smile*
sonrojarse   *to blush*
soñar   *to dream*
soplar   *to blow*
soportar   *to bear, to stand*
sorpresa   *surprise*
sospecha   *suspicion*
sospechoso   *suspect*
subasta   *bidding, auction*
subdesarrollado   *underdeveloped*
subrayar   *underline*
subterráneo   *underground*
suburbio   *low-class section of town*
suceder   *to happen*
suceso   *event*
sucio   *dirty*
sucursal   *branch (of a bank, store)*
sueldo   *salary*
sueño   *dream*
suerte   *luck*
sufrir   *to suffer, to bear*
sugerencia   *suggestion*
sugerir   *to suggest*
suicidarse   *to commit suicide*
suministrar   *to supply*
sumiso   *docile*
superficie   *surface*
supervivencia   *survival*
suponer   *to suppose, to assume*

suprimir   *to suppress*
surgir   *to come up, to appear*
suspender   *to fail (exam)*
sutil   *subtle*

T
tal   *such*
    —como es   *as is*
    —y cual   *so and so*
también   *also*
tampoco   *either, neither*
tan pronto como   *as soon as*
tanto   *so much*
    —s   *so many*
    no—*not quite*
    por lo—   *therefore*
taquilla   *ticket-office, window (bank, theatre)*
tardar   *to delay, to be long, to take time*
tarde   *afternoon, late*
taza   *cup*
tejado   *roof*
tela   *cloth*
tema (el)   *subject*
temer   *to be afraid*
tempestad   *storm*
temporada   *season*
    pasar una—   *to spend a vacation*
temporal   *temporary*
tenedor   *fork*
tener   *to have*
    —lugar   *to take place*
    (no)—nada que ver con   *(not) to have anything to do with*
    —razón   *to be right*
terminar   *to finish*
término   *term, word, end*
terraza   *flat roof, sun deck*
    —de café   *sidewalk café*
terreno   *lot*
testigo   *witness*
    —de cargo   —*for the prosecution*
    —de descargo   —*for the defense*
testimonio   *testimony*
    falso—   *perjury*
tetera   *teapot*
tiburón   *shark*

tiempo   *time; weather; tense*
tienda   *shop; tent*
tierra   *land, earth, country*
timbre   *ring, doorbell*
tímido   *shy*
tío   *uncle*
tipo   *type*
tirar   *to pull, to throw away*
    —se de   *to jump from*
tiro   *shot*
titular   *headline*
título   *diploma, degree, title*
tocar   *to touch; to play (music)*
todavía   *yet*
    —no   *not yet*
todo   *all*
    —eso   *all that*
    del—   *completely*
    en todas partes   *everywhere*
tomar   *to take; to drink*
tonto   *stupid, silly*
tópico   *cliché*
torcer (tuerzo)   *to turn*
torear   *to fight bulls*
torero   *bullfighter*
toro   *bull*
    los—s   *the bulls, the bullfight*
    plaza de—s   *bullring*
trabajar   *to work*
trabajo   *work*
traducir   *to translate*
traer   *to bring*
    —a cuento   *to bring into the conversation*
traje   *suit*
    —de noche   *evening gown*
trampa, hacer—   *to cheat*
trance, estar en—de extinción   *to be in danger of extinction*
transcurrir   *to take place*
transmitir   *to show (a TV program), to broadcast*
tras   *after*
trasladar(se)   *to move*
tratar   *to treat, to try, to handle*
    —de   *to be about*
    —se con   *to be friends with*
    —se de   *to be a question of*

trato *treatment*
trazar *to sketch*
tren *railway, train*
tribunal *court*
  —**inferior** *lower court*
trimestre *quarter (of academic year)*
triste *sad*
tristeza *sadness*
tropezar con *to bump into*
trozo *piece*
tubería *pipe*
tutearse *to be on a first name basis*

U

últimamente *lately*
último *last*
ultranza, a— *out and out*
única, dirección— *one way traffic*
único *only*
  el— *the only one*
unir *to unite, to link*
uno *one*
urbanización *housing development*
urbano *city* (adj.)
urna *ballot box*
usar *to use*
útil *useful*
utilizable *usable; that can be used*
utilizar *to use*

V

vacación *holiday*
vacilación *hesitation*
vacío *empty*
valer *to be worth*
valioso *valuable*
valor *courage, value, worth*
  —**es** *stock*
vaquero *cowboy*
varios *several*
vasco *Basque*
¡vaya! *well!*
vecino *neighbor*
velo *veil, small mantilla*
vencer *to defeat*
vendedor *salesman*

vender *to sell*
ventana *window*
venir *to come*
  —**bien** *to be good*
  no—mal *not to be bad*
ventaja *advantage*
ver *to see*
  tener que—con *to have to do with*
verano *summer*
verdad *truth, true*
  de— *truly*
  en— *truly*
verdaderamente *truly, really*
verde *green*
verosímil *credible*
vertiginoso *very fast*
vestido *dress*
vestir *to dress*
vestuario *costumes (theatre)*
vez *time, turn*
  a la— *at the same time*
  alguna— *sometimes*
  a veces *sometimes*
  en—de *instead of*
viajar *to travel*
viaje *travel, trip*
  —**de ida y vuelta** *round-trip*
vida *life*
  ganarse la— *to make a living*
viejo *old*
viga *beam*
vinagre *vinegar*
vino *wine*
violar *to rape*
vista *view*
  punto de— *point of view*
vistazo *a quick glance*
  echar un— *to give a look*
visto *seen*
  está—que *obviously, it is clear that*
vitalicio *for life, life-long*
viudo, -a *widower, widow*
vivienda *housing*
vivir *to live*
vivo *alive, lively, sharp*

voluntad *will*
  fuerza de— *willpower*
volver *to return, to come back*
  —a + infinitivo *to . . . again*
votar *to vote*
voto *vote, ballot*
voz *voice*
  en—alta *aloud*
vuelo *flight*

vuelta *return*
  a la—de *around*
  dar una— *to take a walk*
  ida y— *round trip*
vulgaridad *cliché*

Z
zapato *shoe*

Índice de dificultades

Este índice sólo incluye las palabras y expresiones estudiadas en la sección *Dificultades y ejercicios* de cada lección. Los números romanos indican la lección; los números árabes indican la página.